高等院校应用型国际经济与贸易专业精品教材

国际服务贸易

向　巍◎主　编　　王新哲◎副主编　　崔日明◎主　审

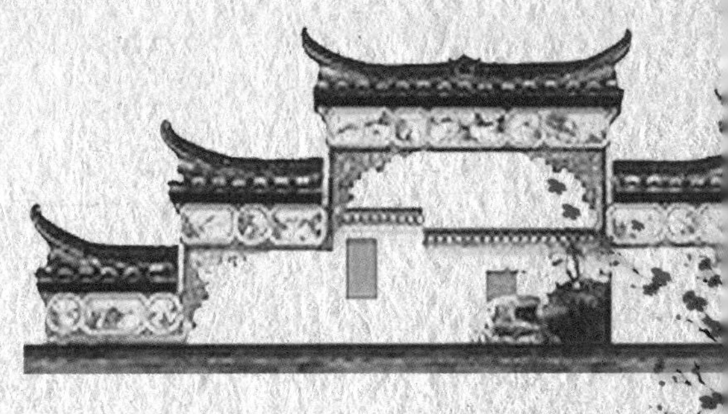

電子工業出版社
Publishing House of Electronics Industry
北京 · BEIJING

图书在版编目（CIP）数据

国际服务贸易 / 向巍主编. —北京：电子工业出版社，2021.7

ISBN 978-7-121-41456-5

Ⅰ. ①国… Ⅱ. ①向… Ⅲ. ①国际贸易－服务贸易－高等学校－教材 Ⅳ. ①F746.18

中国版本图书馆 CIP 数据核字（2021）第 124729 号

责任编辑：刘淑敏　　　　特约编辑：田学清
印　　刷：涿州市京南印刷厂
装　　订：涿州市京南印刷厂
出版发行：电子工业出版社
　　　　　北京市海淀区万寿路 173 信箱　　　邮编：100036
开　　本：787×1092　1/16　印张：11.25　字数：260 千字
版　　次：2021 年 7 月第 1 版
印　　次：2021 年 7 月第 1 次印刷
定　　价：42.00 元

凡所购买电子工业出版社图书有缺损问题，请向购买书店调换。若书店售缺，请与本社发行部联系，联系及邮购电话：（010）88254888，88258888。

质量投诉请发邮件至 zlts@phei.com.cn，盗版侵权举报请发邮件至 dbqq@phei.com.cn。

本书咨询联系方式：（010）88254199，sjb@phei.com.cn。

前言

随着世界经济的发展，全球经济一体化不断加深，国际分工的日益深化和国际产业结构的迅速调整，以及第三产业的日益发展和国际间经济交流的不断扩大，国际服务贸易呈现出迅猛发展的态势，发展速度超过了国际货物贸易，甚至已经逐渐赶超货物贸易在世界经济发展中的地位，并日益受到各国政府的重视。随着知识经济时代的到来，国际服务贸易多以高新技术为载体，服务产业与高新技术产业在当今世界经济中的作用越来越重要。如今，许多新兴服务行业已从制造业中分离出来，形成独立的服务经营行业，其中技术、信息、知识密集型服务行业发展最快，其他诸如金融、运输、贸易、管理咨询等服务行业，由于运用了先进的技术手段，也很快在全世界范围内扩大。

现今，国际服务贸易市场的竞争日趋激烈，各国都加强了对国际服务贸易领域的研究。在传统上，对国际服务贸易理论和实证的研究是各国国际经贸关系领域相对被忽视的工作。但自 1986 年国际服务贸易成为“乌拉圭回合谈判”新议题以来，国际服务贸易和国内服务业的发展开始成为政府、工商界和学术界关注的热点。在发达国家，政府拨款资助学术界和智囊机构对这一领域进行专项的研究，分析国际服务贸易的经济学含义、现实发展状况、争夺世界市场的策略及各种可能的政策行为等。而在发展中国家，一方面它们对于开放金融、运输、通信及商业服务等市场仍持谨慎的保护主义态度，另一方面开始重视这一领域的研究。有些国家甚至开始设立对本国的服务业状况和外国的服务业状况进行专门研究和评价的机构，力图在这一较新的国际经贸领域中真正做到知己知彼，以在进入和开放国际服务贸易市场的实践中处于主动地位。

随着我国加入世界贸易组织，认清国际服务贸易的发展趋势，大力发展我国国际服务贸易已显得十分急迫和尤为必要。我国的对外经济贸易是在改革开放以后才发展起来的，虽然近几年我国的服务贸易在政府政策的支持下得到了显著的发展，但是还不及世界水平，尤其是与西方发达国家相比，还有较大差距。从我国目前的服务贸易发展情况来看，基础性运输服务是我国第二大服务贸易行业，对我国的经济发展起着重要的推动作用；作为一项基础性服务贸易行业，运输服务还将在很长的一段时间里，继续发挥支撑与推动我国经济发展的作用。但是，未来一段时间，为实现服务业和服务贸易引领我国经济新常态、支撑我国制造业升级换代的目标，需要大力提升我国服务业国际竞争力，既要弥补竞争劣势领域的短板，又要巩固竞争优势领域的长处，全面实现我国服务业竞争力的提升，这是实现我国经济中长期发展目标的关键。

国际服务贸易是一门伴随着服务业与服务贸易发展应运而生的新兴学科。本书以独特的分析视角、系统的逻辑思路和全新的内容结构，深入探讨国际服务贸易的基本理论与政

策。本书共九章，对国际服务贸易的概念进行了具体介绍，对服务价值理论进行了分析，并对国际贸易自由化、国际服务贸易壁垒进行了详细的剖析，同时对国际服务贸易中的运输、金融、旅游、电信、文化等相关服务贸易进行了分析。

本书由向巍老师担任主编，王新哲老师担任副主编，隋东旭老师担任参编，崔日明老师担任主审。本书的具体分工如下：向巍老师负责编写第一章至第六章，王新哲老师负责编写第七章，隋东旭老师负责编写第八章和第九章。

本书涉及国际服务贸易相关专业知识，内容全面、易懂好学。其中，每章前面的“学习目标”指引学生了解或掌握重点知识；每章后面附有“本章小结”和“复习思考题”，便于学生巩固学习成果。21 世纪的我国在国际服务贸易领域正面临着一场巨大的挑战，风险永远存在，但机遇也伴随风险而生。我国国际服务贸易面对竞争压力必须唤起自身的忧患意识，不断发现自身缺陷，加快服务贸易的发展，进行服务贸易管理体制的改革和创新，推动服务行业的创新，尽最大努力来调整自我、适应大环境。

我们根据多年教授国际服务贸易所积累的经验，并结合企业的实践编写了本书，希望本书可以给学习国际服务贸易的学生提供一些参考和借鉴。

目录

第一章 国际服务贸易导论

知识框架图

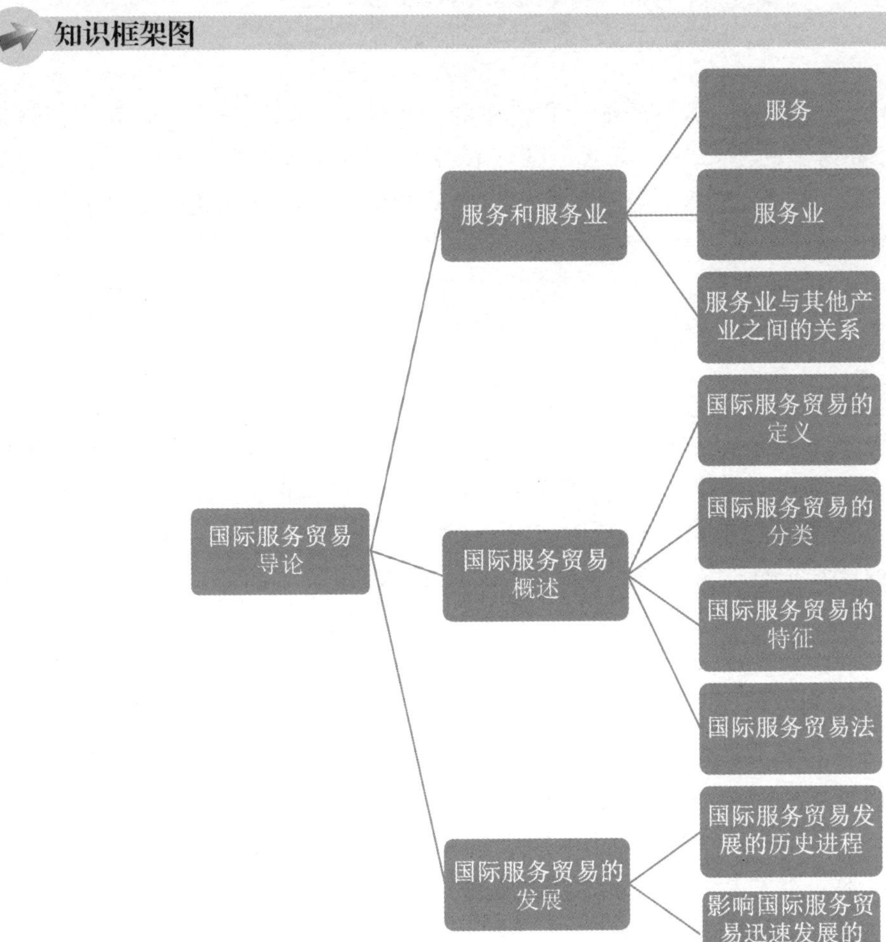

学习目标

- 了解服务业与其他产业之间的关系
- 了解国际服务贸易的定义
- 认识国际服务贸易的分类
- 掌握国际服务贸易的特征
- 了解国际服务贸易法
- 掌握影响国际服务贸易迅速发展的因素

第一节　服务和服务业

国际服务贸易是指国际间服务的输入和输出的一种贸易方式，服务、服务业和服务贸易是国际服务贸易中的三个基本概念。国际服务贸易的发展依赖于各国服务业的发展。服务业的发展水平是衡量一个国家或地区生产社会化程度和市场经济发展水平的重要标志。

一、服务

（一）服务的概念

就像我们对于商品的理解多半来自生活经验一样，我们对于服务概念的认识也是来自日常生活。当身体为病痛所困扰时，我们需要医生的服务；当自行车爆胎时，我们需要修车师傅的服务；当孩子到了上学的年龄时，家长开始关注教师和学校提供的服务。显而易见，一个正常发展的社会对于各种类型的服务，在数量上和质量上都有着与对商品的需要相似的需要。

对于“服务”的定义，国内外学者在所出版的学术著作中的表述各不相同。下面介绍著名学者对服务概念的研究与探讨。

在长期的经济学传统上，人们普遍认为“服务不创造价值，是非生产性活动”。比如，亚当·斯密在《国富论》（全称为《国民财富的性质和原因的研究》）中提出，工业和商业才是生产性产业。他指出：家仆的劳动不能使价值有所增加，某些社会上层阶级认识的劳动与家仆的劳动一样，不生产价值，既不固定或实现在特殊商品及可卖商品上，也不能储存起来供日后雇佣等量劳动之用……在这一类中，当然包含着各种职业，如牧师、律师、演员、歌手、舞蹈家。马尔萨斯也认为，服务只有导致物质产品的生产时，才具有生产性价值。

约翰·希克斯指出了亚当·斯密以商品移动为中心定义生产的原因，并将人们直接生产的各种服务纳入生产的范畴。他指出，商品在农场或工厂生产出来之后到家庭还有一段时间和空间的距离。然而，人类的直接服务则是服务生产（供给）与消费（需求）同时进行的，具有难以区分的性质，亚当·斯密没有注意到这一点，因此容易以商品移动为中心定义生产。约翰·希克斯认为，那些被亚当·斯密看作非生产劳动职业的人们，在商品生产的过程中也做出了贡献，相应地也应该得到报酬，所以他们也是生产者。

最早定义服务内涵和外延的是法国的古典经济学家萨伊，他指出："无形产品（服务）同样是人类劳动的果实，是资本的产物。"基于此，萨伊对无形产品（服务）进行了分类。

萨伊对服务经济理论做出了重要贡献。他在《政治经济学概论》中指出：这（劳务）是一种努力，对甲来说，劳务是他付出的努力，对乙来说，劳务则是需要和满足。劳务必须含有转让的意思，因为劳务不被人接受也就不可能提供，而且劳务同样包含努力的意思，但不去判断价值同努力是否成比例。萨伊还指出：服务业是资本、是物。劳动可以归纳为人们彼此提供服务。因此，交换也就是服务的交换。

马克思认为：服务这个名词，一般来说，不过是指这种劳动所提供的特殊使用价值，就像其他商品所提供的特殊使用价值一样；但是这种劳动的特殊使用价值在这里取得了"服务"这个特殊名称，是因为劳动不是作为物品，而是作为活动提供的。

希尔提出了较为理论界公认的服务概念。希尔指出：服务是指人或隶属于一定经济单位的物在事先合意的前提下，由于其他经济单位的活动所发生的变化。希尔的这一定义，抓住了服务的本质，避免单纯描述服务的特征，强调服务生产和服务产品的区别，具有积极的作用。但希尔的定义并非完美无瑕，因为在很多情况下，某些服务目的并非变化，而是避免变化，如保安、卫生防疫等。因此，希尔的这一定义不能全面地解释服务。

根据服务的本质特征，人们对服务又提出了"三性"定义，即服务具有无形性、不可运输性、不可储存性的特征。不难发现，尽管服务的这三个基本特征决定服务需要同时、同地生产和消费，然而这种定义容易导致人们在划分服务和货物时的任意性，因为有些服务是有形的，而且很多货物能够提供服务，服务和货物很难完全分开。当然，"三性"定义对于描述服务是较为准确的，在学术界受到较为广泛的欢迎。

综上所述，我们可以把服务定义为：服务是个人或社会组织为消费者直接或凭借某种工具、设备、设施和媒体等所做的工作或进行的一种经济活动。

（二）服务的基本特征

服务作为一种劳动成果，它与普通商品相比有什么特征呢？服务的性质是多维度的，既包括内在特征，也包括外在感性特征。这里先讨论服务的感性特征。与商品相比，服务具有以下几个方面明显不同的感性特征。

1. 无形性

商品的空间形态是确定的、直接可视的、有形的；其生产、供应与消费伴随着其空间

形态而转移或消失；人们通常可以根据某类商品的空间形态大致判断其价值和价格。例如，彩电的屏幕尺寸是决定其价格的主要因素。服务的空间形态是不确定的、不直接可视的、无形的；消费者在购买服务之前，往往不能感知服务，在购买服务之后，也只能感知服务的结果而不能感知服务本身。例如看电影，在观看之前，只是一种想象；在观看之后，也只能得到一种感受。因此，购买服务不能仅凭想象，而要立足调查、分析。随着科学技术的发展，有些无形服务变得有形化了，如唱片、光盘作为服务的载体，其内容是服务。消费者为了购买服务，必须购买服务的载体。

2. 同步性

服务的生产和消费通常是同时发生的。例如，粉笔在工厂由工人生产后，然后在仓库、运输车辆与商店经过储存、运输与销售，接着在教室由教师消费。服务要么同其提供者不可分，要么同其消费者不可分。这种不可分性要求服务提供者或（和）服务消费者不能与服务在时间或（和）空间上分割开来。一般情况下，买了电影票想看电影的消费者，不会不去电影院；做手术的医生不可能远离其病人。因此，服务消费具有不可替代性。当然，有些服务的生产和消费可以不同时发生。例如，在购买保险时，人们可以先交保费，然后在一个阶段内享受保险服务。

3. 易失性

服务是难以储存的。商品从生产之后到消费之前，可以储存。例如，粉笔作为低值易耗品，其一般批量生产、批量采购、批量储存、逐渐消费。服务在生产或提供之后，一般是不能储存的；如果不被使用，就不会给服务提供者带来收益。例如放映电影，观众越少，电影院收益就越少，若少于一定人数，电影院就可能亏本。当然，有些特殊服务是可以储存的，如唱片软件。

4. 异质性

商品的消费效果和品质通常是均质的，同一品牌的商品，其消费效果和品质基本没有差异，而同一种服务的消费效果和品质往往存在显著差异。这种差异来自供求两个方面：服务提供者的技术水平和服务态度往往因人、因时、因地而异；服务消费者对服务也时常提出特殊要求。

教育服务就是很好的例子。同一名教师面向同一个班级的学生讲授“国际服务贸易”课，不同的学生会有不同的评价，有的可能说好，有的可能说不好，这是服务消费者的差异；两名教师如果讲授同一门“国际服务贸易”课，同一个学生可能给出不同的评价，这则是服务提供者的差异。因此，与能够执行统一标准的商品质量管理相比，服务质量具有很大的弹性，服务质量管理具有很大的难度与灵活性。

5. 经验特征和信任特征

购买服务所可能得到的品质和效果是难以预测的。也就是说，服务具有较强的经验特征和信任特征。1970 年，美国经济学家尼尔森将商品品质分为两大类，即寻找品质和经验品质。寻找品质是指消费者在购买之前就能够确认的商品属性（如颜色、款式、手感、气味等）及商品的价格；经验品质是指那些只有在购买之后或者在消费过程中才能体会到的商品属性，包括耐用程度、满足程度等。1973 年，达比和卡内两人又在这种商品品质"二分法"的基础上增加了信任品质。信任品质是指消费者即使在购买和消费之后也很难做出评价的属性。显然，不同的商品表现出不同的品质特征。服装、家具、珠宝等商品，消费者在购买之前就可借助其颜色、款式、价格、手感等对其品质进行评价，因此它们具有较强的寻找特征；度假、餐饮等服务产品，其品质只有在消费者度完假、用过餐之后或在度假、用餐过程中才能感受到，因而它们的经验特征较强；一些技术性、专业性较强的服务，如汽车修理、电器维修、医疗保健、法律咨询等，由于消费者往往缺乏足够的专业知识，即使在购买和消费之后也很难对其品质做出评价，从而表现出较强的信任特征。从有形产品到服务，再到专业性服务，商品的特征逐渐从较强的寻找特征向经验特征和信任特征过渡。随着这一过渡，消费者对商品的评价由易变难，同时消费者在购买或消费时所承担的风险也逐步加大。这一变化的根本原因在于服务的无形性、异质性特征。

6. 非产出性

服务消费者支付的价格通常并不与其获得的实际产出相联系。例如，医疗服务，医疗服务提供者（医院和医生等）本质上是提供健康维护服务的，但具体效果部分地取决于病人的特征，医疗服务提供者不是基于成功的结果（实际产出）收费，而是将费用收取与过程中提供的服务相挂钩（病没治好，医院照样收钱）；律师服务，服务的结果也是部分地取决于客户案件的特点，其收费并不是基于成功的结果，而是基于过程中提供的服务；教育服务，学校并不是针对其实际提供的人力资本产出进行明确的收费，而是将费用收取与学生身份注册联系在一起。在这些例子中，缺乏与实际产出相联系的定价机制是可以理解的，因为实际产出很难衡量而且不可控（往往受消费者道德风险的影响），消费者本身不仅是服务的接受者，还是服务生产中要素的投入者。

二、服务业

（一）服务业的概念

自 20 世纪 30 年代，经济学家费希尔在《安全与进步的冲突》一书中提出"第三产业"的概念以后，人们开始把第三产业作为一个完整概念并进行系统的理论研究。服务业和第三产业的分类并不完全一致。第三产业一般是用"剩余法"来界定的。第三产业是除农业、工业以外，包括文教卫生、政府机关、军队和警察在内的各行各业的总称，内容十分庞杂。

一般认为，服务业是专门从事生产服务产品的行业和部门的总称。第三产业近似于服务业。服务业不但作为中间产业强化农业和工业的结合，而且为农业、工业和自身提供生

产资料和消费资料。服务业一方面为实物产品的生产、流通和消费提供服务，另一方面为提高人民的素质服务。服务业可分为初级服务业（如餐饮）、中级服务业（如仓储、运输）和高级服务业（如金融、财务、投资、法律、会计），其中高级服务业可认为是知识型服务业。知识型服务业具体包括由银行、证券、信托、保险、基金、租赁等组成的现代金融服务业；由通信、网络、传媒、咨询等组成的信息服务业；由会计、审计、资产评估、法律服务等组成的中介服务业；由教育、培训、展览、国际商务、现代物流等组成的新型的服务业等。在理解服务业时应注意以下几点。

服务业是一个既抽象又具体的概念。一方面，由于服务业生产的主要是非实物产品，因而相对农业、工业来说，其概念往往显得抽象；另一方面，服务业所生产的服务产品，无论何种形式，都能满足人的需要，因而是具体的社会产品，同样具有使用价值和价值的双重属性。在现代社会，服务业包含的具体行业越来越广泛，既包含农业、工业所需的服务，也包含服务业本身生产所需的服务。

服务业是一个多层次的概念。服务业是一个大的产业系统，其门类十分繁杂，包含各种类别的行业，其中的许多行业在产业性质、功能、生产技术及与经济发展的关系等方面存在很大差异。服务业所包含的行业数量，历来就多于其他产业，现代服务业更是如此。

服务业是一个相对的概念。首先，服务业在形成和发展的时间上有相对性，在不同的国家和地区，服务业形成和发展的时间是不同的，这与各自的社会生产力和社会文化发展程度有直接关系。其次，服务业在包含的范围上有相对性，在服务业形成和发展的不同历史阶段，它所包含的范围在质和量上都有很大区别，如现代服务业的内容和范围与传统服务业有很大的区别。服务业作为一个动态发展的过程，其包含的范围会随着社会生产力的发展而不断扩大。

服务业是一个动态的概念。任何产业的形成和发展都是一个历史过程。从服务业的形成过程来看，它就是一个动态的过程，在不断发展变化。比如，传统服务业以生活服务业为主，自20世纪50年代以来，现代服务业迅速发展，不但内容上发生了很大变化，而且大量的新兴服务业不断涌现，今后必然还会发生变化。因此，我们应当以发展的眼光去认识服务业。

（二）服务业的分类

1. 克拉克的三次产业分类方法

克拉克对三次产业进行了详细的划分：第一产业是指对自然界存在的劳动对象进行加工生产的产业部门，包括农业、畜牧业、狩猎业、林业及渔业；第二产业是指对初级产品进行再加工生产的产业部门，包括制造业和矿业；第三产业是指一般不直接创造物质资料，但为第一产业、第二产业提供生产性作业或服务，以满足人类生产和生活需要的各种生产部门。克拉克后来将第三产业称为“服务性行业”，具体包括建筑业、运输业、旅游业、通信业、金融业、专业性服务业、餐饮业、社会保障业等。

2. 世界贸易组织对服务业的分类

根据世界贸易组织（World Trade Organization，WTO）统计和信息系统局的《国际服务贸易分类表》，国际服务贸易分为十二类，共 142 个服务项目，这个分类表涵盖服务业的主要内容。

（1）商业服务，指在商业活动中涉及的服务交换活动，包括专业服务、计算机及其有关服务、研究与开发服务、房地产服务、无经纪人介入的租赁服务及其他商业服务，如广告服务等。

（2）通信服务，包括邮政服务、快件服务、电信服务、视听服务等。

（3）建筑及有关工程服务，包括建筑物的一般建筑工作、安装与装配工作、建筑物的完善与装饰工作等。

（4）销售服务，包括代理机构的服务、批发贸易服务、零售服务、特约代理服务及其他销售服务。

（5）教育服务，包括初等教育服务、中等教育服务、高等教育服务、成人教育服务及其他教育服务。

（6）环境服务，包括污水处理服务、废物处理服务、卫生及其相关服务、其他环境服务。

（7）金融服务，包括保险及与保险有关的服务、银行及其他金融服务。

（8）健康与社会服务，包括医疗服务、其他与人类健康相关的服务、社会服务及其他健康与社会服务。

（9）与旅游有关的服务，包括宾馆与饭店提供的服务、旅行社及旅游经纪人提供的服务、导游服务等。

（10）娱乐、文化与体育服务，包括娱乐服务，新闻机构提供的服务，图书馆、档案馆、博物馆及其他文化服务，体育服务，其他娱乐服务。

（11）运输服务，包括海运服务、内河航运服务、航空运输服务、铁路运输服务、公路运输服务、管道运输服务及所有运输方式的辅助性服务。

（12）其他服务。

3. 我国对三次产业的划分

自改革开放以来，我国社会生产力水平不断提高，服务业发展迅速，国家统计局借鉴国外通用的三次产业分类方法，从我国的实际情况出发，对三次产业进行了分类。第一产业指的是农业（包括林业、牧业、渔业等）；第二产业指的是工业（包括采掘业、制造业、自来水、电力、蒸汽、热力、煤业）和建筑业；第三产业指的是除上述第一产业、第二产业以外的其他行业。鉴于第三产业包含的行业多、范围广，根据实际情况，我国又将第三产业分为流通部门和服务部门两大部门，具体可分为四个层次：第一层次，流通部门，包括交通运输业、邮电通信业、商业、饮食业、物资供销和仓储业；第二层次，为生产和生活服务的部门，包括金融业、保险业、地质普查业、房地产业、公用事业、居民服务业、旅游业、咨询信息服务业及各类技术服务业等；第三层次，为提高科学文化水平和居民

素质服务的部门，包括教育、文化、广播电视事业，科学研究事业，卫生、体育和社会福利事业等；第四层次，为社会公共需要服务的部门，包括国家机关、党政机关、社会团体、军队和警察等。

三、服务业与其他产业之间的关系

（一）服务业与制造业的互动关系

在一个比较完整的经济结构中，制造业与服务业应是互动的。制造业整体水平和产品品质的提升，依赖于服务的附加和服务业的整合。服务业的发展，在很大程度上是以制造业为服务对象的。服务的一个基本分类是追加（附加）服务和核心服务。追加服务同产品的生产与贸易密不可分，它本身并不向消费者提供直接的、独立的服务效用，而是作为产品核心效用的派生效用，如轿车、时装中追加的设计服务。人们已经明显地感受到，产品中追加服务价值的大小，决定了该产品的质量和档次。在当今所有形式的商务活动中，服务已成为一个至关重要的竞争手段，而且它具有形成巨大竞争优势的潜力。事实上，企业加入基础生产商品的服务是数不清的，如延期付款和租赁系统、培训、服务合同、替换和替代的设施、咨询服务等。

如今，在制造业中出现越来越多的服务，其主要原因在于：在传统制造领域的需求已被拉平；技术和产品的特征优势越来越“短命”；国际竞争的加剧；服务代表一个巨大的潜在利益领域。可以看到，许多传统意义上属于制造商的企业以各种形式深深地投入到服务中。制造业的产品服务部门也是提供服务的，而且随着服务越来越成为制造业市场竞争的一个焦点，服务部门在制造业中的地位越来越高，那么是否应当把制造业的产品服务部门也列入服务业范畴呢？有的学者是赞成的，如克里斯琴·格罗路斯。他认为：制造商应当知道，他们也是服务经济的一部分，他们也应该懂得新的服务规律。他还把制造业的产品服务部门看作国民经济统计中没有列出的隐性服务部门，即隐性服务业。克里斯琴·格罗路斯的观点有一定的道理，符合现在制造业向服务型转变的发展趋势，但在制造业的产品服务没有分离出来变成社会化、专业化的服务之前，还是不宜将其服务部门列入服务业范畴，否则服务业与制造业之间就变得没有界限了。因此，只有社会化、专业化的服务机构才算服务业。

克里斯琴·格罗路斯

克里斯琴·格罗路斯是芬兰市场学家，现任芬兰赫尔辛基大学学监、市场营销学系主任、管理教育中心主任。该校是北欧成立最早的商学院，其市场营销学系在世界上享有盛誉。

克里斯琴·格罗路斯教授亲手创办了两家服务咨询公司，同时兼任多家公司的营销顾问，并长期为世界著名的美国电报电话公司、沃尔沃公司、杜邦公司、联合电信公司、斯堪的纳维亚航空公司等提供咨询服务。

（二）服务业与制造业的关系不断加强

中间投入中服务投入的增加，使服务业与某些制造业的界限越来越不明显。服务业与制造业的关系正在变得越来越密切，主要表现为制造业的中间投入中服务投入的大量增加。同时，服务业与某些经济活动特别是制造业的界限越来越模糊，经济活动已经由以制造为中心转为以服务为中心，最为明显的是通信产品。另外，以服务为中心也体现在制造业部门的服务化上，表现为：该制造业部门的产品是为了提供某种服务而产生的，如通信产品和家电产品；随产品一同售出的是专有知识和技术服务；服务引导制造业部门的技术变革和产品创新。

制造业企业活动外置带动新兴服务业的发展。企业活动外置是指企业从专业化的角度出发将一些原来属于企业内部的职能部门转移出去成为独立经营单位的行为，或者取消使用原来由企业内部提供的资源或服务，转向使用由企业外部更加专业的机构所提供的资源或服务的行为。

企业活动外置所带来的好处主要有：外置化使企业集中力量培养和提高自身的核心竞争力，因为现代社会的信息和知识的更新越来越快，处理越来越复杂，使得企业维持竞争力是一件越来越困难的事，所以只有关注自身的核心竞争力，才有可能使自己在激烈的竞争中保持发展；外置化可以使企业减少成本，由于可以将一些自身本不擅长的事交给专业机构完成，而专业机构因为经验丰富和存在外在竞争，收费较低，企业也节省了费用；企业自身的专业化水平由于核心竞争力越来越高，生产的效率也就越来越高，企业自身的盈利能力和发展潜力也就越来越好。正因为企业活动的外置有以上好处，所以越来越多的企业在自身的重构和变革中考虑到了这点，使企业活动的外置越来越多。

随着企业活动外置所发展起来的服务业多是新兴服务业。新兴服务业主要是指金融、保险和商务服务业，这些服务业主要是为企业服务的。其中，金融和保险是相对传统的新兴服务业，它们比商务服务业的发展要早。新兴商务服务业包括计算机和相关服务业；专业服务业，如法律、会计和审计；营销服务业，如广告；技术服务业，如工程设计；租赁服务业；员工服务业，如招聘和培训；经营服务业，如咨询。企业活动外置使得企业中间投入中服务投入增加，而中间投入的服务主要是新兴服务业。由于企业活动在近年来开始大量的外置化，新兴服务业也得到了快速发展，使得新兴服务业成为服务业增长中的主导行业。可以说，企业活动外置是服务业增长的一个重要原因。

第二节　国际服务贸易概述

虽然服务业作为一个传统的产业部门有悠久的发展历史，但是“服务贸易”这一概念的提出相对于古老的货物贸易而言，是一件并不遥远的事情。国际货币基金组织在进行各国国际收支统计时一直把服务贸易列入无形贸易一栏中，这种情况直到1993年才做出调整，而我国过去一直把服务贸易称作劳务贸易。

一、国际服务贸易的定义

简单地说，国际服务贸易是指跨越国界进行服务交易的商业行为。一国（或地区）的劳动者向他国（或地区）的消费者（法人或自然人）提供服务，并相应获得外汇收入的过程，形成服务的出口；相对于服务的出口，一国（或地区）的消费者购买他国（或地区）的劳动者提供服务的过程，形成服务的进口。各国的服务进口和出口活动，便构成国际服务贸易，其贸易额为服务出口额或进口额。国际服务贸易的定义分为狭义的定义和广义的定义。狭义的国际服务贸易是指传统的为国际货物贸易服务的运输、保险、金融等无形贸易；广义的国际服务贸易除包括狭义的国际服务贸易包含的内容外，还包括现代发展起来的新的贸易活动，如承包劳务、卫星传送等。

在1986年9月发起的乌拉圭回合谈判之前，服务贸易仅在发达国家的有限范围内展开，还谈不上作为国际贸易的普遍存在，并没有得到人们的高度关注。

目前，服务的界定本来就很复杂，不同的国家和研究人员从各自的立场出发，有不同的视角，因此关于国际服务贸易，各国统计和各种经济贸易文献中并无统一的、公认的、确切的定义。下面介绍几种具有代表性的定义。

（一）联合国贸易和发展会议的定义

联合国贸易和发展会议（United Nations Conference on Trade and Development，UNCTAD）是联合国处理有关国家贸易和经济发展问题的常设机构。它从过境这一视角来阐述国际服务贸易，将国际服务贸易定义为：货物的加工、装配、维修，以及货币、人员、信息等生产要素为非本国居民提供服务并取得收入的活动，是一国与他国进行服务交换的行为。

（二）《美加自由贸易协定》的定义

国际服务贸易是指由代表其他缔约方的一个人，在其境内或进入一缔约方境内提供所指定的一项服务。这里所说的“指定的一项服务”包括生产、分配、销售、营销及传递一项所指定的服务及其进行的采购活动；进入或使用国内的分配系统；奠定一个商业存在，以分配、营销、传递或促进一项指定的服务；遵照投资规定，任何为提供指定服务的投资及任何为提供指定服务的相关活动。“一个人”既可以是法人，也可以是自然人。

（三）《服务贸易总协定》的定义

《服务贸易总协定》（General Agreement on Trade in Service，GATS）是乌拉圭回合谈判达成的第一套有关国际服务贸易的具有法律效力的多边协定，该协定规定国际服务贸易具体包括以下四种服务提供方式。

1. 跨境交付

在一个成员境内向任何其他成员境内提供服务（这种服务不构成人员、物质或资金的流动，而是通过电信、计算机网络等实现，如视听服务、金融服务等）。这种服务提供方式特别强调买卖双方在地理上的界限，跨越国境和边界的只是服务本身，而不是服务提供者或消费者。

2. 境外消费

在一个成员境内向任何其他成员的服务消费者提供服务（如接待外国游客、提供旅游服务、为国外患者提供医疗服务）。这种服务提供方式的主要特点是消费者到境外去享用服务提供者提供的服务。

3. 商业存在

一个成员的服务提供者在任何其他成员境内以商业存在提供服务（指允许一国的企业和经济实体到另一国开业、提供服务，包括设立合资、合作或独资企业，如外国公司到我国开办银行或商店、设立会计或律师事务所等）。这种服务提供方式的特点是服务提供者和消费者在同一成员的领土内，服务提供者到消费者所在国的领土内采取了设立商业机构或专业机构的方式。商业存在是四种服务提供方式中最为重要的方式。

4. 自然人流动

一个成员的服务提供者在任何其他成员境内通过自然人的存在提供服务（如一国的医生、教授、艺术家到另一国从事个体服务）。自然人流动与商业存在的共同点是服务提供者到消费者所在国的领土内提供服务；不同点是以自然人流动方式提供服务，服务提供者没有在消费者所在国的领土内设立商业机构或专业机构。

二、国际服务贸易的分类

国际服务贸易的分类依据不同的标准有不同的划分，在相关国际规范性法律文件中，有关国际服务贸易的定义及范围并不统一，因此有多种分类方式。

（一）民间的分类

1. 以“移动”为标准

R.M.斯特恩在 1987 年所著的《国际贸易》一书中，将国际服务贸易按服务是否在提供者与消费者之间移动分为四类。

1）分离式服务

分离式服务是指服务提供者与消费者在国与国之间不需要移动而实现的服务。运输服务是分离式服务的典型例子，如民用航空运输服务——一家美国航空公司可以为我国的居民提供服务，但并不需要将这家美国航空公司搬到我国，也不要求我国居民到美国去接受服务。GATS 中规定的第一种服务提供方式“跨境交付”类似于这类服务。

视野拓展

跨境交付的特点

跨境交付是指在一个成员境内向任何其他成员境内提供服务，其中“跨境”是指“服务”过境，通过电信、计算机网络等实现，至于人员和物资在现代科技环境下则一般不需要过境。例如，国际金融中的电子清算与支付、国际电信服务、信息咨询服务、卫星影视服务等。

跨境交付的特点是服务提供者和消费者分处不同国家，在提供服务的过程中，就服务内容本身而言已跨越国境。它既可以没有人员、物资和资本的流动，而是通过电信、计算机网络等实现（如一国咨询公司在本国向另一国客户提供法律、管理、信息等专业性服务，以及国际金融服务、国际电信服务等），也可以有人员、物资或资本的流动（如一国租赁公司向另一国客户提供租赁服务及金融服务、运输服务等）。这类服务贸易充分体现了国际服务贸易的一般特征，是国际服务贸易的基本形式。

就费用与成本而言，跨境交付是最便捷和最经济的一种服务提供方式。一方面，服务提供者和消费者不必承担像其他三种服务提供方式下一方或双方必须流动才能提供或接受服务所产生的费用或成本。例如，在境外消费方式下，服务消费者需要流动到服务提供者所在地接受服务；在商业存在方式下，服务提供者需以设立新的商业实体的形式流动到服务消费者所在地提供服务；在自然人流动方式下，服务提供者需以自然人的身份流动到服务消费者所在地提供服务。另一方面，由于服务提供者和消费者都不必流动，跨境交付实际上为服务提供者和消费者节省了大量的时间和资源，而且收益并不一定逊色于其他服务提供方式。

2）消费者所在地服务

消费者所在地服务是指服务提供者转移后产生的服务，一般要求服务提供者与消费者在地理上毗邻。银行、金融、保险服务是这类服务的典型代表。例如，一国银行要想占有另一国的小额银行业务市场份额，它必须在另一国设立分支机构，这就要求国与国之间存在资本和劳动力的移动。GATS 中规定的第三种服务提供方式“商业存在”类似于这类服务。

3）提供者所在地服务

提供者所在地服务是指服务提供者在本国国内为外籍居民或法人提供的服务，一般要求服务消费者跨越国界接受服务，国际旅游、留学教育、涉外医疗是这类服务的典型代表。例如，外国游客到我国的长城、桂林等地游览。此时，服务提供者并不跨越国界向服务消费者出口服务，对服务提供者而言，也不存在生产要素的移动。GATS 中规定的第二种“境外消费”类似于这类服务。

4）自由并非分离的服务

自由并非分离的服务又称“流动的服务”，是指服务消费者和提供者相互移动所接受和提供的服务，服务提供者进行对外直接投资，并利用分支机构向第三国的居民或企业提供服务。例如，设立在意大利的一家美国旅游公司在意大利为德国游客提供服务。流动的服务要求服务消费者和提供者存在不同程度的资本和劳动力等生产要素的移动。GATS 中规定的第三种“商业存在”和第四种“自然人流动”中的部分服务类似于这类服务。

这种分类方法的本质涉及资本和劳动力等生产要素在不同国家间的移动问题。由于这种生产要素的跨国界移动往往涉及各国国内立法或地区性法律的限制，并涉及在消费者所在地的开业权问题。因此，研究这类问题用这种分类方法比较合适。但这种分类方法存在难以准确、彻底地将服务贸易进行划分的缺陷，如各国间相互提供的旅游服务就难以划分。

2. 以生产过程为标准

这种分类方法根据服务与生产过程之间的内在联系，将国际服务贸易分为三类。

1）生产前服务

生产前服务主要涉及市场调研和可行性研究等。这类服务在生产前完成，对生产规模及制造过程均有重要影响。

2）生产服务

生产服务主要指在产品生产或制造过程中为保证生产过程的顺利进行而提供的服务。例如，企业内部质量管理、软件开发、人力资源管理、生产过程之间的各种服务等。

3）生产后服务

生产后服务是连接生产者与消费者的服务，如广告、营销、包装与运输服务等。通过这种服务，企业与市场进行接触，便于研究产品是否适销、设计是否需要改进、包装是否能够满足消费者需求等。

这种以“生产”为核心划分的国际服务贸易，其本质涉及应用高新技术提高生产力的问题，并为产品的生产者进行生产前和生产后的服务协调提供重要依据。这使生产者能够对国际市场的变化迅速做出反应，以便改进生产工艺，进行新的设计或引入新的服务，最终生产出消费者满意的产品。

3. 以要素密集度为标准

沿袭商品贸易中所密集使用某种生产要素的特点，有的经济学家按照服务贸易中对资本、技术、劳动力投入要求的密集度，将服务贸易分为以下几类：①资本密集型服务，这类服务包括航空运输、通信、工程建设服务等；②技术-知识密集型服务，这类服务包括银行、金融、法律、会计、审计、信息服务等；③劳动密集型服务，这类服务包括旅游、

建筑、维修、消费服务等。这种分类以生产要素密集度为核心，涉及产品或服务竞争中生产要素，尤其是当代高科技的发展和应用问题。

4. 以商品为标准

在关税及贸易总协定（简称关贸总协定）乌拉圭回合谈判期间，1988 年 6 月谈判小组提出依据服务在商品中的属性对服务贸易进行分类，据此服务贸易分为：①以实物商品形式存在的服务，这类服务以实物商品形式体现，如电影、电视、音响、书籍、计算机及专用数据处理与传输装置等；②对实物商品具有补充作用的服务，这类服务对商品价值的实现具有补充、辅助功能，如商品储运、财务管理、广告宣传等；③对实物商品形态具有替代功能的服务，这类服务伴随有形商品的移动，但又不是一般的商品贸易，不像商品贸易实现了商品所有权的转移，只是向服务消费者提供服务，如技术贸易中常用的特许经营、设备租赁及设备维修等；④具有商品属性却与其他商品无关联的服务，这类服务具有商品属性，其销售并不需要其他商品补充就能实现，如通信、数据处理、旅游、旅馆和饭店服务等。

这种分类将服务与商品联系起来加以分析，事实上，它就是从理论上承认“服务”与“商品”一样，既具有使用价值，也具有价值，与商品同样能为社会生产力的进步做出贡献。服务的特殊性就在于它有不同于商品的“无形性”，但是这种“无形性”也可以在一定情况下以商品形式体现。

（二）WTO 的分类

乌拉圭回合谈判小组在对以商品为中心的服务贸易分类的基础上，结合服务贸易统计和服务贸易部门开放的要求，并在征求各谈判方的提案和意见的基础上，提出了以部门为中心的服务贸易分类方法，将服务贸易分为十二大类。

1）商业性服务

商业性服务是指商业活动中涉及的各种服务交换活动，主要包括设备租赁服务、不动产服务（不包括土地和租赁）、安装及装配服务、设备维修服务、伴随生产活动的服务、专业性服务及其他服务。

2）通信服务

通信服务是指社会通信活动过程中涉及的各类产品、操作、设备和软件功能等服务，主要包括邮政服务、速递服务、电信服务、视听服务及其他电信服务。

3）建筑服务

建筑服务是指涉及工程建筑全过程的各类服务。建筑服务主要包括：选址服务，涉及建筑物的选址；国内工程建筑项目（如桥梁、港口、公路等）的地址选择；建筑物的安装及装配工程；工程项目施工；固定建筑物的维修服务；其他服务。

4）销售服务

销售服务是指产品销售过程中的各种服务。

5）教育服务

教育服务是指在高等教育、中等教育、初等教育、职业教育和特殊教育等各层次上提供的相关服务。例如，各国互派留学生、访问学者等。

6）环境服务

环境服务是指污水处理服务、废物处理服务、卫生及相关服务等。

7）金融服务

金融服务是指银行和保险业及与其相关的金融服务活动。

8）健康与社会服务

健康与社会服务主要指医疗服务、其他与人类健康相关的服务、社会服务等。

9）旅游及相关服务

旅游及相关服务是指旅馆与饭店提供的住宿服务、餐饮服务、膳食服务等，以及旅行社和导游提供的服务。

10）文化、娱乐及体育服务

文化、娱乐及体育服务是指除广播、电影和电视外的一切文化、娱乐、新闻、体育服务，如文化交流、文艺演出等。

11）交通运输服务

交通运输服务是指在交通运输过程中形成的各种服务。交通运输服务主要包括：货物运输服务，如航空运输、海洋运输、铁路运输、管道运输、内河和沿海运输、公路运输服务；客运服务；船舶服务；附属于交通运输的各类服务，主要指报关行、货物装卸、仓储、港口服务、起航前查验服务等。

12）其他服务

三、国际服务贸易的特征

随着国际服务贸易的发展，其经济特征日益明显地表现出来，与商品贸易相比，国际服务贸易具有以下特征。

1. 国际服务贸易的标的物一般是无形的

因为贸易的对象——服务产品具有无形性特征，因而国际服务贸易主要表现为无形贸易，当然在物化服务的条件下，国际服务贸易可以表现为直观的、实实在在的商品。

2. 国际服务贸易生产、消费的同步性和国际性

服务具有生产和消费的不可分离性，服务产品使用价值的生产、交换和消费是同时完成的。在国际市场上，服务产品的提供和消费同样不可分离，服务提供的过程就是服务消费的过程，只不过服务提供者和消费者具有不同的国籍，通过商业存在或自然人移动等形式实现服务产品的跨国境流动，而有形商品的生产、交换和消费可以在时空上发生背离。

3. 国际服务贸易保护更具有隐蔽性和灵活性

首先，国际服务贸易的保护通常采取非关税壁垒的形式。因为国际服务贸易对象的特殊性，传统的关税壁垒不起作用，只能转而采取非关税壁垒的形式。而非关税壁垒手段是

多种多样的，可以针对某种具体的产品制定规则，如技术标准、资格认证等，更具有灵活性；其次，各国对国际服务贸易的限制通常采用市场准入和国内立法的形式，这种限制措施更具有刚性和隐蔽性，因为关税具有较高的透明度，可以通过贸易双方或多方的谈判达成降低关税的目的，如关贸总协定的多轮贸易谈判使成员方的关税大幅度降低，而国内立法既不属于数量限制，也不能通过谈判来解决，这属于一国国内主权的范畴；最后，国际服务贸易的限制措施涉及许多部门和行业，任何一种行业标准的改变都可能影响国际服务贸易的发展。

4. 国际服务贸易管理的复杂性

国际服务贸易管理的复杂性主要表现在以下几个方面：一是国际服务贸易对象的范围十分大，涉及的行业众多，服务产品又以无形商品为主，传统的管理方式和管理手段并不适应；二是国际服务贸易管理包括对人员流动的管理，有形商品贸易以商品流动为主，往往不发生人员的流动，或只派生出追加的服务人员流动，界限十分明显，而国际服务贸易的提供者和消费者经常要跨国界流动，这种人员流动的规模、性质和范围与有形商品贸易完全不同，直接增加了管理的难度；三是管理规则复杂，往往难以适应不断发展的国际服务贸易的变化。

四、国际服务贸易法

（一）国际服务贸易领域的法律架构

长期以来，国际上并没有规范国际服务贸易的法律规则。在经过多年的协商和探讨之后，各成员终于达成世界范围内规范国际服务贸易的第一套多边原则和规则——GATS。国际服务贸易法不同于一般的部门法或国际法律规范，它是调整与国际服务贸易有关的、具有法律约束力的国际条约、双边条约、区域性法律文件及有关国际服务贸易的国内法。国际服务贸易法的产生与国际服务贸易壁垒是密切相关的。GATS 作为国际服务贸易法典，就是试图消除国际服务贸易的壁垒，实现国际服务贸易自由化而达成的多边法律规范。但在具体运作上，各国结合自身实际，发展出了关于调整国际服务贸易的多重架构。

（二）GATS 对国际服务贸易发展的价值

GATS 的达成是乌拉圭回合谈判的一个重要成果。它首次为国际服务贸易提供了一套初步的总体规则和框架，为将服务贸易纳入多边体制的规范开了先河。具体而言，其重要作用体现在以下几个方面。

1. 为国际服务贸易的发展创立了可资共同遵循的国际标准

GATS 的诞生标志着一部统一的国际服务贸易法典的出现，它为国际服务贸易的发展制定了一项各成员共同遵循的多边法律框架。如前所述，尽管国际服务贸易的发展非常迅速，但长期以来国际上缺乏该领域可资共同遵循的国际准则，缺乏具有针对性的管理和监督的约束机制。经过多年谈判达成的GATS吸取了《关税及贸易总协定》（General Agreement on Tariffs and Trade，GATT）在以往实施过程中的经验，并结合了国际服务贸易的特点，既有总的目标与任务，又有一般的义务与纪律，还有各国具体承诺的安排及解决争端的机制与纪律。这些条款和安排共同作用，为国际服务贸易的发展提供了一套操作性较强的多边法律规范，当代国际服务贸易体制因此更加完善。

2. 在更大程度上促进国际服务贸易的全面增长

GATS 建立在各国服务贸易的政策透明度及服务贸易逐步自由化的基础之上，并以促进各成员经济增长和发展中国家的发展为目标。GATS 的签署使存在于国际服务贸易领域的保护主义得到了一定程度的抑制，促使贸易更加自由化。因此，GATS 使国际服务贸易额有了较大幅度的增长。

GATS 的主要准则沿用了 GATT 的规定，使各成员由对国际服务贸易市场的保护与对立转向开放与合作。尽管乌拉圭回合谈判商定将国际服务贸易规则与 GATT 分离开来，采用双轨并进的方式，但谁也无法否认，货物贸易与服务贸易既然均属于国际贸易，二者之间必然有诸多共性。在 GATS 的拟定过程中，人们必然会吸取 GATT 的成功经验。例如，GATS 在最惠国待遇、市场准入、国民待遇、互惠和透明度等主要原则性问题上，基本沿用了 GATT 的规定。

市场准入

市场准入（Market Access）是指一国允许外国的货物、劳务与资本参与国内市场的程度。GATS 规定，每个成员给予其他任何成员的服务和服务提供者的待遇，不得低于其承诺表中所同意和明确的规定、限制和条件。市场准入主要指在国际贸易方面两国政府间为了相互开放市场而对各种进口和出口贸易的限制措施，其中包括对于关税和非关税壁垒准许放宽程度的承诺。

3. 为发展中国家所带来的机遇与其所面临的挑战并存

GATS 根据发展中国家的实际情况，在不少主要条款上做了保留，并给予发展中国家一些特殊待遇。例如，在逐步自由化方面，发展中国家可以少开放一些领域、放宽较少类型的交易，逐步扩大市场准入等。同时，各成员就发展中国家成员更多参与国际服务贸易方面承担一定的义务，并给予发展中国家成员在服务贸易方面制定新法规的权利等。但 GATS 在这方面的规定还存在很多缺憾，其中许多规则尚未明确，需要留待以后解决。同时，GATS 虽然从法律条款到体制安排、从服务贸易的提供方式到服务部门的谈判内容，都力图反映且精心维护发达国家与发展中国家成员的利益平衡，但这种平衡毕竟无法改变 GATS 文本之后各方真实力量的对比。因此，发展中国家必须积极调整服务贸易政策，提高自身在国际服务贸易中的地位，并逐步建立健全国际服务贸易的管理体制与相关法规。

（三）我国对国际服务贸易的限制或禁止

《中华人民共和国对外贸易法》对国际服务贸易做了若干限制与禁止规定。国家基于下列原因之一，可以限制国际服务贸易：为维护国家安全或者社会公共利益；为保护生态环境；为建立或者加快建立国内特定的服务行业；为保障国家外汇收支平衡；法律、行政法规规定的其他限制国家禁止的国际服务贸易。

属于下列情形之一的国际服务贸易，国家予以禁止：危害国家安全或社会公共利益的；违反中华人民共和国承担的国际义务的；法律、行政法规规定禁止的。

（四）对国际服务贸易的管理

为促进我国国际服务贸易的逐步发展，国务院对外经济贸易主管部门和国务院有关部门，依照《中华人民共和国对外贸易法》和其他有关法律规定，对国际服务贸易进行管理。我国在国际服务贸易方面根据所缔结或参加的国际条约、协定中所做的承诺，给予其他缔约方、参加方市场准入和国民待遇。

第三节 国际服务贸易的发展

国际服务贸易起源于原始社会末期、奴隶社会早期。简单商品经济条件下的国际贸易以货物贸易为主，主要采取物物交换的形式。这时，也会伴随产生一些国际服务贸易，如运输、仓储等。

一、国际服务贸易发展的历史进程

以前，国际服务贸易在国际贸易中所占的比重相当小，还不能称为真正意义上的国际服务贸易，具有一定规模的国际服务贸易始于 15 世纪世界航运业的发展和“新大陆”的发现。从此，资本主义殖民性质的大规模移民得到进一步发展，服务输出主要以移民形式出现。

到 17 世纪，欧洲殖民统治者加紧了对亚洲和非洲的商业掠夺，也加强了对美洲的开拓。殖民主义者开发“新大陆”需要大量廉价的劳动力，因此形成了历史上大规模的远距离劳动力移动的开端，产生了劳务输出和输入的国际服务贸易，当时的劳务贸易自然也就打上了殖民主义烙印。历史上的“三角贸易”就反映了当时以劳动力买卖为主的国际服务贸易，实际上这一时期的国际服务贸易带有明显的掠夺性，与我们今天所讲的国际服务贸易有实质性的差别。

从 18 世纪工业革命开始到第一次世界大战之前，是服务经济发展的第二阶段，也是国际服务贸易的重要转折时期。18 世纪后期的产业革命促进了产业结构的调整，以英国为代表的早期工业化国家急需利用国际市场弥补国内市场的不足，即从国际市场获得原材料，倾销其国内相对过剩的产品，这样就刺激了国际贸易的迅速发展，运输服务业的发展就为国际贸易的发展创造了条件。例如，1807 年世界上第一艘蒸汽船诞生了，给古老的海运业注入了新的活力。资本主义国家的早期工业大多沿通航水道设厂，使得当时水运的发展对工业布局有很大的影响。同时，由于国际贸易地理条件的限制（远隔重洋），加上海运运量大、成本低，当时国际贸易量的一半以上是海上运输完成的。海运服务成为国际贸易发展的重要条件。国际贸易发展的另一个重要条件是国际金本位制度逐渐形成，国际交换和国际支付体系逐步建立，金融服务也得到了进一步发展。当时的发达国家也都在建立更具效率的服务基础设施，促进了产业结构的调整和贸易的便利化。19 世纪初，欧洲的金融服务和运输网络已初具规模，国际服务交换的内容和形式更加丰富，国际服务贸易的范围不断扩大。

在资本主义进入自由竞争时期，世界市场范围扩大，科技革命改变了传统服务业的内容。铁路运输、海运、金融、通信和教育等服务基础设施得到加强，并且发生了革命性的变化。电话、电报的发明，使远距离通信成为现实，缩短了人们经济活动的时空距离。运输和通信业的发展，使国际服务贸易交换的规模变成了真正的全球性活动。可以说，在这一时期，跨境交付、商业存在、自然人移动等国际服务贸易的形式已基本具备。

19 世纪 60 年代后期，开始第二次工业革命，各种新技术、新发明层出不穷，并被迅速应用于工业生产，大大促进了经济的发展。一些发达国家的工业产值开始超过农业产值，第二产业在国民经济中占据更为重要的地位，进入了工业化社会。制造业的发展使运输业、批发业、零售业、金融业、保险业和房地产业等得到了迅猛发展。世界市场的范围和规模迅速扩展，为世界各国的经济发展提供了更广阔的场所、更丰富的资源。经济的发展和居民人均收入水平的提高，使社会成员的消费结构发生了变化，用于家庭基本生活支出的部分开始下降，服务消费部分逐步增加，这就刺激了个人及家庭服务业的发展，如旅游业、汽车服务业、修理业、文化和娱乐业等得到了迅速发展。以国际分工为基础，一些资本主义国家借助国际交通运输和通信工具，以国际市场为依托，通过商品输出和资本输出，把越来越多的国家卷进了世界经济运行的洪流，资本主义商品经济关系扩展到了世界各地，国际资本移动的扩大直接带动了服务的扩张，从而刺激了国际服务贸易的发展。

两次世界大战期间，由于战争的需要，出现了军需产品的生产和运输、军事培训、伤病救护、情报信息传递等多种国际服务交换，并且发展速度很快。这一时期的国际服务贸易尽管具有临时性的特征，但其交换方式具有现代国际服务贸易的重要特征。

第二次世界大战后，由于第三次科技革命的发展，劳动生产率得到普遍提高。生产力水平的提高使国际分工越来越细，混合型分工迅速发展，并带动了国际贸易的发展，国际服务贸易也随之增长。世界经济的迅速发展、个人收入水平的不断提高，使居民的消费倾向高消费，刺激了居民对高消费服务产品的需求，从而使第二次世界大战后的国际服务贸易有了进一步增长。

二、影响国际服务贸易迅速发展的因素

首先，第二次世界大战后，科技革命的发展和社会生产力水平的提高是国际服务贸易快速发展的基本动因。生产力的发展从两方面对国际服务贸易产生影响：一方面，由于物质产品生产效率的迅速提高，国际交换日益频繁，交换的规模、范围和方式发生了巨大变化，从而使国际服务贸易得到快速发展；另一方面，从需求的角度而言，人们收入的增长和生活水平的不断提高，使人们对服务的社会化及国际化产生了更高的要求，他们要求国际服务贸易有更快的增长速度。同时，在生产资料服务领域，由于市场竞争的加剧和企业生产规模的扩张，扩大了对专门服务的需求，如会计、管理咨询、保险、法律和金融服务等。

会计服务的主要内容

一、会计代理记账服务

二、税种申报服务

（一）增值税

（二）消费税

（三）城市维护建设税

（四）教育附加费

（五）文化事业建设费

（六）企业所得税

（七）个人所得税

（八）城镇土地使用税

（九）房产税

三、各类年检申报服务

（一）组织机构代码证的年检

（二）外汇年检

（三）财政年检

四、审计服务

五、清理乱账服务

六、财税筹划服务

七、财务顾问服务

八、规避财务风险服务

其次，社会分工和技术分工的不断深化为国际服务贸易的发展奠定了基础。随着社会

生产力的发展，社会分工和技术分工也在不断加强和深化，生产社会化程度日益提高。原先在企业经营过程中的一些环节逐渐市场化，许多服务性机构逐步分离出来进入市场，成为社会上的专业性服务公司，如市场调研公司、市场营销公司、咨询公司、广告公司等，这些专业性服务公司在市场经济社会中发挥着重要的作用，这为国际服务贸易的发展奠定了基础。

市场调研

市场调研（Market Research）是一种把消费者及公共部门和市场联系起来的特定活动。这些信息用以识别和界定市场营销机会和问题，产生、改进和评价营销活动，监控营销绩效，增进对营销过程的理解。市场调研实际上是一个寻求市场与企业之间“共谐”的过程。若企业不进行市场调研，那么过后再一掷千金搞销售，又能起多大作用？因为市场营销的观念意味着消费者的需求应该予以满足，所以企业内部人士一定要通过市场调研，“倾听”消费者的声音。

再次，跨国公司的迅速发展，促进了服务的国际化。跨国公司的发展，大大地加快了国际服务贸易的国际化进程。跨国公司在世界范围内扩张过程中所派生的大量服务产品，即使是在跨国公司内部发生的，也属于服务产品的国际贸易活动，这就促进了国际服务贸易的发展。据联合国统计，20 世纪 70 年代中期，全世界的跨国公司约 7000 家，到了 20 世纪 90 年代初，便增长到 36 600 家，海外分公司超 17 万家。跨国公司为了促进自身发展，在海外设立为本公司服务的专业性服务子公司，这些公司在立足本公司自身需要之外，也为东道国的消费者提供服务，这样既有利于跨国公司的发展，又促进了东道国国际服务贸易的发展。由于信息技术的高度发达，进入 20 世纪 80 年代后，世界市场上出现了大量的服务性跨国公司，如在 20 世纪 80 年代中期，美国、日本及欧洲地区的服务性跨国公司已经超过 200 家，其分支机构逾万家，这些服务性跨国公司有能力在几个不同市场提供多种服务，如银行、保险、会计、法律、咨询服务等。另外，它们还凭借自身在金融、信息、技术等方面的优势，把商品与服务结合起来进行交易，在为客户提供商品的基础上提供更多的追加服务。此外，这些服务性跨国公司的直接投资促进了国际服务贸易的发展。随着跨国公司的直接投资、设备、技术的转移，其技术人员和管理人员也随着发生转移，因而带动了服务的出口和转移，促进了国际服务贸易的发展。

最后，国际服务合作的扩大也促进了国际服务贸易的发展。国际服务合作是指拥有工程技术人员及劳动力的国家或地区，向缺乏工程技术人员及劳动力的国家或地区提供所需要的服务，并由接受服务的一方支付报酬的一种国际经济合作，如国际工程承包、劳务输出等。这种合作方式扩大了国际服务市场，促进了国际服务贸易的迅速发展。

本章小结

1. 国际服务贸易是指国际间服务的输入和输出的一种贸易方式。

2. 商业性服务是指商业活动中涉及的各种服务交换活动，主要包括设备租赁服务、不动产服务（不包括土地和租赁）、安装及装配服务、设备维修服务、伴随生产活动的服务、专业性服务及其他服务。

3. 通信服务是指社会通信活动过程中涉及的各类产品、操作、设备和软件功能等服务，主要包括邮政服务、速递服务、电信服务、视听服务及其他电信服务。

4. 建筑服务是指涉及工程建筑全过程的各类服务。

5. 销售服务是指产品销售过程中的各种服务。

6. 教育服务是指在高等教育、中等教育、初等教育、职业教育和特殊教育等各层次上提供的相关服务。

7. 健康与社会服务主要指医疗服务、其他与人类健康相关的服务、社会服务等。

8. 旅游及相关服务是指旅馆与饭店提供的住宿服务、餐饮服务、膳食服务等，以及旅行社和导游提供的服务。

9. 文化、娱乐及体育服务是指除广播、电影和电视外的一切文化、娱乐、新闻、体育服务，如文化交流、文艺演出等。

10. 分离式服务是指服务提供者与消费者在国与国之间不需要移动而实现的服务。

复习思考题

1. 服务具有哪些基本特征？
2. 简述服务业的分类。
3. 国际服务贸易具有哪些特征？
4. 试述国际服务贸易领域的法律架构。
5. 什么是国际服务贸易？
6. 影响国际服务贸易迅速发展的因素有哪些？

第二章

服务价值理论

知识框架图

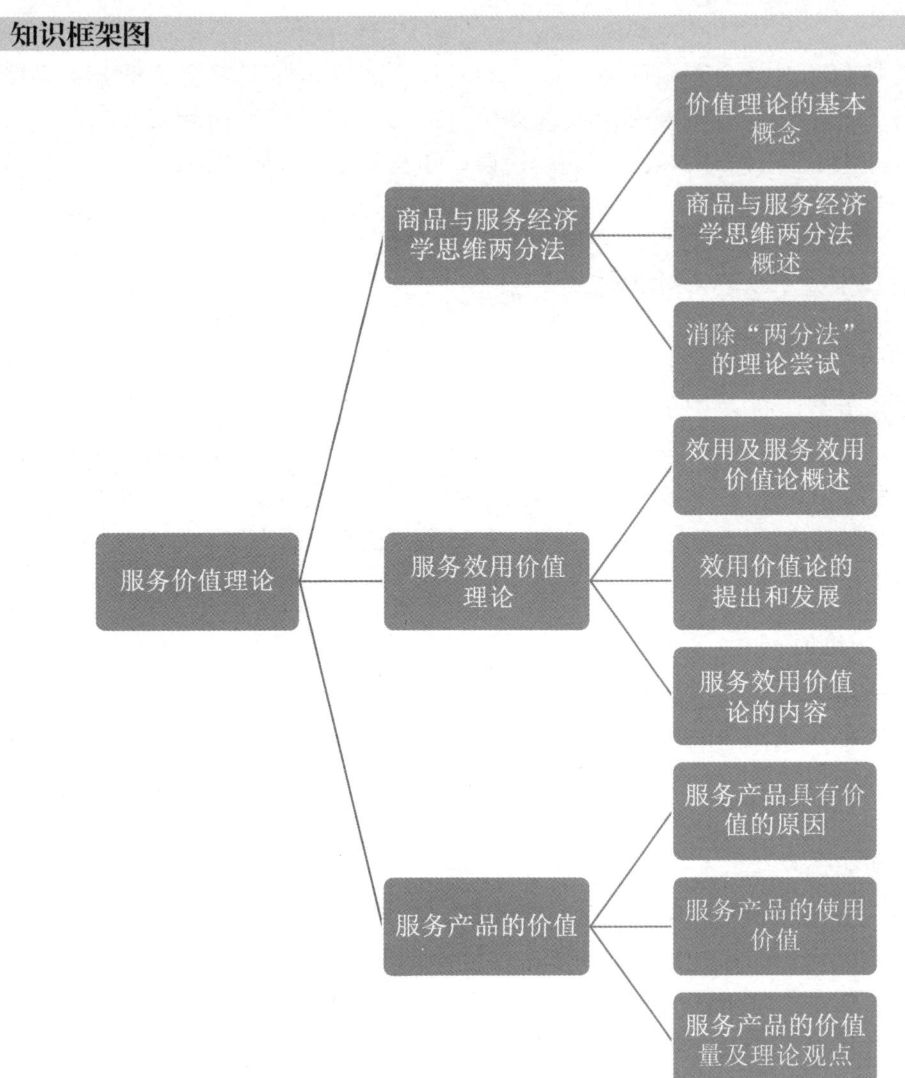

学习目标

- 了解价值理论的基本概念
- 了解服务与商品的感性差异
- 理解服务效用价值理论
- 掌握服务产品具有价值的原因
- 理解服务产品的使用价值

第一节 商品与服务经济学思维两分法

价值就是劳动对社会有用的特性或劳动的社会属性，是对社会劳动分工必要性的确认。服务产品的垄断价格及其永久脱离价值的关系，为理解国际服务商品交换价值打下了基础，澄清了人们对于服务问题的错误认知及其理论根源，发展了马克思的劳动价值论。

一、价值理论的基本概念

（一）价值

价值是指凝结在商品中的无差别人类劳动。价值量的大小取决于生产这一商品所需的社会必要劳动时间的多少。不经过人类劳动加工的东西（如空气），即使对人类有使用价值，也不具有价值。因此，可以说价值是衡量商品中的人类劳动的尺度。根据经济学说史可知，价值的概念起源于真实价格的研究。有思想家认为，商人高于真实价格出售商品属于欺诈，应给予其法律上的警告。随着历史的发展，真实价格的概念逐步演变为“价值”。

（二）使用价值

使用价值是指物品能够满足人们某种需要的属性。例如，粮食能充饥，衣服能御寒，音乐能使人快乐。使用价值是商品与服务的基本属性之一，是交换价值的物质承担者，形成社会财富的物质内容。空气、草原等自然物品及不是为了交换的劳动物品，没有价值，但有使用价值。任何物品要想在市场中交易都必须具有可供人类使用的价值；也就是说，毫无使用价值的物品是不会在市场中交易的。使用价值是物品的自然属性。使用价值反映了物品对于人类生存和发展所产生的积极作用。马克思主义政治经济学认为，使用价值是由具体劳动创造的，并且具有质的不可比较性。我们不能说橡胶和香蕉哪个使用价值更高。使用价值是交换价值的物质基础，它和价值一同构成了商品的双重属性。物品的使用价值与价值是统一的，价值的存在要以使用价值的存在为前提，使用价值是价值的物质承担者。

（三）交换价值

交换价值是指当一种物品在进行交换时，能换取到其他物品的价值，也就是一种使用价值同另一种使用价值相交换的量的比例或关系。交换价值在马克思的学说中，是物品借着一种明确的经济关系才能够产生的价值，也就是说，经济关系乃是交换价值的背景。交换价值只有当物品在进行交换时，特别是当物品被作为商品在经济关系中出售或购买时，才具有意义。

根据《资本论》（全称《资本论：政治经济学批判》）中的众多论述，马克思关于经济关系乃是交换价值背景的观点可以大致概括为以下几点：第一，产品发展成为商品，起源于原始公社之间的交换；第二，原始公社之间的商品变换，是基于自然条件的社会分工发展的产物；第三，商品生产和商品交换既可以建立在公有制基础上，也可以建立在私有制基础上；第四，产品作为商品，与其生产过程的性质是没有关系的。商品或服务交换的比例由商品与服务的效用决定。

物品的使用价值与交换价值是不同的。首先，使用价值是物品的自然属性，反映的是人与自然的关系；交换价值是物品的社会属性，反映的是物品生产者之间的社会关系。其次，使用价值是永恒的范畴，交换价值是商品经济的范畴。再次，使用价值的存在不以价值的存在为前提。最后，物品生产者生产物品是为了获取交换价值，不是为了获取使用价值；物品消费者是为了获取使用价值。只有通过交换才能解决物品的使用价值和价值的矛盾。

（四）价值量

价值量是指单位物品价值的大小。物品的价值不但有质的规定性（什么是价值），而且有量的规定性（价值量的大小如何决定）。既然价值是指凝结在商品中的无差别人类劳动，因此物品价值量的大小就由生产物品时所耗费的社会必要劳动量来决定。

物品的价值量不是由各个物品生产者生产某种物品所耗费的个别劳动时间决定的，而是由社会必要劳动时间决定的，它是在同类物品生产者之间的竞争中实现的。例如，一桶石油的价值量，是由生产石油的世界社会必要劳动时间（世界劳动平均单位）决定的，而不是由某个油田或产油国决定的。

价值量的决定（同种物品的价值量）的内在尺度是劳动时间，物品的价值量是由凝结在物品中的社会必要劳动时间决定的。社会必要劳动时间是指在社会现有的正常的生产条件下，在社会平均的劳动熟练程度和劳动强度下制造某种使用价值所需要的劳动时间。

决定价值量的社会必要劳动时间是以简单劳动为尺度来计量的。“现有的正常的生产条件”是指现时一定的生产部门的绝大部分产品的生产条件，其中最主要的是劳动工具，这是生产的客观条件。“社会平均的劳动熟练程度和劳动强度”是指中等水平或部门平均的劳动状态，这是生产的主观条件。

视野拓展

简单劳动

简单劳动与“复杂劳动”对称，是指在一定的社会条件下，不需要经过专门训练，每个普通劳动者都能从事的劳动。根据科学技术层次的差别，生产产品的劳动可以分为简单劳动和复杂劳动。二者在同等劳动时间内形成的价值量是不同的，复杂劳动可以折合为若干倍简单劳动，耗费较少时间的复杂劳动生产的产品可以与耗费较多时间的简单劳动生产的产品等价交换。

价值量的变化（价值量和劳动生产率的关系）：同一社会必要劳动在同一时间内创造的价值总量相等，但就单位物品的价值量来说，同生产该物品的劳动生产率成反比，而同体现在物品中的社会必要劳动量成正比。其中，劳动生产率是指部门平均劳动生产率，个别企业劳动生产率的变化不会改变单位物品的价值量。

在理解上述内容时需要注意的是，社会必要劳动时间是指现在生产某种物品所需要的时间，而不是指过去的。例如，现在生产某种物品的社会必要劳动时间减少了，那么过去生产的物品即使在当时有较大的劳动耗费和较大的价值，它的价值也只能等于现在生产物品的价值。例如，制造飞机用的铝，过去由于制造工艺落后，其单位时间产量很低，同等重量下，它的价值曾经大于黄金；后来由于制造工艺的改进，其单位时间产量大大提高了，它的价值就大不如黄金了。

二、商品与服务经济学思维两分法概述

经济学把人类劳动的成果分为商品与服务，这就是商品与服务经济学思维两分法（以下简称“两分法”）。形成“两分法”的原因是多方面的，概括起来主要有以下三个方面：经济与社会发展方面的历史成因；服务与商品的感性差异；经济学理论研究中对服务的歧视。

（一）经济与社会发展方面的历史成因

现代产业经济理论认为，一个产业在国民经济中的地位主要取决于两项指标：该产业所吸纳的就业量在国民经济总就业量中的比例；该产业所提供的产品或产值在国民经济总产量或总产值中的比例。人们对服务业这两项指标的关注是从 20 世纪开始的。20 世纪 30 年代，在费希尔和克拉克提出经济增长阶段论和三次产业划分的观点之前，服务业的就业量和产值都没能进入经济学研究的视野。从经济发展的产业结构和产业升级的角度来看，传统古典经济学形成和发展的历史背景是农业经济社会向工业经济社会过渡的历史时期，工业和工业产品的经济作用和理论含义也才刚刚体现出来，产业或交换意义上的服务在经济中的比重微乎其微。因此，在亚当·斯密、大卫·李嘉图和萨伊等古典经济学的创立者

和发展者的大脑中，很难产生“服务”与“商品”在经济学含义上等同的观念，他们分析的焦点只是集中在农业产品和工业产品的生产和交换等方面。

除了经济发展阶段限制的历史原因，同“两分法”观念相关的历史演变还有两个方面值得注意：服务的提供由家庭、主仆、社团等非交易方式发展成社会化的市场交易方式；现代服务业产业结构的提升改变了服务在国民经济中的地位和作用，即由于知识、科技、管理的密集使用，服务和服务业在一国国民经济中的比重往往反映该国经济的现代化水平。

（二）服务与商品的感性差异

服务与商品的感性差异，造成对服务研究的复杂性和困难性。例如，服务的无形性造成其空间形态的不固定和人们感知上的困难；服务的同时性使得其在市场上和流通过程中无法成为感性上独立的交易对象；服务的异质性使其质量具有很大的弹性，进而造成其价值、效用的不稳定性。这一切都给服务的研究，特别是服务价值的研究带来不便。

（三）经济学理论研究中对服务的歧视

经济学理论研究中对服务的歧视，是导致“两分法”观念在经济学思维中根深蒂固的根本原因。以往的价值论认为，商品在经济学理论中具有相对独立的价值，而服务没有这种价值，或者只有派生于商品生产过程的价值。价值论上对服务的歧视在古典经济学创立时就开始了，其根源是古典经济学对价值概念的规范。在亚当·斯密之前，经济思想中的价值概念是含混不清的。重商主义者认为，商业（特别是对外贸易活动）形成价值；重农学派则认为，工业和商业活动都不形成价值，只有农业劳动才形成价值。价值只能在生产过程中形成，生产过程是由土地、资本及劳动组成的，因而古典经济学的价值实体要么由三要素之一形成，要么由三要素共同形成。总体来说，古典经济学中居主流的是以亚当·斯密和大卫·李嘉图为代表的劳动价值论。

有了价值形成于生产过程且价值实体是劳动的观点，亚当·斯密认为已经把握了使一个社会的财富尽可能快速增长的关键，即在一个社会所可能提供的总劳动量固定的情况下，尽可能将更多的劳动量投入生产过程中。由此，亚当·斯密开始把劳动分为生产性劳动和非生产性劳动，他认为生产性劳动是和生产过程相结合的劳动，而非生产性劳动不进入生产过程。更具体地说，亚当·斯密认为生产性劳动和非生产性劳动之间主要有三个区别：生产性劳动创造价值，而非生产性劳动不创造价值，因为生产性劳动是直接同资本交换的劳动，而非生产性劳动只是直接同收入交换的劳动；生产性劳动生产实物形态的物质产品，而非生产性劳动不实现在特殊物品或可卖的物品上，是非实物形态的，即生产性劳动的产品是有形的、固定的，而非生产性劳动的产品是无形的、随生随灭的；生产性劳动是进入生产资料和生活资料生产部门的劳动，而非生产性劳动是耗费在商品流通、上层建筑及生活和休闲服务部门的劳动。按照这种劳动“两分法”的观点，从事流通和服务劳动的人实际上是靠物质生产领域中所创造的财富来维持生活的。因此，亚当·斯密认为，一

个国家用以维持非生产性人手的部分越大，用以维持生产性人手的部分越小，从而次年的生产物必越少；用以维持非生产性人手的部分越小，用以维持生产性人手的部分越大，从而次年的生产物必越多。

亚当·斯密以后的古典经济学家大都承袭了亚当·斯密的关于生产性劳动和非生产性劳动的划分，以及前者形成价值而后者不形成价值的观点，只是在具体划分标准和定义上有一些不同的意见，并进行了修正。萨伊认为，不应该以能否生产出有形产品作为生产性劳动和非生产性劳动的界标，而是要看是否能创造出客观效用，医生、音乐家、演员及仆人的劳动也能提供效用，故应看作生产性劳动。随着古典经济学的发展，服务与商品概念的界限越来越模糊了，后来的新古典经济学干脆认为，服务与商品的界分无任何理论意义。马歇尔认为，在某种意义上，一切行业都是提供服务的，“人类不能创造物质的东西”。法国的经济学家弗里德里克·巴师夏提出了服务价值论，他认为“价值原理存在于人类的服务之中，它是通过对比两种服务而评定出来的结果”。弗里德里克·巴师夏所说的“服务”就是劳动。他之所以提服务而非劳动，是因为服务还包括流通等领域的劳动。

马克思认为，亚当·斯密有形产品和无形产品的划分没有必要，只需坚持生产性劳动创造价值，非生产性劳动不创造价值的论断就可以了。他指出，从一般劳动过程的单纯观点出发，实现在产品中的劳动，更确切地说，实现在商品中的劳动，对我们就表现为生产劳动。但从资本主义生产过程出发则要加上更贴近的规定——生产劳动是直接增值资本的劳动或直接生产剩余价值的劳动。显而易见，马克思只是在更加抽象的理论层次上肯定了亚当·斯密的生产性劳动创造价值，非生产性劳动不创造价值的观点；然而，在经验层次上，马克思界定两种劳动的具体标准是模糊不清的。不过通过马克思的两大部类学说，或许可以推断出服务及服务业的劳动在马克思学说中的地位。马克思在《资本论》的一开始就阐明了他所要分析的社会经济中最普遍的现象，即“庞大的商品堆积”。在当时商品生产和商品交换广泛存在的条件下，商品包含资本主义一切生产关系的萌芽，是资本主义经济的“细胞”。当今社会，服务在目前的市场交换中占70%左右，服务作为一种普遍现象存在于整个社会生活和经济生活，因此服务是否创造价值就必然进入人们的研究视野。

总之，古典经济学地位的建立和发展十分依赖劳动（要素）价值学说和交换价值概念。由于生产性劳动和非生产性劳动的划分，商品无可争议地拥有和古典经济学逻辑体系相协调的价值基础，而服务则由于通常和非生产性劳动相联系，或被排斥在古典价值论逻辑之外，或作为异物附着于商品价值运动的逻辑体系，这便是“两分法”的理论根源。而马克思由于继承了古典经济学的劳动价值论思想，同时由于当时的社会经济条件，服务没有进入马克思的研究视野。我国从国外引进的政治经济学教科书，实际上沿用的是亚当·斯密的生产性劳动的概念，把国民经济各部门划分为物质生产部门和非物质生产部门两大部类，认为生产物质产品的劳动创造价值，因而创造国民收入，不生产物质产品的劳动不创造价值，只是参与国民收入的再分配。因此，在后来的社会主义政治经济学中一直沿用“服务不创造价值，只能通过自己的活动参与国民收入的再分配”这一古典经济学思想。

三、消除“两分法”的理论尝试

历史和经验的原因曾经促使“两分法”观念形成，然而同样的原因在 20 世纪，特别是 20 世纪下半叶，对经济学理论思维的冲击则是相反的。服务业的发展越来越趋向于知识密集型、管理密集型及科技密集型，越来越显示出代表先进生产力的特征，而且在世界范围内，各国经济的服务流量占国民经济价值流量的比重日益增加，那种把服务和服务业排除在经济学理论体系和价值论逻辑之外的传统观念，已不符合现代经济发展的现实了。历史发展和感性经验都要求，经济学理论必须对服务的价值问题及服务与商品统一的问题有新的诠释。

由于在理论思维中消除“两分法”观念的实质是消除对服务的歧视，即在价值概念上视服务与商品同等，因此经济学家有两种可能的逻辑选择：第一，在不改变古典价值规范及其相应逻辑系统的条件下，通过各种技术性的修正和努力，将服务纳入古典价值范畴；第二，扬弃古典价值规范，用新的价值概念来统一商品和服务。由于选择第二种的可能性很小（因其本身的困难和令人怀疑的科学性），这里主要从两个方面讨论第一种选择。

（一）古典架构下对服务概念的修正

对古典经济思想框架做些修正，使之包容服务概念，需要明确几个同服务概念具有联系的古典命题：价值只能形成于生产过程，或者更确切地说，价值只能形成于物质生产劳动之中的劳动过程；人类在经济和社会生活中支出的劳动分为生产性劳动和非生产性劳动；只有物质产品的生产才是实在价值物品的生产。服务之所以在古典经济思想中被排除在价值概念之外，原因在于上述几个命题，因此要通过修正古典经济学思想框架的方法，把服务概念纳入古典经济学的逻辑体系，学者们必然要对这些传统的思想命题进行技术性的修正。解决的办法是：承认物质产品既包括有形产品，也包括非实物形态的无形产品——服务；重新思考劳动的性质与分类，消除对生产性劳动的“崇拜”和对非生产性劳动的“鄙视”，承认服务劳动的生产性；拓展生产过程概念的外延，使之涵盖服务的生产及服务价值的形成。

（二）从价值论角度对服务概念的修正

修正服务概念，目的是能在古典经济思想框架下填平商品与服务的“沟壑”，使服务被纳入古典经济学的逻辑体系。从价值论角度对服务概念的修正主要包括三个方面：承认服务在经济中的自主交易性质，修正服务是非交易对象或只是从属于商品的交易对象；承认服务具有使用价值或客观效用价值，修正传统上只用使用价值直接解释服务的思想方法；承认服务的提供者服务、消费者服务和政府服务的基本分类，修正所有的服务都只同收入交换而不同资本交换的固有观点。

传统观点认为，服务是非交易对象或者只是从属于商品的交易对象，因此服务没有像商品那样独立的交换价值。形成这种观点的主要原因在于经济发展史中服务对于商品的初

始依附状态，也有经济体制方面的因素。直到 20 世纪二三十年代，服务业任何一个部门在各国及世界经济的发展中都仍没有达到相对独立发展的水平。服务的概念停留在生活服务、消费服务、流通服务及其他私人服务的层次上，它们主要由家庭成员、社会团体及工商企业以非市场或附属于商品流通的方式提供。从经济体制方面来看，自 20 世纪以来，在一些建立了计划经济体制的国家，一些服务的供应一般都采用福利化的非市场方式，教育、医疗、养老、保育及其他生活和消费服务都由国家包下来，因此更强化了服务的非市场发展。之后，西方国家的服务日益强大，科技与管理水平日益提高，改变了传统的服务概念，服务作为自主的交易对象成为不争的事实。在实施计划经济体制的国家，传统的福利主义被改革的大潮冲垮，各种层次的服务开始成为市场交易的对象。在这样的背景下，传统非交易对象的服务概念必然要加以修正。由于直接运用交换价值的概念来讨论服务的价值含义，必然涉及生产性劳动和非生产性劳动、物质生产领域和非物质生产领域等一系列争论，因此很多学者选择较迂回的方法来说明服务的概念，即以肯定服务的使用价值或客观效用价值为起点，间接地说明其具有交换价值。

第二节　服务效用价值理论

效用价值论是西方经济理论中价值论的主流。西方经济学家认为只有从创造效用的角度，才能把服务劳动的成果归入社会财富，才能把服务经济归入国民经济大系统。服务的生产活动为人们创造财富，带来福利和效用。例如，书籍给人们带来知识，足球赛给人们带来快乐。

一、效用及服务效用价值论概述

（一）效用价值论

效用是人的劳动所创造的福利。效用可以使财富增加，财富是积累起来的效用，效用可以储存起来以供将来之用，其期限可能超过所有者和受益人的寿命。效用的反面是无效用，无效用也是人行为的一种结果，它会使财富减少，从而降低人的福利。效用只有当生产者或所有者在市场上进行交换时，才能变成价值，而无效用只有对那些必须让渡福利以作为获取价值条件的人来说，才能变成成本。

（二）服务效用价值论

效用的演变形式是一个历史的过程。在缺乏语言和书写工具的漫长岁月中，从一个时期到另一个时期，从一代到另一代传递效用的唯一方法是采取有形的形式。因此，效用的概念很自然地就同有形商品的所有权相联系。

随着文字的出现及记录和传播思想实用工具的发现与运用，它们本身也变成了财富的来源。比如，书本、磁带、磁盘、录像带等带给人们的效用已大大超过其自身的物质价值。因此，在现代经济社会中，服务的生产活动和商品的生产活动一样，也可以为人们创造财富，带来福利和效用。

服务可创造效用，如果它可以用价格表示出来，在市场上出售，那么便产生了价值。这里需要注意的是，服务所创造的总效用与其市场价值之间的关系并不十分明确。如果效用被看作所有生产活动的最终目标，即所有有形产品和无形产品都可以按照与最终用户的需求有关的简单需求功能来加以合并或结合，那么总效用可以看作市场价值和有效的外部经济的组合效用，即已支付和未支付的效用。比如，知道通过某个乡村的道路可能对某个旅行者具有特殊的效用（走近路可以节省时间或者节省体力等），但并不产生市场价值；而一块面包对一个饥肠辘辘之人是有效用的，并且具有市场价值。从广义上来说，这两种效用的形式几乎是一样的，因为二者都产生福利，但从具体情况来看，知道通过某个乡村的道路的价值包含诸多因素，而不单是满足一个人的胃口。因此，在对服务进行分析时，必须弄清哪些因素是市场价值的主要决定因素，并将其与构成商品市场价值的因素进行比较。从构成要素来看，一般情况下，服务中的人力资本、劳动及实物资本所占的比重是不同的，并决定服务的效用，进而决定服务在市场中的价值。服务生产中所使用的诸多要素的特殊结构，不但依赖于这些要素的可利用性及成本，而且取决于所提供服务的性质。因此，有些服务从性质上来看属于人力资本密集型，有些服务属于劳动密集型，还有些服务属于实物资本密集型。

劳动密集型

劳动密集型是指单位劳动占用的资金数量较少，或资本有机构成较低的类型的经济活动。在劳动密集型产品的成本中，活劳动消耗所占的比重较大，而物化劳动消耗（主要是指固定资产转移的部分，一般不包括作为劳动对象的原材料、燃料等的转移部分）所占的比重较小。在活劳动的消耗中，不但包括简单的体力劳动，而且包括复杂的、高级的脑力劳动消耗。那些技术装备程度较低、需大量使用劳动力从事生产的行业或企业，如大型人力土石方工程、人工装卸和采掘、以贵金属为原料的首饰业、高级服装业等，均属此类。劳动密集型的特点是投资较少，单位投资吸收的劳动力较多，劳动工具较简单。

从供给特点上来看，服务生产的特殊模式有别于商品生产的模式。服务的特殊自然属性，一般要求服务提供者和消费者同时存在并要求有一个地方进行市场交易，而另一些服务只可以通过通信线路进行传送或通过卫星传送出去。因此，从某种程度上讲，服务生产是一种个性化的生产，不像商品那样，生产者和消费者之间的关系完全是非个人之间的关系，可以称为非个性化的生产。如果某种类型的服务可以对不同的消费者产生或多或少同样数量的效用，也就是使服务标准化，而非个性化，那么只有在这种情况下，才有可能使

服务生产获得规模经济效益，因为这种规模经济效益是对大量生产相同单位产品而导致单位产品成本降低这一效应的回报。

上述诸多因素使服务质量存在差别，然而不同质量的服务究竟能产生多大效用仍然是无法判断的。对商品来说，往往有耐用商品和非耐用商品的界分。非耐用商品（如食物）可在某一时点上或很短的时间周期内产生效用，而耐用商品可在长时间内产生效用。如果从效用持续时间的角度考虑，那么有些服务可以看作耐用服务，有些服务的耐用性则给人一种“只可意会，不可言传”的感觉，但更多的服务是非耐用服务。耐用服务的典型例子是保险服务。“只可意会，不可言传”描述的是服务对个人、社会团体和整个经济所产生的不可测度的扩散效应。这些扩散效应可能不存在市场价值。这便是经济学家所说的公共商品、社会的一般管理费、正的“外部性”或“无报酬的产出”等。城市公交车服务不但对公交乘客提供直接效用，而且对期望找到最终服务需求的潜在乘客提供了可能性。警察的存在作为一种潜在的效用资源，可以给居民带来安全感，这比捉拿罪犯所产生的直接效用具有更为重要的意义。这些服务的“外部性”实际上也创造了效用，虽然不是以传统定义的价值形式表现出来的，但它们非常重要，这就不能不引起人们根据它们对经济发展所做的贡献来进行思考。这样一来，服务的效用价值就被看作由要素的价值（包括知识）和在经济中所发挥的功能效用两个部分组成。

进入服务生产的诸要素本身也有有形和无形之分。非熟练劳动和实物资本是有形的，其在某一市场上的可利用性是可以比较精确地加以预测的，并受到传统的供求理论分析的支配。人力资本则不能这样容易地加以预测，但它起着越来越大的作用。

服务效用价值的第二个组成部分是服务在经济中所发挥的功能效用。它既可以传递到其他服务产品上，也可以传递到有形的财富上。正如服务产品既可以是中间的，也可以是最终的一样，服务的功能如果用来增强财富的供应，那么便是中间的；如果有助于消费者从所购买的商品或其他服务中获得效用，那么便是最终的。服务产品既可以同其他商品或服务互补，也可以替代它们。服务功能从本质上看是同其他产品互补的，因为如果没有服务，那么它们传递到这些产品上的效用便不存在。比如，若没有短信服务，用手机发送短信所创造的效用就不存在。

二、效用价值论的提出和发展

效用价值论是指通过物品满足人的欲望的能力或人对物品效用的主观心理评价解释价值及其形成过程的经济理论。它同劳动价值论相对立。在 19 世纪 60 年代前主要表现为一般效用论，19 世纪 70 年代后主要表现为边际效用论。

把商品交换的基础归结为物品效用的观点，在古希腊哲学家亚里士多德和中世纪思想家阿奎那的著作中已见端倪。阿奎那在其著作《神学大全》中提出，要把公平价格看作商品与商品、商品与货币之间的均等，并且承认这种均等是以生产商品时所耗费的劳动量为转移的。他认为，物品的公平价格不是绝对固定的，而是取决于某种评价。究竟取决于什么评价呢？阿奎那认为，这取决于人们对某种物品给自己带来利益大小的评价或人们对某种物品效用的评价。因此，他把商品与商品、商品与货币之间的均等解释为效用的均等，而效用又是由人的主观心理来评价的。由此他推断：当一个人急需某种物品时，其购买该种物品就有利益，而卖主卖掉该种物品就有损失，在这种情况下，卖主把物品的价格卖得高于物品的价值，也不算违反公平价格。阿奎那的这种观点同其所处的阶级地位和以消费为特征的经济要求相吻合，也是当时商品生产和交换尚处于初级发展阶段的反映。

效用价值论在 17 世纪至 18 世纪上半叶资产阶级经济学著作中有了明确的表述。英国经济学家巴本是最早明确提出效用价值观点的思想家之一。他认为，一切物品的价值都来自它们的效用；用之无效，便无价值；物品的效用在于满足人们的欲望和需求；一切物品能满足人们天生的生理和精神需求，才成为有用的东西，从而才有价值。意大利经济学家加利亚尼是最初提出主观效用价值观点的人之一。他认为，价值是物品同人的需求的比率，价值取决于交换当事人对物品效用的估价，或者说，价值由效用和物品的稀少性决定。资本主义商品交换关系的发展，是效用价值论在 17 世纪至 18 世纪上半叶得以存在和发展的条件。

效用价值论在 18 世纪下半叶和 19 世纪初处于踏步不前的状态。工业革命促进了社会生产力的发展，为资产阶级古典政治经济学建立劳动价值论和以它为基础的理论体系创造了客观前提。英国古典政治经济学的代表亚当·斯密和大卫·李嘉图在阐述劳动价值论过程中，对效用价值论进行了有力的批判。在这一时期，尽管还有一些经济学家（如英国的罗德戴尔和法国的萨伊）仍然坚持效用价值观点，但他们并没有给这种理论增添新内容。

19 世纪 30 年代以后，在对抗古典经济学劳动价值论的背景下，逐渐出现了边际效用论。英国经济学家劳埃德是这一理论的先驱者之一。他在 1833 年提出：商品价值只表示人对商品的心理感受，不表示商品某种内在的性质；价值取决于人的欲望和人对物品的估价；人的欲望和人对物品的估价会随着消费物品数量的变动而变化。他实际上区分了总效用和边际效用这两个概念，而且暗示物品价值取决于边际效用。爱尔兰经济学家朗菲尔德也表达了类似的观点，他认为，物品的市场价格总是由能够引起实际购买的最低程度需求强度来调节的。

德国经济学家戈森是边际效用论的主要先驱者。他在《论人类交换规律的发展及由此而引起的人类行为规范》中，重申了效用价值论，同时提出了人类满足需求的三条定理（后来被称为“戈森定理”），从而为边际效用论奠定了理论基础。这三条定理是：欲望或效用递减定理，即随着物品占有量的增加，人的欲望或物品的效用是递减的；边际效用相等定理，即在物品有限的条件下，为使人的欲望得到最大限度满足，务必将这些物品在各种欲望之间进行适当分配，使人的各种欲望被满足的程度相等；在原有欲望已被满足的条件下，要取得更多享乐量，就要发现新享乐或扩充旧享乐。

三、服务效用价值论的内容

效用价值论是西方经济理论中价值理论的主流。西方经济学认为，只有从创造效用角度才能把服务劳动的成果归入社会财富，才能把服务经济归入国民经济大系统。

效用的定义：在经济学中，效用既是人的劳动所创造的福利（生活上的利益），又是用来衡量消费者从一组商品或服务之中获得的幸福或者满足的尺度。从前者来讲，它可以储存起来以供将来之用，其期限可能超过所有者或受益人的寿命；从后者来讲，财富就是已积累起来的效用。从前者来讲，技术发明使全世界的人受益，并延续给后代；从后者来讲，当前人们的财富包括从商品和服务之中获得的幸福或者满足。效用只有在市场上交易，才能变成价值。

无效用的定义：效用的反面是无效用。无效用也是人行为的一种结果，它会使财富减少，从而降低人的福利。无效用只有对那些必须让渡福利以作为获取价值条件的人，才能变成成本。例如，单纯玩游戏机会玩物丧志，而通过玩游戏机来提高自己的计算机水平，最终成为计算机高手，此时玩游戏机花费的时间与金钱就是投资成本。

服务的效用：服务的生产活动为人们创造财富，带来福利和效用。例如，书籍给人们带来知识，足球赛给人们带来欢乐。

服务的价值：服务创造效用并在市场上出售，即产生价值。

服务总效用：服务总效用是市场价值与外部经济的组合效应。例如，歌星的歌能吸引许多粉丝并产生票房价值，因为它包括明星效应。

服务效用与价值的确定：服务中的人力资本、实物资本和普通劳动三者所占的比重决定服务的效用，进而决定服务在市场中的价值。例如，医生、出租车司机与家庭保姆三者的服务效用与价值比较如下：医生接受教育的时间通常较长，其人力资本所占的比重大，因而服务效用相对高，其服务价格也就相对高；出租车司机开出租车，其实物资本所占的比重大，因而服务效用中等，其服务价格也就居中，如果出租车司机会外语，那么其人力资本所占的比重提高，服务效用就相对提高，因而其服务价格也会相对提高；家庭保姆替雇主做家务，其普通劳动所占的比重大，因而服务效用相对低，其服务价格也就相对低，如果家庭保姆受教育程度较高，懂外语，那么其人力资本所占的比重提高，服务效用就相对提高，因而其服务价格也会相对提高。

服务的规模经济效益：规模经济效益是指适度的规模所产生的最佳经济效益，在微观经济学理论中，它是指由于生产规模扩大而导致的长期平均成本下降的现象。服务生产是一种个性化的生产，服务的标准化（非个性化）才能使服务生产获得规模经济效益。例如，以前私塾先生的教学，其内容完全由自己设定，由于是一种个性化服务，没有机构来评定其教学效果，因此只能自己招生，学生有限，它就不具备规模经济效益；而现在教师授课必须有教学计划、教学大纲、教学日历与考试题库，是一种标准化服务，由学校来评定其教学效果，因此由国家与学校统一招生，学生很多，它就具备规模经济效益。

服务的耐用性：服务的耐用性是指服务对个人、社会团体和整个经济所产生的不可测度的扩散效应。例如，一个地方基础设施建设水平对外商投资具有磁石效应。

服务的功能效用：服务的功能效用从本质上看是同其他产品互补的，因为没有服务，则传递到这些产品上的效用便不存在。例如，导游引领游客进行旅游消费，医生引领患者进行医疗消费。

第三节　服务产品的价值

确立服务生产就是对非实物形式的劳动成果的创造，是服务劳动过程和服务价值形成与增值过程的统一，认识服务业的发展并非“再分配”工农业创造的价值，而是生产更多具有使用价值和价值的服务产品，为社会财富的增长做出更大的贡献。

一、服务产品具有价值的原因

服务产品具有价值的原因可以从以下几个方面来理解。

（一）凝结性

凝结性是指生产服务产品耗费的劳动凝结在非实物使用价值上，形成价值实体。我们可以从价值的定义中得知，价值是指凝结在商品中的无差别人类劳动。也就是说，只要服务中凝结着人类劳动，它就应该具有价值。

从事服务生产的人员在生产服务产品的过程中，与工人、农民一样，刻苦、努力，付出了辛勤的劳动。可以说，在任何一种服务产品中，都凝结着服务提供者的辛勤劳动。因此，服务产品与工农业产品一样，都应该具有价值。

（二）有用性

有用性是指服务产品具有满足人们需要的使用价值。按照劳动价值论，创造价值的劳动首先应该创造出使用价值。我们从使用价值的定义中得知，使用价值是指物品能够满足人们某种需要的属性。也就是说，只要服务产品能够满足人们的某种需要，它就具有使用价值。

劳动价值论

劳动价值论的一般逻辑构图是劳动—价值—价格，旨在确立生成规定上的对象运动

的连续性假说。这导致马克思把价格归结于价值，把价值归结于劳动。这样就从经济形态的全领域把握了生产和分配，同时揭示了“商品经济形态”的发生。劳动是一个历史范畴。价值是一个商品经济范畴。马克思的劳动价值论，是马克思主义政治经济学体系的出发点。马克思以劳动价值论为基本立论基础，系统地分析了资本主义的生产过程及其市场经济活动，深刻地揭示了资本主义生产方式的内在规律。

马斯洛把人的需要分为生理需要、安全需要、社交的需要、尊重的需要、自我实现的需要五个层次。根据这一理论，从生理需要到自我实现的需要，每个层次都存在需要的满足问题。其中，后三种需要属于人的精神需要，能够给人带来幸福与快乐。

视野拓展

马斯洛

马斯洛是美国著名社会心理学家、第三代心理学的开创者，提出了融合精神分析心理学和行为主义心理学的人本主义心理学，于其中融合了其美学思想。他的主要成就包括提出了人本主义心理学、马斯洛需要层次理论，其代表作品有《动机与人格》《存在心理学探索》《人性能达到的境界》等。

在物质匮乏时代，人们的需要主要是生理需要，只要能吃饱穿暖，人们的需要就得到了满足。而到了物质充裕时代，人们的需要已经从生理需要上升到精神需要，此时人们不但要求吃饱穿暖，而且要求吃好、穿好、玩好及实现自我。这时，人们对精神需要的追求已经超过了对物质需要的追求，这就是服务产品在世界经济中所占比重越来越大的根本原因，也是服务产品具有使用价值的实证。

（三）社会性

社会性是指私人劳动和社会劳动的矛盾使生产服务产品的劳动取得社会形式，从而表现为价值。我们从服务效用价值论中可以得知，生产服务产品的个人劳动可以通过市场交换被承认为社会劳动，从而表现为价值。例如，艺术家在家唱歌跳舞是个人行为，上台表演就可以被承认为社会劳动，从而表现为价值。

（四）抽象等同性

抽象等同性是指服务产品与实物产品不能按异质的使用价值量，而只能按其中凝结的同质的抽象劳动量进行交换，从而以价值为尺度决定其交换比例。按照劳动价值论，创造价值的劳动还应该具有交换价值。我们从交换价值的定义中得知，交换价值是指当一种物品在进行交换时，能换取到其他物品的价值。也就是说，只要服务产品能够在市场中进行交换，它就具有交换价值。

马克思指出，服务本身有使用价值，因为它们既有生产费用，也有交换价值。服务的价值有些可以用社会平均劳动耗费来衡量，如理发师、司机、售票员等提供的服务，可以从一定时期的服务时间和费用的平均值中反映出来；有些服务不太容易计算价值，如教育、科研、培训、研究及开发等。但是，统计与计量上的困难，并不是否定服务劳动创造价值的理由。

二、服务产品的使用价值

服务产品的使用价值是一种不采取实物形式，与劳动过程紧密结合在一起，只能在活动过程中被消费，从而满足人们某种需要的属性。服务产品的使用价值具有一般功能和特殊功能。

（一）服务产品使用价值的一般功能

1. 满足需要

服务产品具有可消费性、消费替代性（指与实物产品可以互相替代，如健康保健中理疗可以代替药品）、消费互补性（指与实物产品可以互相补充，如教师讲课与教材的使用）、消费引致性（指服务引导实物产品消费，如产品的售前服务，时装模特表演可以激发人们对服装的消费欲望）。

2. 构成社会财富的内容

在农业社会，人们以土地、粮食与牲畜的拥有为财富象征，如猪满圈、粮满仓。在工业社会，人们以工业产品的拥有为财富象征，如在中国，20 世纪 80 年代“三大件”——自行车、手表、收音机，20 世纪 90 年代“三大件”——电视机、电冰箱、洗衣机。在现代社会，人们以实物与非实物的拥有为财富象征，如住房、汽车、高学历等。

3. 充当交换价值的物质承担者

因为价值本质上是商品生产者之间、商品生产者与服务生产者之间、服务生产者之间互相交换劳动的一种社会关系。因此，只要商品或服务的使用价值具有能满足对方某种需求的有用属性，商品或服务能够进行交换，就可以并且实际上充当交换价值的物质承担者。

（二）服务产品使用价值的特殊功能

1. 节约劳动时间，提高劳动生产率

社会服务比自我服务有更高的劳动效率。在当代社会，随着生产、生活方式的改变，子女与父母之间的经济与生活依赖程度减弱，家庭结构亦发生变化。家庭赡养老人包括三个方面的内容：经济赡养、日常照料和精神安慰。如今，传统家庭的护理功能社会化，把家庭成员从繁重的老人护理当中解放出来。

2. 加深各国、各部门、各地区的经济联系

经济全球化是当代世界经济的重要特征之一，也是世界经济发展的重要趋势。现代服

务业的发展是经济全球化的前提与基础。

纵观世界交通运输业的发展史，以主导运输工具为标志，世界交通运输业可以划分为水上运输阶段、铁路运输阶段、公路和航空运输阶段、综合运输阶段。每次运输工具的革命都伴随着科学技术的创新和社会生产力的提高，促进了社会、经济、政治和文化的发展与进步。随着经济全球化步伐的加快，世界各国和地区间经济、贸易及人员往来的增多和彼此依赖的加深，交通运输业将通过更多、更快的技术创新以适应不断增长的需求和不断变化的形势。

信息通信技术的发展是推动经济全球化的主要动力。20 世纪 90 年代以来，以信息技术为中心的现代通信技术迅猛发展，不但冲破了国界，缩小了各国和各地的距离，而且由此引发的信息技术革命推动了全球信息化的进程，成为经济全球化的基础动力，使世界经济融为一体。

全球贸易的发展、对外直接投资的增加、跨国公司的国际渗透，再加上 20 世纪 60 年代以来的金融创新和 20 世纪 80 年代以来的全球自由化浪潮等因素的协力作用，最终形成了经济全球化的格局。经济全球化是商品、服务和各种生产要素因市场机制的推动而在世界范围内流动和配置的过程。

三、服务产品的价值量及理论观点

（一）服务产品的价值量

服务产品的价值量由三个部分构成：在服务生产过程中消耗的燃料、物料或辅助材料的价值及服务工具和设施的折旧费；服务提供者的必要劳动所创造的价值，即维持劳动力生产和再生产所必需的生活资料的价值；服务提供者的剩余劳动所创造的价值。

服务产品的价值量决定有两种情况：重复型服务产品和创新型服务产品。

对重复型服务产品而言，因服务劳动过程的主观条件和客观条件的差别，生产同种服务产品需要各不相同的个别劳动时间，故其价值量由生产这种产品所耗费的社会必要劳动时间决定，如教师的授课。但由于服务产品的差异性，即使是重复型服务产品，每个服务提供者往往也都是自己服务的垄断者，因而使服务产品的价值量决定带有垄断色彩。

对创新型服务产品而言，它的非重复生产性、扩散性和共享性，使其价值量由最先生产出这种产品所耗费的个别劳动时间决定，如教师的论文与著作。服务产品的价值量也由三个部分构成：不变成本，即服务生产过程中消耗的燃料、物料或辅助材料的价值及服务工具和设施的折旧费，随着社会科学技术的不断进步，服务产品中不变成本所占的比重有增长的趋势；可变成本，即服务提供者的必要劳动所创造的价值；剩余产品价值，这是服务业乃至整个社会发展的基础。由于传统观点认为服务业的生产率增长慢于工农业，因此以实物产品为等价形态的服务产品的相对价值量呈增大趋势。

（二）几种需要澄清的理论观点

1. 四种观点

否定服务劳动创造价值的传统观点，在经济理论界仍有相当大的影响。其主要分歧在于是否承认非实物产品和非实物使用价值的存在，由此派生的几种理论观点需要澄清。

1）背离论

按照马克思主义政治经济学，价值理论与商品经济中劳动交换问题密切相关。劳动交换的重点改变了，劳动价值论的重点也要随之改变。马克思对劳动价值论没有采取僵化的态度，而是根据研究对象的具体化做过四次补充，并指出“总体劳动中的脑力劳动和管理劳动”“不生产有用物品的运输劳动”“生产服务消费品的服务劳动”和“生产‘二项式定理’的科学劳动”创造价值。当服务劳动在社会总劳动中占较大比重时，劳动价值论的重点应扩展到服务领域。在当代，只有承认服务劳动创造价值，才能解释服务部门耗费的并表现为社会劳动的抽象劳动的实质，解释市场经济中服务与货物交换的比例，解释被产业现象掩盖着的人与人之间的关系——劳动交换关系。服务价值理论拓展了劳动价值论的生产可能性边界，这并不违背劳动价值论，而是继承和发展了劳动价值论。然而，传统政治经济学把劳动价值论的适用范围限定在物质生产领域，这看似坚持了马克思主义，实际上是僵化之举。因为这等于说，劳动价值论只能解释物质生产领域的劳动交换，一旦扩展和应用到物质生产领域以外的问题就显得“苍白无力、束手无策”。这样就阻断了用劳动价值论进一步解释非物质生产领域的劳动成果及由此引起的一些新经济现象的通路，从而也就不自觉地把劳动价值论推到一个窘迫的境地：它的适用范围和解释能力将随着服务业的增长和非物质生产比重变大而日益缩小，以致根本不能解释当代社会经济现象。可以说，服务价值论的引入，继承和发展了马克思的劳动价值论。

2）道德论

反驳服务产品有价值的另一个论据是，难道内容“不健康”的服务，如淫秽光盘、淫秽网站等也具有价值吗？这实际涉及服务领域的一个敏感问题——伦理道德问题。伦理道德领域和经济学领域有着完全不同的研究目的、重点和论题，切不可混为一谈。伦理道德是社会为了调整人们之间及个人与社会之间的关系，所提倡的行为规范的总称，伦理道德领域研究的目的是使人形成善与恶、荣誉与耻辱、正义与邪恶等道德观念，并用于指导或控制其行为。经济学研究产品的价值问题，解决什么样的劳动形成价值，为什么形成价值，怎样形成价值，人们进行交换的依据是什么，涉及的是产品的效用与费用、投入与产出的关系问题。经济学意义上的产品，不涉及人们对效用的正义与邪恶等道德评价问题。判断一种产品有无价值，只能用经济学的标准，考察这种使用价值是否凝结一般人类劳动，而不能夹杂道德标准，将这种产品的“善”与“恶”作为有无价值的附加条件。伦理道德领域研究的问题可以在经济分析中舍去。当然，随着学科的发展，经济学也越来越关注伦理道德问题，如信息经济学中的败德行为。然而，经济伦理道德问题与纯伦理道德问题是不同的。

3）施舍论

一些学者至今仍认为，服务领域里提供者和资本家的收入并不是服务提供者自己创造的，而是物质生产领域用收入支付服务费用时转移过来的，这就是国民收入再分配。这种观点的错误在于：混淆了使用价值的分配与价值的分配；混淆了交换行为与馈赠或资助行为。在社会化市场经济中，每个生产者都要消费他人生产的使用价值，同时将自己生产的使用价值提供给他人消费。这就是使用价值在全社会的分配。这一分配通常是通过等价交换实现的；使用价值首先分配给直接生产者，然后通过交换分配给其他社会成员。交换中只是一种使用价值同另一种使用价值换了位，价值并没有随交换转移给对方。产品价值的分配则是生产的当事人按一定的原则占有他们生产的产品的价值。比如，全体社会成员都参与农产品使用价值的分配，但参与农产品价值分配的只有农民、农业资本家和土地所有者。同样的道理，三大产业人员都参与了服务产品使用价值的分配，但参与服务产品价值分配的只是服务领域的服务生产当事人。由于工农业产品的使用价值首先分配给工农业生产者，然后通过交换分配给服务提供者，所以服务提供者参与了工农业产品使用价值的再分配。同理，服务产品的使用价值在首先分配给服务提供者的前提下，才可能通过交换再分配给工农业生产者，所以工农业生产者参与了服务产品使用价值的再分配。正如工厂接受了农民支付的购买电视机的货币，不等于再分配了农民创造的价值一样，服务业收取了工农业生产者用来购买服务产品的货币，也没有再分配工农业创造的国民收入。应该知道的是，这两个场合发生的都是交换行为而不是馈赠或资助行为，其实质是服务业与工农业之间的劳动交换，既然是交换，价值实体就不可能转移，因为就交换前后相比，工农业生产者没有减少价值，服务提供者也没有因此增加价值。由此可知，将物质生产领域用其收入向服务业支付服务费用看作国民收入再分配是片面的。追本溯源，其认识论根源就是以物品为中心来观察经济现象，只看到工农业产品向服务业的运动，没有看到非实物形态的等价服务产品的反方向运动。

4）转移论

一些学者坚持认为，服务虽有价值，但它不是服务劳动创造的，而是由物质生产部门转移来的。这里试采取归谬法来进行分析。服务的价值不是由物质生产部门转移而来的，而是由服务部门创造的。因为只有承认服务的价值是服务劳动创造的，才能解释下列现象：服务业的发展使社会总产值增加；现实经济中找不到价值无偿从工农业转移到服务业的途径。

2. *服务价值论的启示*

通过对服务产品及其价值的讨论，我们可以得到以下几点启示。

必须以发展的眼光看待劳动价值论，改变将传统政治经济学著作当作解决现实问题的“灵丹妙药”、现成答案，因而不敢越雷池一步的态度。要根据现实情况研究新问题，做出新概括，树立服务产品具有价值，服务劳动创造价值的新观念。

在服务业比重日趋增大的形势下，必须以服务产品为运动对象确立新的生产、流通、分配和消费观，才可能全面、客观和正确地反映经济现实，认识服务业的非实物产品的运动引起的一系列新经济现象、新经济关系，并从中寻找有助于服务业发展的规律。

必须突破传统的狭义生产观，确立服务生产就是对非实物形式的劳动成果的创造，是服务劳动过程和服务价值的形成与增值过程的统一，认识服务业的发展并非再分配工农业创造的价值，而是生产更多具有使用价值和价值的服务产品，为社会财富的增长做出更大的贡献。要扬弃无视服务业生产状况的工农业总产值指标，代之以国民生产总值指标；要研究服务劳动过程特点和服务价值增长的规律，加快服务业的发展。

要认识到服务业的服务产品流通的存在及其重要性，将流通理论的着眼点扩展到服务业，研究服务业价格体系，探讨服务业流通中的服务供求关系及其规律，并将社会主义市场经济中再生产和流通的宏观平衡的关注点，从农、轻、重扩展到三次产业的内部和外部，将比重日益增大的服务业因素引入流通理论的研究，推进服务业的自我完善、自我发展和社会主义市场经济体制的建立。

本章小结

1. 价值就是劳动对社会有用的特性或劳动的社会属性，是对社会劳动分工必要性的确认。

2. 使用价值是指物品能够满足人们某种需要的属性。

3. 交换价值是指当一种物品在进行交换时，能换取到其他物品的价值，也就是一种使用价值同另一种使用价值相交换的量的比例或关系。

4. 效用价值论是指通过物品满足人的欲望的能力或人对物品效用的主观心理评价解释价值及其形成过程的经济理论。

5. 效用的定义：在经济学中，效用既是人的劳动所创造的福利（生活上的利益），又是用来衡量消费者从一组商品或服务之中获得的幸福或者满足的尺度。

6. 规模经济效益是指适度的规模所产生的最佳经济效益，在微观经济学理论中，它是指由于生产规模扩大而导致的长期平均成本下降的现象。

7. 凝结性是指生产服务产品耗费的劳动凝结在非实物使用价值上，形成价值实体。

8. 有用性是指服务产品具有满足人们需要的使用价值。

9. 社会性是指私人劳动和社会劳动的矛盾使生产服务产品的劳动取得社会形式，从而表现为价值。

10. 抽象等同性是指服务产品与实物产品不能按异质的使用价值量，而只能按其中凝结的同质的抽象劳动量进行交换，从而以价值为尺度决定其交换比例。

复习思考题

1. 什么是价值、使用价值、交换价值？
2. 简述效用及服务效用价值论。
3. 什么是社会性？
4. 什么是抽象等同性？
5. 服务产品的价值量是由哪几部分组成的？

第三章

国际贸易自由化

知识框架图

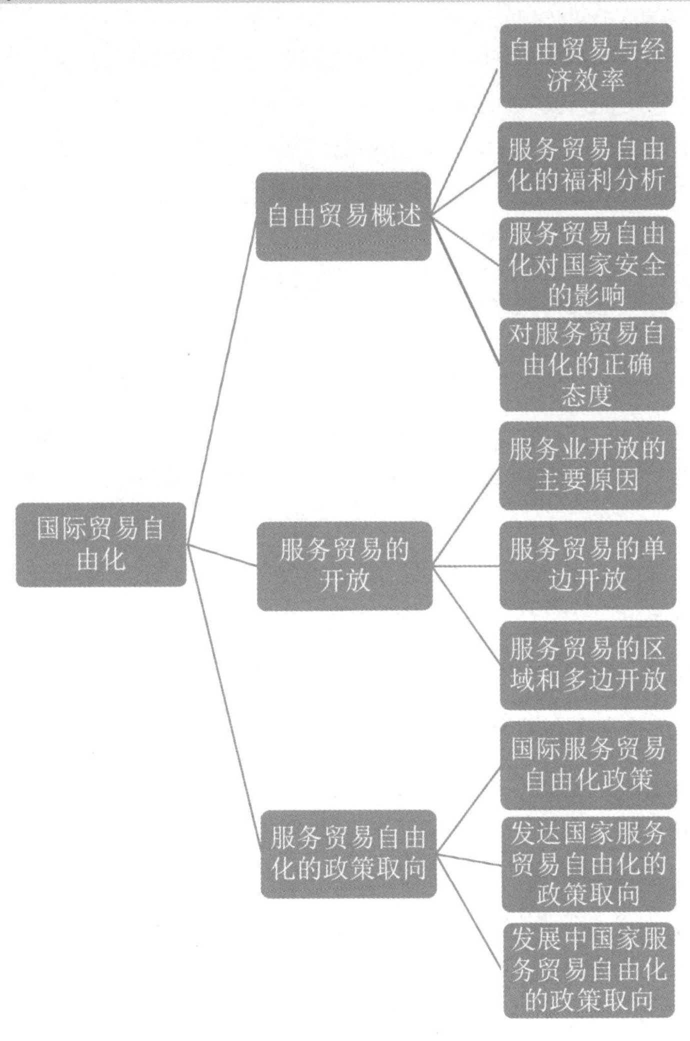

学习目标

- 认识自由贸易与经济效率
- 了解服务贸易自由化对国家安全的影响
- 认识服务业开放的主要原因
- 掌握国际服务贸易自由化政策
- 掌握发达国家服务贸易自由化的政策取向
- 掌握发展中国家服务贸易自由化的政策取向

第一节　自由贸易概述

服务贸易自由化是贸易自由化的重要组成部分，对提高世界及参加方的福利具有积极意义，但是服务贸易自由化并不是轻松的过程。20 世纪 60 年代以后，各国大多对其强势服务部门实行自由化政策，而对其弱势服务部门实行保护政策。各国希望自己的强势服务部门打开并占领世界服务市场，而对自己的弱势服务部门出于国家安全等原因实行保护政策。

一、自由贸易与经济效率

经济效率的实质是一个行业以最小社会成本生产一定质量的产品，该行业产品的价格与其提供给消费者而导致的社会成本之间近似无差异，即生产者与消费者共同使他们的福利实现帕累托最优，以至于既不改善其中一个经济成员的福利，也不损害其他经济成员的利益。经济有效率并不要求所有国家都采用先进的生产技术，而是要求各国对生产技术的选择应该反映其要素禀赋的稀缺程度。通常认为贸易自由化与生产率增长之间为正相关关系，但也有人对贸易政策与全要素生产率增长的关系表示怀疑。探索实行自由贸易政策的原因，首先要搞清楚自由贸易与经济效率之间的内在关系。

（一）自由贸易状态下的经济有效率

经济有效率是指一个行业以最小社会成本生产一定质量的产品，即在自由贸易状态下，世界各国可以选择反映其自然禀赋稀缺程度的生产技术来生产产品，然后相互进行交换，并且在不损害其他经济成员利益的前提下，实现对资源的最佳利用。

社会成本是指生产与交换产品对整个社会的综合负面影响。

经济有效率是相对概念而不是绝对概念。例如，草原资源丰富的国家生产羊毛，沿海国家生产水产品，然后进行交换，从表面上看资源得到了最佳利用，实质上单一的产业结构是对资源的极大破坏，也可能使国家经济成为附庸经济。

因此，完全的自由贸易政策与经济有效率的完美化是不可能实现的。

（二）保护贸易状态下的经济无效率

经济无效率是指资源未以最优方式在消费与生产之间进行分配。它包括以下两个方面。

第一，生产的无效率。由于一些发达国家的技术封锁或一些发展中国家的自我封闭，导致一些发展中国家仍然用落后、过时的技术从事工农业生产，使工农业产品成本居高不下，既严重浪费了资源，也污染了环境，这就是生产的无效率。例如，高新技术纤维产业化和应用是纺织产业技术创新的重点领域之一。一些国家高性能碳纤维、芳酰胺纤维、高强高模聚乙烯纤维等先进纤维技术和装备尚未实现产业化，并受制于发达国家的技术封锁和多方面限制，影响了其航空航天、国防军工、建筑、基础设施、环保等领域的技术升级。

第二，消费的无效率。例如，一些国家的农产品补贴政策，使农产品生产成本扭曲，人为造成虚假低价，而诱导生产者盲目生产，消费者盲目消费，从而导致资源浪费。

（三）经济政策的偏向性

从理论上讲，自由贸易政策与提高经济效率的努力可以激发每个市场主体的潜力，但实际上，绝对公平的经济政策是不存在的。因为一项政策的制定和实施往往不仅基于国家的利益，而是受到各种利益集团的影响，最终制定出来并付诸实施的政策，往往变成一种偏向政治上影响力大的利益集团的再分配政策，由此必将产生得益者与受害者。

自由贸易政策往往偏向发达国家利益。例如，服务贸易市场的开放，使发达国家的服务可以长驱直入发展中国家市场，可以开拓与占领市场，可以获取巨额利润；但发展中国家的服务业会因此遭到冲击与损害，同时国家安全受到严重威胁。因此，发展中国家对完全开放服务贸易市场是不能接受的，服务贸易的完全自由化只能是一个理论上的概念。

（四）分配效率与生产效率的关系

经济发展目标指的是全体社会成员提高其今后商品与服务支配能力的努力方向。发展经济的目的不是追求各种经济指标的完美，而是为人类社会的发展创造持续、充裕的物质财富。实现物质财富的较好增长和节约是我们正确确定经济发展目标的出发点和根据。在现代社会经济中，科学技术从三个主要方面对实现物质财富的较好增长和节约具有关键作用：一是发现新的物质财富；二是提高对现有物质财富的使用效率；三是创造新的物质财富。随着科学技术的发展这种作用将越来越重要。

分配效率是指由生产要素相对价格决定的生产要素最优组合。分配效率反映了要素的相对稀缺性，是达到经济发展目标的一种模式。例如，我国劳动力资源丰富，劳动力价格相对低廉，因此我国经济的发展不能以牺牲劳动力就业为代价而片面追求经济的增长。我国提倡的以人为本发展经济，就是修正过去的经济增长模式，以寻求人与人、人与自然的和谐共处。

生产效率是指每单位投入或投入组合的产出水平。它可以反映出达到最大产出、预定目标或最佳营运服务的程度，也可以衡量经济个体在产出量、成本、收入或利润等目标下的绩效。

生产效率与经济发展目标之间没有必然的相关性。生产效率只是达到经济发展目标的一种手段，而经济发展目标与生产效率之间并没有必然的联系。虽然提高生产效率能缩短实现经济发展目标的时间，但提高生产效率也可能偏离经济发展目标的方向。

分配效率和生产效率之间没有直接的联系。分配效率是达到经济发展目标的一种模式（如乘火车与乘飞机）；生产效率是达到经济发展目标的一种手段（表现为多与少、快与慢）。GATS 认为，各个国家应该根据自己国家的国情制定合适的经济发展目标与发展模式，尽管这可能降低总体生产效率，但这是最佳的选择。

（五）贸易自由化提升生产效率

优胜劣汰，适者生存。贸易自由化去掉了保护伞，使企业面临竞争的考验。

规模、效益水涨船高。贸易自由化导致市场扩大，规模扩大，成本降低，效益增加。

健康环境保驾护航。贸易自由化使各国与世界接轨，给经济发展提供了前提与基础。例如，市场透明度的提高，能使企业获得公平的竞争机会。

学习创新，创造双赢。贸易保护导致互相防备、互相冲突、两败俱伤；贸易自由化带来互相交流、互相促进、双赢共进。

（六）贸易自由化的核心

贸易自由化的核心是求得管理与竞争的最佳组合，从而保证消费者可以获得物美价廉的服务与商品。因此，任何国家既不能闭关自守，也不能放任自流。闭关自守好似与世隔绝、坐井观天；放任自流可能引狼入室、养虎遗患、鹊巢鸠占。最佳方式是放得开、管得住。

二、服务贸易自由化的福利分析

GATS 确定了服务贸易逐步自由化的目标，要求成员方通过不断努力，在权利和义务平衡的基础上扩大服务贸易的对外开放。开放服务贸易无疑会为一国服务部门的发展带来好处，如将外国竞争者引入本国市场给本国服务提供者带来革新和提高效率的压力，这是本国服务部门发展和国民收入增长的动力。另外，竞争使服务价格降低，并有助于服务提供者实现更广泛的规模经济和在其拥有比较优势的部门提供更为专业化的服务等。这些都是本国服务部门进步的潜在源泉。

福利效应分析是国际贸易理论的一项重要内容。以商品贸易为研究对象的传统国际贸易理论认为，自由贸易在理想状态下能够使经济福利增加。研究表明，服务贸易自由化的福利影响远比商品贸易复杂。

在自由贸易状态下，各国出口富余要素可以实现贸易利益。在自由贸易状态下，贸易自由化可以促进商品与服务生产的专业化，并形成规模效应，各国出口封闭状态下相对价格最低的商品与服务可以实现潜在的贸易利益，如我国的劳务出口与美国的技术出口。

在同等贸易条件下，信息服务贸易福利收益大于商品贸易福利收益。这是因为信息服务生产的特点决定了信息服务规模与信息服务生产成本既不同步也不成正比。例如，数据服务、设计开发等信息厂商一旦生产出信息商品，就可以以极低的边际成本高价销售信息商品。

在同等贸易条件下，信息服务贸易比商品贸易更能提高贸易双方福利水平。这是因为同时存在信息服务出口国的极低边际成本出口与服务进口国的较高贸易利益。如果一国向另一国出口高新技术，则能使双方共同受益。

生产者服务贸易自由化，使本国福利受损。生产者服务贸易自由化后，本国福利受损过程如下：外国生产者服务业进驻—替代或置换本国生产者服务生产要素—本国生产者服务生产要素转移至外国生产者服务业—本国服务业削弱—本国福利受损。

对于服务贸易自由化的评价难以得出简单的结论。服务贸易自由化使本国服务要素拥有者的利益受损，但使本国服务消费者由于选择增加、质量提高与价格下降而受益。因此，很难对服务贸易自由化对进口国福利水平的影响得出简单的结论。

三、服务贸易自由化对国家安全的影响

早期的国际服务贸易规模较小，且大多是为货物贸易服务的，在全部国际服务贸易收入中，传统的国际服务贸易行业占主要地位，新兴国际服务贸易所占比重较小，因此在贸易政策上，早期的国际服务贸易限制较少，在全球范围内基本上采取的是国际服务贸易自由化政策。

从国家角度来看，发达国家因其国内服务业竞争力较强，一般主张国际服务贸易自由化，要求发展中国家开放服务市场，以便它们具有优势的服务业进入发展中国家的服务市场。服务业比较落后和在某些服务部门不具备优势的发展中国家，则不得不对本国的服务市场进行保护，对发达国家的服务业进入本国服务市场做出各种限制性规定。但有时为了引进外资和先进的技术或服务，发展中国家不仅开放某些服务项目，还常常以减免税收等优惠，鼓励外国的服务业进入本国市场，以促进本国服务业的发展。发展中国家在这种“两难”的博弈过程中，往往会选择以促进本国经济发展为目标，开发本国的服务市场。

在服务贸易自由化进程中，一个敏感的问题就是国家安全问题。国家安全问题涉及五种基本的国家利益：政治利益，指国家在政治过程中，借助公共权力来实现的具有社会内容和特性的需要；经济利益，指在关系经济命脉和国家安全的领域，保持国家经济的独立性；军事利益，指国家在防御来自内外部敌人的武力威胁，保护自身安全活动中的利益；外交利益，指在维护国家主权和安全的前提下，构建一个有利于国家发展的和平稳定的国际环境和睦邻友好的周边环境；文化利益，指国家生存与发展所需要的精神文化需求的总

和，包括意识形态的维护、历史文化传统的传承、民族认同感的确立和维系，以及与安全、经济、政治密切相关的各种文化现象。

（一）服务贸易自由化对发达国家安全的影响

第一，削弱输出国家现有的技术与军事领先优势。服务贸易自由化中高精尖技术要素与信息的输出，可能削弱、动摇或威胁输出国家现有的技术领先优势，特别是军事优势，提高竞争对手的竞争力。因此，发达国家普遍通过各种方式阻止高精尖技术要素与信息的输出。一些发达国家严格控制对其他国家高精尖技术要素与信息的输出，如计算机技术、数控技术、核技术、航天技术等。其主要原因是，这些发达国家把其他国家的崛起看作对自身国家安全的潜在威胁。

第二，可能危及国家安全与民族利益。服务贸易中包含大量的高精尖技术要素与信息，一旦这些要素与信息被“危险国家”或恐怖组织掌握，则可能危及国家安全与民族利益。因此，一些国家严格控制高精尖技术要素与信息的扩散。例如，限制核武器扩散符合国际社会的共同利益。

（二）服务贸易自由化对发展中国家安全的影响

第一，冲击本国民族服务业。服务贸易自由化使外资服务企业大量进入本国服务市场。由于外资服务企业大多为跨国公司的派驻机构，其巨大的人力、财力、物力使本国弱小的服务企业相形见绌。例如，随着保险市场对外开放进程的加快，一些国家保险行业国际竞争力的不足进一步显现，整个国际保险收支差额进一步扩大。

第二，金融业开放对本国金融市场的稳定与安全构成潜在威胁。金融是一个国家的经济命脉，金融市场的稳定与安全是一个国家经济正常运转的基础。大量外资在短期内抽逃引发国内金融危机的风险，也是当前危害最大、最容易转化为危机的风险之一。全球化的金融危机是开放经济面临的重大风险之一。目前，大多数国家对金融业都建立了国家金融安全预警机制，以防突如其来的金融危机给整个国家造成不可弥补的损失。

金融安全

金融安全是相对于金融危险（俗称金融风险）而言的。在某一区域的某一时期没有出现金融危险且没有导致金融、经济紊乱，我们就可以说实现了金融安全。事实上，没有金融危险只是一种美好的愿望。金融业从产生的第一天起，实际上就埋下了危险的种子。因为金融业在其貌似稳健的外表掩饰下存在着难以克服的内在脆弱性。这种脆弱性的根源是金融业务运作的自身特性。我们知道，金融是货币资金的融通，办理金融业务的金融机构的业务活动基本上都可以通过其资产负债表反映出来。从其负债方来看，主要是各种存款、同业拆入、向中央银行借款等。这些负债的形成和清偿都具有很大的不确定性。从其资产方来看，主要是各种贷款、投资、同业拆出等。与负债相比，资产具有更大的不确定性。

事实上，人们在不懈地努力保证金融安全，使金融业固有的脆弱性不致充分暴露而引发金融危机。我们从金融业的发展历史中可以看出，虽然金融业有其脆弱性，但并不那么危险、可怕，全球金融危机次数屈指可数。如今，金融业在一步一步地发展壮大，成为一种相对独立的产业且成了现代经济的核心，是经济繁荣必不可少的因素。金融安全区是一个地理区位范畴的相对概念，从其本质上讲，是一种金融运行的安全保障机制或系统。

第三，不利于国家实现国际收支平衡。一个国家的国际收支平衡是国家经济正常运转的前提。而对外国服务的大量进口，将导致外汇外流，不利于国家实现国际收支平衡，从而弱化国家的总体经济目标。

第四，电信业的开放不利于对国家政治、军事和经济机密的保护。电信是国家的“中枢神经”，涉及国家安全与机密。电信业的开放可能使国家机密泄露，从而对国家安全造成严重威胁。对安全来说，当今的开放风险主要体现在信息领域。信息是21世纪国家政治、经济发展的支柱，在信息时代的恐怖主义活动或战争冲突中，传统手段已不是最有效的方法，因为互联网已经削弱了自然疆界的限制，所以通过互联网直接破坏一个国家的信息系统及建立在其上的经济体系、军事指挥系统，能使整个国家经济瘫痪，反抗能力丧失，对国家安全的威胁极为严重。虽然随着各国信息安全意识的提高，国家创造了许多保障信息安全的措施，但是这些信息安全防护手段，都只是针对上层的应用软件和互联网的安全。信息安全的另一个方面经常被忽略。一些国家以“远程维护”为借口，故意在计算机的芯片或操作系统上留下安全漏洞，为其幕后公司或组织留下“信息殖民”的入口。

第五，可能威胁本国文化市场的安全。文化开放是整个开放体系的重要组成部分。在整个开放体系中，文化开放是核心。它是最普遍和最易被渗透的部分，也是开放过程中冲突最为尖锐的部分。开放文化的风险主要在于，弱势文化群体中的核心文化对强势文化的依附性。发展中国家的民族文化遗产遭到严重的掠夺和破坏，民族文化受到西方强势文化的巨大冲击，许多民族文化，无论是优秀的还是落后的，在西方文化的长期影响下，这些民族的后裔产生了民族文化的虚无主义，失去了民族文化之根源。经济全球化加大了开放文化的风险，发达国家的价值观念、意识形态和社会制度不再“赤裸裸”地输出，它们更多的是伴随资本和技术输出进行的，这种以经济利益为诱饵的方式更能够起到潜移默化的作用。互联网的迅猛发展使世界变得更小、联系更紧密，它为发达国家对外传播价值观念和文化进一步提供了便利，发展中国家假如忽视保护和发扬本国民族文化，则将会造成在文化上也受制于他国的被动局面。另外，文化市场的开放使外国文化进入本国市场，外国文化的输入必然影响人们的价值取向与行为模式，这种“渐进同化”现象威胁着本国民族文化的独特性和创造性，从而动摇本国民族文化的根基。开放文化的另一个风险是可能受到外来文化糟粕的侵蚀。随着文化开放力度的加大，外来的色情、吸毒、酗酒、暴力等文

化糟粕可能造成文化精神污染。文化是国家的灵魂、是活的生命，只有发展，才有持久的生命力；只有传播，才有影响力。我们只有改变“外国的月亮比较圆”的崇洋媚外弱者心理，发展、壮大中华文化的凝聚力与影响力，我们的文化才有生命力，我们才能抵御外国文化的侵蚀与同化。

四、对服务贸易自由化的正确态度

任何国家出于国家安全考虑，不可能将服务贸易市场完全开放。但是，我们也不能因噎废食，以国家安全为理由实行服务贸易保护政策，因为这将面临昂贵的保护成本——生产效率低下、技术落后等，最终导致国家竞争力降低。

在服务贸易自由化问题上，每个国家都面临在国家利益、国家安全利益与服务贸易利益三者之间进行权衡或抉择的问题。在不同时期，三种利益的权重对政府决策者来说可能不同，但国家利益应该是第一位的，它应该随着经济规模的扩大而不断扩大和增长；国家安全利益与服务贸易利益之间的利益分割线可能是一条随时间而波动的曲线，即有时可能更多地强调国家安全利益，有时则更多地考虑维护或提高国家竞争力。一个国家不开放是没有出路的，而无条件完全开放也是不理智的！

第二节　服务贸易的开放

服务外包的发展，更显示了服务产品跨境发展的巨大潜力，加速了服务生产、流动和消费国际化的进程，服务业的国际化生产渠道和链条已经完整形成，服务贸易的发展必将呈现更为迅猛的发展势头。服务贸易的发展，以及服务业在国民经济发展中的重要地位，也推动服务业的对外开放进入历史新时期。

一、服务业开放的主要原因

（一）发展服务业和服务贸易是促进经济发展的客观需要

发展服务业和服务贸易为推动服务业对外开放提供了强大的动力。服务经济的出现及服务业在国民经济中地位的普遍上升，是自 20 世纪 80 年代以来，世界经济领域发生的最突出的变化之一。服务业目前不仅是发达国家中最大的部门，也是发展中国家中不断增长的重要部门。人们普遍意识到，有效率的服务业是经济发展的前提，服务业的发展对工农业的发展具有显著的促进作用。借助服务产品的跨境交流和服务贸易的发展，不但可以充分挖掘和培育本国具有比较优势的服务部门的竞争优势，而且可以促进本国相对落后的服务部门的成长。但是，由于广泛存在的服务贸易壁垒，使服务贸易的发展遭遇诸多不合理障碍。越来越多的发展中国家也意识到，对服务市场的限制和对低水平的服务部门的保护，不仅导致服务市场的低效率和服务的低质量、高成本，对其他经济部门的发展也往往形成实质性障碍。正是这种限制竞争的服务贸易壁垒的存在，往往造成一国经济恶性循环，并在国际贸易中产生无谓的摩擦。而在服务市场自由化程度高的国家，竞争的压力往往迫使商家增加生产性投资，运用新技术以提高服务效率、降低服务成本，消费者也能充分享受到国际服务竞争所带来的低价格、高质量和高效率的服务贸易自由化成果。

近年来，为了能从国际化的服务市场中获得更大的利益和份额，无论是发达国家还是发展中国家，都致力于服务业管理体制的改革。改革的共同目标是提高服务效率和降低服务成本，以增强本国服务部门在国际市场上的竞争力。因此，顺应经济发展潮流，加快开放服务业国内市场，积极、稳妥地推进服务贸易自由化也成为各国的历史性选择。

（二）以美国为代表的发达国家的极力倡导和推进

以美国为代表的发达国家服务业国内需求的扩张和科技的进步，使产业结构的演进总体上比发展中国家更为迅速、先进。“二战”后，服务业在发达国家逐渐成为主导产业，美国、英国等发达国家在服务贸易上拥有比较优势，它们成为服务贸易的净出口国，多数发展中国家成为服务贸易的逆差国。服务贸易壁垒的存在，限制了发达国家服务贸易优势的发挥，因而以美国为代表的发达国家通过单边开放、区域协定和在多边贸易谈判中设定服务贸易谈判目标，对发展中国家施加压力，极力推进服务贸易壁垒在世界范围内降低。美国极力要求在乌拉圭回合谈判议题中，加入服务贸易自由化谈判；在乌拉圭回合谈判艰难时，成功地将其先行纳入《北美自由贸易协定》中，并在多边贸易谈判中兜售其主张，客观上推进了服务业对外开放的速度和程度。在发展中国家，也有越来越多的国家在某些服务贸易部门具有竞争优势，服务贸易自由化已成为不可逆转的历史潮流。

（三）GATS 的签订

GATS 的签订建立了服务贸易开放的基本框架和准则，为服务贸易的开放奠定了重要基础。经过长期谈判达成的 GATS，具有历史性的重要意义。GATS 的内容包括三个层次：包含普遍适用的原则和义务的协定正文；处理具体服务贸易部门所适用规则的附件；提供市场准入机会的各国具体承诺。它不仅确定了逐步服务贸易自由化的目标，明确了服务贸易的范围、模式、组织架构，规定了特定服务部门的具体承诺、一般性义务和服务贸易谈判的基本方式，还规定了未来成员方将就做出进一步具体承诺进行谈判的义务。因此，GATS 制定了服务贸易多边开放的大致框架，完成了服务贸易开放机制的基础建设，为各国服务贸易的对外开放提供了参考。

（四）服务贸易的区域开放是推动服务贸易自由化的重要力量

如火如荼的区域合作的发展，是 20 世纪 80 年代以来世界经济领域引人注目的现象。多边贸易谈判进程陷入困难和各国为增加在多边贸易谈判中的砝码而做出的区域、双边合作努力，都成为推动区域一体化的客观因素。自 20 世纪 90 年代以来，区域一体化组织的成立更如雨后春笋，目前世界上约 2/3 的地区经济一体化组织都是在这一时期确立的。这个时期签订的合作协议类似于 WTO 协定，都不再局限于传统的自由贸易区模式和货物贸易领域，或多或少地都包含服务贸易领域及投资合作的新内容。例如，新加坡与日本、东

盟（东南亚国家联盟）与中国、东盟与日本、东盟与印度建立的都是“全面经济伙伴”关系，不仅包括货物贸易，还包括服务贸易，在一定时期以内逐步削减关税和非关税壁垒，包括人员、金融方面的合作，政策、标准及规章制度方面的协调，以及人员流动的安排。总体上，区域性服务贸易的开放比多边开放处于更高的层次，谈判达成的自由化协议所涵盖的服务部门范围也比多边协议更广，成为推动服务贸易开放的主要力量。

二、服务贸易的单边开放

服务贸易自主的开放即单边开放，具体而言，它是指经济体根据本国的经济发展需要和服务业发展水平及竞争力状况，自主决定服务贸易开放的部门、进度和程度，而无须与其他国家进行协调和磋商的服务贸易对外开放。这种开放显然可以更大程度地照顾到本国的服务业发展水平和各部门竞争力状况，准确地制定出适合自身需要和发展阶段要求的对外开放战略和措施，同时从经济效率来看，单边开放具有很大的优越性。

单边开放通常采取的减少国外服务供应商的进入限制、增强贸易政策透明度、给予国外供应商以国民待遇等措施，都增强了国内服务业的供给能力，提高了服务业的竞争力，从而有利于提高服务业的效率和层次，减少服务业落后国家在服务贸易领域内的逆差。此外，这样的服务贸易壁垒削减方式，不会对国内外的供应造成歧视，有利于世界上有竞争力企业的进入，从而可以减少区域开放中由于不能引入最有效率的合作者而造成的相对效率损失，用从成员国进口的成本低和优质的服务来代替原来成本高、效率低的服务，不仅可以使消费者享受到更加物美价廉的服务产品，还可以把有限的资源转向更具优势的产业，从而获得生产者和消费者福利的增进、服务贸易自由化，同时可以使全世界的经济福利达到最大化。因此，从经济规律来看，单边开放只有贸易创造、生产者得利、消费者得利的正效应，而没有贸易转移的负效应，这种形式的开放会使本国获得效率的增进和福利的提高。因为它在任何情况下都不会偏离消费者的选择，并且允许消费者从最具竞争力的市场进口。

单边对外开放还具有另外一个显著优势，即开放本身就是管制放松或用更有效规则代替现有规则的过程。它意味着对政府而言，机构管理成本得以降低，并无须像区域或多边开放那样设立一个专门机构来监管协议的执行，因而管理和监督成本相对降低。同时，一个更加简单的政策管理体制，对民间的交易部门来说，交易费用也得以大大降低，所以自20 世纪 80 年代以来，各国在意识到服务业在现代化的国民经济中所具有的战略性重要地位后，大都纷纷采取单边开放的措施，以促进本国服务业的成长和进步。这些单边开放的主要形式为减少国外服务供应商的进入限制、提高贸易政策透明度、给予国外服务供应商国民待遇、引进服务业外资等。

当然，单边开放在执行起来会存在一定难度。服务业惯常的保护所培养的内部利益集团，在服务贸易对外开放过程中的既得利益会受到冲击，这难免会使其通过对政府施加压力，阻碍服务贸易的对外开放进程。加上服务业对外开放本来就具有的一些风险，也容易使服务业不具明显比较优势的国家在面对是否开放本国服务业市场的选择时举棋不定。不过总体来说，单边开放在服务贸易自由化中发挥着十分积极的作用。提高服务业效率并由此促进经济增长，成为各国自主推进服务业对外开放的强大动力。单边开放甚至已经成为推动服务贸易自由化的主要力量之一。

三、服务贸易的区域和多边开放

（一）区域性服务贸易规则对多边服务贸易规则之影响

区域性服务贸易规则对多边服务贸易规则之影响，在服务贸易领域具有双面性，具体体现在以下几个方面。

1. 区域性服务贸易规则对多边服务贸易规则具有积极影响

区域性服务贸易规则同样以服务贸易自由化为目标，在一定程度上对多边服务贸易规则起到了补充作用。服务贸易的区域经济一体化，在区域经济集团内部产生了“贸易创造”效应。“贸易创造”是指在区域经济一体化组织内部实行自由贸易后，国内成本高的服务被其他成员国成本低的服务所代替，原来由本国服务提供者提供的服务现在从区域内其他成员国进口，新的贸易得到“创造”。由于从其他成员国进口成本低的服务代替原来成本高的服务，该国就可以把原来生产成本高的资源转向生产成本低的服务，从而获得收益。自由贸易可以使全世界的经济福利最大化，而区域经济一体化至少在区域成员国之间取消彼此间的贸易限制，虽然仍对外实行较严格的贸易保护主义，也不失为贸易自由化的一种“次优”选择。

2. 区域性服务贸易规则可实现制度化

区域性服务贸易规则可以实现将已取得的区域内服务贸易自由安排制度化，抵制区域内某些成员国内部利益集团的贸易保护主义。由于服务贸易的迅速发展及其多元化、国际化的趋势加强，更由于服务贸易对世界各国经济重要性的日益提高，国际服务贸易市场各国的竞争加剧，贸易保护主义盛行。对于是否开放本国的服务业市场，服务业不具明显比较优势的国家大多举棋不定。国际服务贸易规则大量存在于各国国内法层面，对国际服务贸易提供者及其所提供的服务具有直接、广泛的影响。国内立法者贸易政策取向较易受相关利益集团之影响，其摇摆不定阻碍了国际服务贸易自由化的发展。通过区域性服务贸易规则，在一定程度上可将各成员国间已采取的服务贸易自由化措施锁定，借国际条约之力量抵制某些成员国内部利益集团的贸易保护主义，并以此为基础进一步推进多边服务贸易自由化。

3. 区域性服务贸易规则对多边服务贸易规则的作用

区域性服务贸易规则的制定及实施，为多边服务贸易规则起到了“试验田”的作用。在 GATS 产生之前，欧盟、北美自由贸易区、澳新自由贸易区等区域性经济一体化组织已就服务贸易自由化进行了大量细致的规定。这进一步加深了人们对服务贸易自由化的认

识，有助于消除人们的疑虑，为多边服务贸易规则的达成和实施奠定一定的思想认识基础。同时，区域性服务贸易规则，尤其是《北美自由贸易协定》的相关规定，为多边服务贸易规则提供了可供借鉴的先例。服务贸易理事会十分重视对区域性协定项下相关规则的研究。例如，服务贸易理事会下设的 GATS 规则工作小组曾经对区域性经济一体化协定项下有关服务贸易的保障措施进行考察，分别就其程序性规则和实体规则向服务贸易理事会提交报告，以作为进一步完善 GATS 项下相关规则之参考。

（二）区域性服务贸易与多边服务贸易的优势

区域性服务贸易与多边服务贸易自由化各具优势。与多边开放相比，区域开放所具有的优势在于：首先，区域性服务贸易的开放谈判由于能更好地避免“搭便车”的影响，谈判方往往发展水平更接近，而更容易协调其立场和利益，进而更具达成一致结果的可能；其次，从区域性服务贸易开放的执行效果来看，在区域内而不是世界范围内实行某些服务业的集中管理也更为可行，使服务贸易的开放也更可能进入更深层次；再次，通过服务贸易区域内的开放，更可以凝聚地区服务业发展力量，从而增加本地区在多边贸易谈判中的砝码且增强谈判能力，制定有利于本地区的服务管理规则，也使参加方更具推进区域性服务贸易开放的热情。因此，区域性服务贸易的开放至少在区域内可以更广泛地提高服务贸易自由化层次，提高区域性服务贸易的发展水平和增进参与方福利。虽然严格地说，区域性服务贸易自由化对非成员方依旧具有较严格的贸易壁垒，但在多边自由化谈判进展困难时，也不失为有关国家推进贸易自由化的一种“次优”选择。

值得一提的是，服务贸易的单边、区域和多边开放可以并行不悖。许多国家的实践是在单边开放的同时，积极寻求区域和多边开放。反过来，积极参加区域和多边开放也促进了各国单边开放总体水平的提高。此外，在 GATS 的谈判体系中，单边与多边开放更是高度统一的。在 GATS 中，各国可以根据自己的情况确定开放的部门和承诺的程度，它并不要求所有的成员方都必须将服务市场开放到某种程度，而只是通过承诺表的方式把各成员方的行为约束在其承诺的范围内。应该说，GATS 的成功签署标志着全球范围内服务贸易自由化的开始，它距离实现服务贸易自由化的最终目标还任重道远。

第三节　服务贸易自由化的政策取向

国际贸易政策是以服务一国国际贸易为目的而产生的，各国制定国际贸易政策的核心是以国家利益为主导，出发点是国际贸易对一国政治、经济方面的影响。在不同时期，不同国家的国际贸易政策是不同的。国际服务贸易政策作为国际贸易政策的一部分，其存在的目的和产生的出发点与传统的国际贸易政策基本一致。

一、国际服务贸易自由化政策

由于国际服务贸易对一国经济发展的巨大推动作用，加之经济全球化的影响，各国政府，特别是发展中国家政府，开始逐步开放国际服务贸易领域，推行国际服务贸易自由化政策。尤其在乌拉圭回合谈判及以后的服务贸易谈判中，发展中国家大多在国际服务贸易领域做出了实质性的开放承诺。例如，在全球金融服务谈判中，大多数发展中国家承诺开放本国金融服务市场，包括允许外资在本国金融机构参股、允许外资在本国建立保险公司、允许外资购买本国公司或建立自己的分支机构等。不少发展中国家还对本国的有关法规进行了修改或废除了一些法规，使其国际服务贸易市场出现了自由化趋势。但是，由于国际服务贸易项目繁杂、种类多样，并且对一国经济、政治、文化安全有着巨大的影响力，加之各国基于本国的发展水平和具体情况，又会采取不同的管理手段，更加剧了国际服务贸易政策的复杂性。目前，世界上许多国家仍采用多种方式对国际服务贸易进行保护，国际服务贸易壁垒和“合法”保护之间仍存在许多“灰色区域”，国际服务贸易自由化目标的实现仍然困难重重，充满着不确定性和主观随意性。

（一）国际服务贸易自由化政策的理论基础

虽然货物贸易与国际服务贸易有很大的差异，但许多人还是认同解释货物贸易的理由同样适用于国际服务贸易。以亚当·斯密和大卫·李嘉图为代表的古典经济学家赞成国际贸易自由化，其理论基础为大卫·李嘉图提出的著名的比较优势理论。该理论认为，若每个国家都专门从事对自己来说相对成本较低的商品的生产，再彼此交换，那么贸易参加方都能够获得贸易利益。将该理论推广到服务领域，赞成国际服务贸易自由化的人们认为，那些在服务业方面拥有优势的国家应扩大其服务产品的出口，其他国家则应开放本国的服务市场，而发展其他部门的生产，以与服务出口国的出口产品交换。另外，当各国在不同的服务业拥有比较优势时，各国应集中生产自己拥有比较优势的服务产品，以与他国的其他服务产品交换，实行服务业的内部贸易。如同商品的国际贸易一样，上述做法必然会提高世界整体的资源配置效率，从而使有关各方均能获利。

国际服务贸易自由化将极大地促进国际贸易的发展，使其在世界经济中占据更重要的地位。不仅如此，国际服务贸易的发展对国际经济关系的影响也很大，因为有许多服务（如投资服务、技术服务、人员流动等要素服务）属于生产要素的国际流动，对世界经济变化有着更为深远的影响，标志着经济联系的不断加强及国际分工的进一步深化。在缺乏生产要素的国际流动之前，各国仅凭借各自的生产要素优势生产自己拥有比较优势的商品并进行交换，在发生生产要素的国际流动之后，各国可以直接拿自己拥有比较优势的生产要素与他国交换，促进本国对外贸易的发展。即使单纯考虑商品的国际贸易，国际服务贸易的自由化也是十分重要的。许多追加型国际服务贸易（如国际运输、广告、维修服务等）都是与货物贸易密切相关的，特别是在非价格竞争日益成为国家竞争主流的今天，这些服务对国际货物贸易的意义更为重要。其他服务（如金融服务、保险服务、技术服务、电力服

务等）则属于商品生产不可缺少的投入，直接影响着商品的生产和成本的高低，这种国际服务贸易的发展会加速资源流动，提高生产部门的效率，降低其成本，从而促进国际货物贸易的发展。

国际运输

国际运输是指用一种或多种运输工具，把货物从一个国家的某一地点运到另一个国家的某一地点的运输。国际运输的方式很多，有海上运输、铁路运输、航空运输、联合运输等。其中，海上运输具有运输量大、运费低廉、不受道路和轨道的限制等优点。《经济合作与发展组织关于对所得和财产避免双重征税的协定范本》中对“国际运输”的定义是：“指在缔约国一方设有实际管理机构的企业以船舶或飞机经营的运输，但不包括以船舶或飞机仅在缔约国另一方各地之间的经营。”国际海运和空运所得由企业实际管理机构所在缔约国课税。世界各国在签订税收协定的同时，都制定了国内税法对国际运输所得进行课税。

国际服务贸易自由化本应包括所有国际服务贸易形式，但由于不同国家在国际服务贸易各方面的相对优势不同，在实际经济活动中各自的政策核心也不尽相同。在乌拉圭回合谈判中，以美国为首的发达国家最为关心的是国际服务贸易中增长最快的领域——生产者国际服务贸易的自由化，如银行、保险、电信、咨询、会计、计算机软件和数据处理，以及其他专业性服务的贸易自由化。而发展中国家侧重劳动力的流动问题，以发挥自己的相对优势。因此，在国际服务贸易领域形成了这样一种局面，即各国都对自身强势服务部门实行自由化政策，对弱势服务部门则实施保护。由于各国服务业的发展水平不一，各国的政策偏好不同，于是一场旷日持久的有关国际服务贸易自由化的谈判就不可避免了。

（二）国际服务贸易自由化政策的正面效应和负面效应

1. 国际服务贸易自由化政策的正面效应

自由贸易能促进国际分工，提高劳动生产率，使一国经济富有效率，这是在古典贸易理论中早已被证实的结论。经济有效率并不要求所有国家都采用十分先进的生产技术。考虑到不同国家不同的要素价格，经济效率要求各国对生产技术的选择应该反映其要素禀赋的稀缺程度。经济无效率可以指未达到最优的投入产出组合，如不发达国家盲目投资资本、技术密集型设备可能导致低效率，因为其缺乏充裕的资本和训练有素的操作人员等。

贸易自由化之所以能够提高劳动生产率，主要是因为它能够拆除合格生产者进入市场的障碍，刺激那些有能力提供优质服务的厂商扩大生产规模，同时迫使那些能力有限的厂商退出市场，因此贸易自由化是实现规模经济、提高经济效率的途径之一。贸易自由化能够提高劳动生产率的具体原因包括在以下几个方面：贸易障碍的拆除使厂商直接面临竞争的外在压力，迫使其更加努力提高劳动生产率；自由化鼓励厂商参与更为广泛的国际市场竞争，从而促进厂商或行业产出增长，降低平均成本，提高生产效率；将宏观经济稳定性与自由化效应结合起来。一个稳定的宏观经济环境可以创造健康的投资环境和引发技术革新和增长，伴随更高的投资水平，获得更高的生产力增长率。通过社会稳定计划，某些贸易政策的变革可以创造更加稳定的宏观经济环境。现实中有一些事例证实了实现贸易自由化后劳动生产率和全要素生产率都有所提高。

全要素生产率

全要素生产率是指生产活动在一定时间内的效率，是衡量单位总投入的总产量的生产率指标，即总产量与全部要素投入量之比。全要素生产率的增长率常常被视为科技进步的指标，它的来源包括技术进步、组织创新、专业化和生产创新等。产出增长率超出要素投入增长率的部分为全要素生产率增长率。

全要素生产率一般的含义为资源（包括人力、物力、财力）开发利用的效率。从经济增长的角度来说，生产率与资本、劳动等要素投入都贡献于经济的增长；从效率的角度来说，生产率等同于一定时期里国民经济中产出与各种资源要素总投入的比值；从本质上讲，它反映的是各国家（或地区）为了摆脱贫困、落后和发展经济在一定时期里表现出来的能力和努力程度，是技术进步对经济发展作用的综合反映。

全要素生产率是用来衡量生产效率的指标，它有三个来源：一是效率的改善；二是技术进步；三是规模效应。在计算上它是除去劳动、资本、土地等要素投入之后的“余值”，由于“余值”还包括没有识别带来增长的因素、概念上的差异及度量上的误差，它只能相对衡量效益改善和技术进步的程度。

全要素生产率是宏观经济学的重要概念，也是分析经济增长源泉的重要工具，尤其是政府制定长期可持续增长政策的重要依据。首先，估算全要素生产率有助于进行经济增长源泉分析，即分析各种因素（投入要素增长、技术进步和能力实现等）对经济增长的贡献，识别经济是投入型增长还是效率型增长，确定经济增长的可持续性。其次，估算全要素生产率是制定和评价长期可持续增长政策的基础。具体来说，通过全要素生产率增长对经济增长贡献与要素投入贡献的比较，可以确定经济政策是应以增加总需求为主还是应以调整经济结构、促进技术进步为主。

另外，贸易自由化能够改变厂商经营的市场条件，包括运用技术和投资的动机等，促进创新和技术变革。因为自由贸易比保护贸易能够提供更多的学习和创新机会，这对企业家学习和创造新技术、新方法，对出口或进口竞争等都具有更大的激励作用。

最后，贸易自由化能够推动服务部门专业化的发展，而服务部门专业化一方面可以产

生规模经济效应，另一方面可以促进服务部门技术标准化和服务综合化。这些都是构成一国服务部门竞争力的基础。政府在权衡国家安全利益和国际服务贸易利益时，有时可能更多地强调国家安全利益，有时则更多地考虑维护或提高竞争力。

著名经济学家迈克尔·波特等人曾从不同角度对国际服务贸易自由化与国家经济竞争力的关系，给予深入的理论分析和数据论证。他们认为获得低成本优势和寻求产品差异性，是国际服务贸易自由化、提高厂商乃至国家经济竞争力的基础。

2. 国际服务贸易自由化政策的负面效应

国际服务贸易自由化不仅关系着国家经济竞争力，还关系着国家十分敏感的安全问题。推行国际服务贸易自由化政策可能对一国的国家安全产生负面影响。

对于发达国家，国际服务贸易自由化主要从以下几个方面影响国家安全：可能削弱或威胁国家现有的技术领先优势，提高竞争对手的国家竞争力；可能造成高技术扩散而给国家安全造成潜在威胁，因为国际服务贸易中包含大量的高技术要素或信息，一旦这些要素或信息扩散到其他国家或被恐怖组织掌握，则可能危及国家安全或民族利益；可能危及本国所在的国际政治与经济联盟的长远利益。基于这些理由，发达国家或技术领先国家认为有必要长期保持其在国际市场中的技术领先地位，以此获得最大的国家政治、经济和外交利益，并期望通过限制先进技术等服务的出口，长期保持对技术落后国家的先进技术优势，于是出台了各种限制服务出口的政策。

对于发展中国家，尽管它们迫切需要进口包含大量先进技术信息的现代服务，但又不得不考虑进口服务带来的各种可能危及国家安全的负面影响。印度学者V.潘查姆斯基将国际服务贸易自由化对发展中国家的影响概括为八个方面：①使发展中国家丧失对经济政策的自主选择权，发展中国家目前许多通行的管制是为了加强对国内服务部门的控制，发展服务业以使服务出口多样化；②将进一步加深发展中国家对发达国家的经济依赖，使其几乎丧失执行符合本国利益的国内政策的空间；③使发达国家金融机构凭借其在金融服务和国际货币发行领域的优势，影响发展中国家政府在金融货币管理领域发挥积极的管理作用；④由于发展中国家与发达国家在货物与服务生产率上的差距较大，国际服务贸易自由化将会使发展中国家在服务领域依赖发达国家，并使发展中国家服务业的国际化程度降低；⑤发展中国家不得不放弃国际服务贸易的控制权，它们的一些服务业（如银行、保险、电力、航运等）将直接面临与发达国家厂商的激烈竞争；⑥作为较大服务进口者的发展中国家短期内可能以两种方式影响其国际收支，其一可能导致在国内市场上国内服务供应商被国外服务供应商所取代，其二可能形成以进口服务替代国内服务，使进口需求增加的局面；⑦可能从多方面影响国内就业，研究表明，发展中国家服务部门使用的劳动力远远超过发达国家服务部门使用的劳动力，国际服务贸易自由化对发展中国家就业的影响要大大超过发达国家；⑧信息服务跨国流动不仅易使发展中国家产生依赖性，还可能损害国家主权。

信息国际服务贸易自由化的严重影响有以下两点：第一，信息服务业包括信息传输、计算机服务和信息基础设施等，这些基础设施高度集中于发达国家，如果发展中国家通过海外信息服务业弥补国内产业结构的不足，将会造成信息资源的自由流动，这种信息的大量外流可能造成国家信息资源损失严重；第二，信息国际服务贸易依赖性使发展中国家更易受到发达国家的压制，因为那些对于发展中国家经济发展意义重大的核心信息资料，可能由于政治、经济或其他原因而受到发达国家政府的控制。国际服务贸易自由化可能损害发展中国家的国家利益和消费者利益，发展中国家对服务进行管制一是为了国家安全，保护文化和降低依赖程度，二是为了保护消费者利益。

二、发达国家服务贸易自由化的政策取向

1. 对发展中国家以服务换市场

发达国家对发展中国家开放服务市场开出的条件是以服务换市场，即发展中国家以开放本国服务市场为条件来换取发达国家开放商品市场。

2. 对发达国家以服务换服务

发达国家之间互相对等开放本国服务市场。例如，美国和欧盟的航空业自由化的谈判。双方对等给予对方航空公司在目的地机场可载运旅客、邮件和货物飞往第三国的“第五航权”与允许一国的航空公司进入他国经营其国内航线的“第九航权”；同时，必须对等开放对外资在其航空公司的股权限制。

3. 对高精尖技术与信息出口采取管制政策

发达国家对高精尖技术与信息出口采取管制政策的目的是保持自身在高精尖技术与信息方面的垄断地位，防止竞争对手超越自己；同时，防止高精尖技术与信息的扩散，以防给国家安全构成潜在威胁。

三、发展中国家服务贸易自由化的政策取向

在服务贸易自由化的大趋势下，发展中国家能否从中得益，在很大程度上取决于自身的政策取向。发展中国家既不能为了国家安全而实行服务贸易保护政策（这将使其付出惨重的代价），又不能完全开放（对国家安全构成严重威胁）。

为了维护本国服务业的正常发展，提高自身国际竞争力，大多数发展中国家对国内服务市场实行逐步自由化的政策，即在一段时间内对一些关键性服务行业、优质服务行业采取必要的保护性措施，限制外国服务提供者的自由进入；对某些具有竞争优势的服务行业，降低市场准入的限制，实行自由竞争，以扩大本国具有竞争优势的服务行业的出口。发展中国家走的是一条混合型、逐步自由化的服务贸易发展之路。按照这个思路，发展中国家开放本国服务市场可以按照以下五个步骤进行。

1. 逐步放松对国内服务市场的管制

这是服务贸易自由化的首要步骤，服务贸易自由化只能是一个渐进过程，服务贸易开放应该与商品贸易开放相互适应。因为在任何一个国家，其生产者服务的发展程度基本上

是与工农业生产的发展水平相联系的。当服务贸易市场开放过度时，外国生产者服务企业的大量进入，将给国内优质的生产者服务业造成强烈的冲击；同时，不成熟金融市场的任何风吹草动都会给一个国家的经济带来灾难。

2. 逐步开放本国商品市场

开放本国商品市场是开放本国服务市场的前提。在高关税的前提下，服务贸易的开放程度不能超越商品贸易，否则将给本国福利造成严重损害。例如，在电信产品高关税的前提下，开放电信市场将使本国消费者以高关税的代价享受电信服务，而这种高价服务将推动国内消费市场价格攀升，从而严重损害国民利益。

3. 逐步开放服务产品市场

一国开放服务产品市场与开放服务要素市场的顺序将会给国家带来不同的福利影响。例如，我国在电信服务上，首先开放的是电信服务产品市场，允许外商提供移动通信、无线寻呼、互联网等增值服务产品；然后开放电信服务要素市场，允许外商设立中外合资的电信企业。电信服务产品市场的开放，能使企业与消费者获得宝贵的信息产品，并迅速创造出增加值，而电信服务要素市场的开放，必然会使国家安全受到不同程度的潜在威胁。因此，必须等本国电信服务市场发育到成熟阶段，具有一定自卫能力之后，才能向外国开放。开放服务产品市场不需要服务提供者跨境移动，对国家安全不容易构成威胁，是目前发展中国家服务贸易自由化的理智选择。

4. 逐步开放服务要素市场

服务要素主要包括技术资本和管理，按一定顺序开放是发展中国家必须遵守的原则。开放服务要素市场的前提是允许服务提供者跨境移动。开放服务要素市场的必然结果是由外国逐渐地、部分地控制服务市场，并直接或间接地威胁国家安全。因此，任何一个国家都不会开放所有的服务要素市场。服务要素市场的开放有两种情况：一是作为弱势部门被迫开放，二是作为强势部门自动开放。

5. 实现有约束的服务贸易自由化

实现服务贸易自由化在理论上是可行的，对于世界福利是有利的，但在现实世界是难以实现的，因为大多数国家都不会同意对本国服务市场完全开放。因此，现实中的服务贸易自由化必然是有约束的服务贸易自由化，即服务贸易自由化必须有政府的干预与管制。

本章小结

1. 服务贸易自由化是贸易自由化的重要组成部分，对提高世界及参加方的福利具有积极意义，但是服务贸易自由化并不是轻松的过程。

2. 经济有效率是指一个行业以最小社会成本生产一定质量的产品。

3. 社会成本是指生产与交换产品对整个社会的综合负面影响。

4. 经济无效率是指资源未以最优方式在消费与生产之间进行分配。

5. 国际贸易政策是以服务一国国际贸易为目的而产生的，各国制定国际贸易政策的核心是以国家利益为主导，出发点是国际贸易对一国政治、经济方面的影响。

6. 国际服务贸易自由化将极大地促进国际贸易的发展，使其在世界经济中占据更重要的地位。

7. 国家安全涉及五种基本的国家利益，即政治利益、经济利益、军事利益、外交利益和文化利益。

8. 发达国家对发展中国家开放服务市场开出的条件是以服务换市场，即发展中国家以开放本国服务市场为条件来换取发达国家开放商品市场。

9. 现实中的服务贸易自由化必然是有约束的服务贸易自由化，即服务贸易自由化必须有政府的干预与管制。

10. 服务要素主要包括技术资本和管理。

复习思考题

1. 效率与生产效率具有什么关系?
2. 贸易自由化对发达国家的安全具有哪些影响?
3. 服务业开放的主要原因有哪些?
4. 区域性服务贸易与多边服务贸易各具有哪些优势?
5. 国际服务贸易自由化政策具有哪些正面效应?
6. 国际服务贸易自由化政策具有哪些负面效应?

第四章

国际服务贸易壁垒

知识框架图

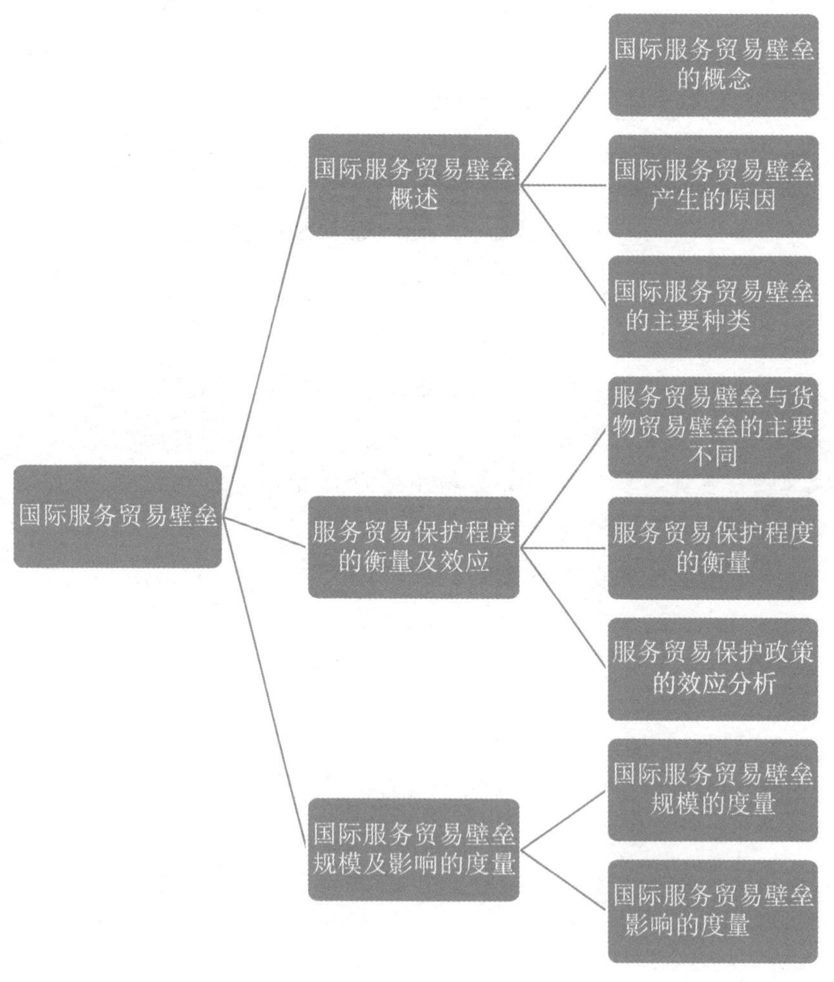

学习目标

- 理解国际服务贸易壁垒的概念
- 掌握国际服务贸易壁垒的主要种类
- 认识服务贸易壁垒与货物贸易壁垒的主要不同
- 掌握服务贸易保护政策的效应分析
- 理解国际服务贸易壁垒规模的度量
- 理解国际服务贸易壁垒影响的度量

第一节　国际服务贸易壁垒概述

一、国际服务贸易壁垒的概念

国际服务贸易壁垒是限制服务贸易跨境自由交易的措施的总称。根据 GATS 的定义，国际服务贸易跨境交易的方式既包括类似于货物贸易的单纯的服务产品跨境流动，也包括服务要素过境移动所形成的服务产品在所有权属不同成员方的企业和个人之间进行的交易。因此，更具体地说，国际服务贸易壁垒是不合理或歧视性地限制服务产品跨境流动和服务要素过境提供服务和进行消费的措施的总称，它以非关税壁垒为主要形式。

服务产品的无形性决定了服务贸易壁垒几乎不可能采用传统的关税管理模式。现实中高耸的服务贸易壁垒的普遍形式，就是通过制定一系列国内法律和行政规章来限制国外服务产品流入，管制外国服务供应者进入及提供服务的过程，以达到保护和鼓励国内服务生产的目的。

从目前管制分布情况来看，服务要素的跨境流动受到相对更多的限制，而服务的过境消费和服务产品的流动受到的管制相对较少。这主要因为，一般认为通过商业存在或自然人流动所发生的国际服务贸易会对国内社会稳定、政治安全和经济自主发展带来更大的冲击，并且这是国际服务贸易中最具发展潜力的方式之一。

各国通过制定国内法律和行政规章来管理本国服务市场，是为国际贸易规则所允许的普遍做法。GATS 的序言中就明确表示，成员方为了实现国内政策目标，有权对其境内的服务制定和实施新的限制措施；其后的《金融服务协议》《基础电信协议》等服务贸易多边规则都在倡导服务贸易自由化的同时，赋予成员方强化服务市场监管的权利，强调只有通过必要和适度的监管，才能使服务贸易自由化符合成员方宏观经济政策和经济安全及社会稳定的目标。这明确表明服务贸易的自由化绝不是要求各国简单地撤销监管，服务业国内管制的存在具有必要性与合法性。

服务贸易壁垒的形式决定了服务贸易自由化的推进是个困难的过程。首先，服务贸易壁垒往往难以辨认和区分，有效和必要的管制与服务贸易壁垒之间的界限并不泾渭分明。

事实上，对于某些措施是否构成限制服务贸易的市场准入或构成对外国服务及服务提供者的歧视待遇，往往存在争议。其次，这种典型的非关税壁垒也具有非关税壁垒所具有的大的隐蔽性和不确定性。因此，在服务贸易领域强调透明度原则，具有比货物贸易更为重要的意义。

二、国际服务贸易壁垒产生的原因

既然国际服务贸易自由化能够给有关国家与世界经济带来巨大的福利，那么为什么在现实经济中，人们要实行服务贸易保护政策，给服务贸易设置种种障碍呢？下面我们从三个角度来探讨这个问题。

（一）微观经济学根源

1. 自然垄断与福利垄断

自然垄断是指诸如水、电、气、铁路等部门存在的垄断，属于服务部门的规模经济性质，其垄断是自然存在的。福利垄断是指诸如公共卫生、义务教育等领域存在的垄断，属于服务部门的正外部性性质，即垄断是因为政府以财政补贴形式介入此项服务，以确保全体国民都能从中受益。

现代经济学理论指出，如果市场是完全竞争的，按照优胜劣汰的市场竞争原则，稀缺的资源就将按照生产者和消费者的需要达到有效配置。而市场的不完全竞争及企业的垄断行为，则形成市场失灵。只要某种产品或服务只能由一家企业供应而且这家企业有能力将产品控制在较高的价位上，资源的配置就是低效的。作为政府，应控制垄断企业行为，以确保其不会利用自己在市场中的特殊地位去谋取不正当的利益。

2. 信息不对称

美国经济学家斯蒂格利茨认为，市场的职能是不完善的，常使人们受到损失，造成这一现象的原因就是市场的参与者缺乏充分的信息。因此，政府有必要进行灵活的干预，使市场能正常与有效地运转。斯蒂格利茨认为：市场经济的特征是高度的非理性和不完整性。旧的模型假定信息是完美和理想的，但即使很小程度的信息不完整也能够导致严重的经济后果，用通俗的话说就是一些人知道得比另一些人多。在现代社会，在购房、看病等关乎国民民生的方方面面，信息的对称与公开，是检验政府执政能力的重要指标。

3. 经济外部性

经济外部性是指一种经济活动的所有成本和收益将影响大多数人，而不仅仅是个人或者从事这种特殊经济活动的企业。作为微观生产力系统的企业，又是社会经济有机整体的一个组成部分，企业的经济活动不能不受到社会的制约。因此，企业的独立性只能是相对的独立性。例如，若企业将生产过程中的“三废”排入大气、土地与河流，制造了污染，破坏了环境，那么环境污染会严重影响人们的生活，使人们的生活质量下降，严重影响人们身体健康，损害人们的利益，同时使生态平衡失调。

经济活动

经济活动是指在一定的社会组织与秩序之下，人类为了求生存而经由劳动过程或付出适当代价以取得及利用各种生活资料的一切活动。

简而言之，经济活动是以满足人的需求为目的的。经济活动主要以劳力等生产资料换取商品和服务，货币只是交易的媒介。经济活动需要资源，特别是活动空间；而各种活动的空间分布，也是非常重要的。

在现代社会，杜绝与限制企业在生产活动中对环境的不良影响，保护生态环境的自然平衡，达到人与自然的和谐，已经成为考核各级政府任期内业绩的重要指标之一。

（二）宏观经济学根源

在一个国家中，许多服务业部门，如交通、通信、电力、金融等属于一国经济的关键部门。如果这些部门为外国控制，一国经济的独立性就会受到极大威胁，甚至会导致“依附经济”的产生。一旦形成这种局面，一国的经济及对外贸易的发展对其本国人民的福利来说是十分有限的，甚至是有害的，从而出现“贫困的经济增长”或“没有经济发展的经济增长”。

（三）政治与文化上的考虑

媒体业与文化市场的开放会使各国文化产品进入本国市场，各国文化产品的输入必然影响人们的价值取向与行为模式，这种“渐进同化”的过程将威胁本国民族文化的独特性和创造性，从而动摇本国民族进化的根基。任何国家的政府都希望保持本国在政治、文化上的独立性。因此，在教育、新闻、娱乐、影视、音像制品等意识形态领域实行保护政策，限制外国文化的入侵，应该是合情合理之事。我们在文化市场的开放中，应该本着“取其精华、弃其糟粕”的原则，既要吐故纳新，为本民族的文化注入新鲜的血液，又要继承中华文化的优秀传统，抵制一切不良外来文化的入侵，使中华文明永远在世界文明的史册中占据重要地位。

三、国际服务贸易壁垒的主要种类

国际服务贸易壁垒的分类纷繁多样，根据 WTO 的划分，基本上可以归纳为两大类：影响市场准入的措施和影响国民待遇的措施。影响市场准入的措施是指各成员国通过以数量配额等限制手段，对进入服务市场进行控制的制度；影响国民待遇的措施是指通过制定和执行相对歧视外国服务和服务提供者的差别待遇，创造有利于国内服务产品和服务提供者的经营环境的措施，其作用路径或者是通过增加外国生产者进入本国市场的成本或增加

其经营负担，或者是直接、间接为国内生产者提供支持，创造或加强国内服务产品和服务要素提供者的经营优势，相对弱化外国服务和服务提供者的竞争优势，从而达到发展民族服务业的目的。在现实中，服务贸易壁垒具有多种不同的形式，都可以达到限制外国服务产品和服务要素市场进入的目的。现择其主要方式加以介绍。

（一）限制外国投资所形成的障碍

服务贸易与投资密切相关。服务客体的无形性、不可运输和储藏性，使服务贸易往往需要跨国投资才能满足服务生产和消费在时间和空间上的一致性和统一性的要求。因此，对外国投资的限制是服务贸易自由化中的突出障碍。UNCTAD 把对外直接投资（Foreign Direct Investment，FDI）壁垒分为三大类。

市场准入限制，如禁止或限制外国企业在某些部门进行投资、规定严格的审批制度、要求外国服务提供者采取特定法律形式，规定最小资本、要求续资、限制地域范围或征收准入税，以及其他过于严格或缺乏透明度的市场准入条件。

所有权和对设立企业控制的限制，如强制与本国投资者合资、限制外国董事人数、政府指派董事、要求某些决策由政府批准、限制外国股东权利、强制于特定时期内（如 15 年）把一些权利转让给当地。

经营限制，如效益要求、当地成分要求、劳动力与资本及原材料进口限制、经营许可制度、特许权使用费上限、资本和利润汇回限制等。

视野拓展

经营许可制度

经营许可制度是指从事货物与技术进口的对外贸易经营者必须具备有关条件，经国务院对外经济贸易主管部门许可，方可从事对外经济贸易活动。

（二）限制人员的国际流动所形成的障碍

人员是服务贸易中最重要的生产要素，限制服务人员的国际流动，直接阻碍了服务的跨境生产和消费过程，限制人员的国际流动所形成的障碍使境外消费商业存在无法进行，因而大大限制了服务贸易的进行。另外，限制人员的国际流动，也直接控制了 GATS 中的模式四——自然人流动所形成的服务贸易，从而减少服务贸易的发生额。目前，对自然人流动或就业设置不同程度的限制，是各国尤其是发达国家存在的普遍现象。在服务贸易谈判中，自然人流动的自由化受到发达国家的重重阻碍，这也势必阻碍服务贸易的正常发展。

（三）限制技术标准等所形成的障碍

各国尤其是发达国家，往往通过设立较高的技术标准和语言、文化限制来实施其对自身服务业的保护。过高或歧视性的国内环境标准，大大降低诸如运输与旅游部门的外国服务提供者跨境提供服务的可能性，这往往是发展中国家在发展国际服务贸易领域遭遇的较大技术壁垒。

（四）职业资格的相互承认过程中形成的障碍

许多服务（如医疗、法律和教育）都需要具有一定职业资格的人提供。如果一国的职业资格未能得到其他国家的承认，那么也会阻碍服务贸易的发展。对外国的教育证书、技术资格证书、执业许可证等不予承认，工作许可制度和本地成分规定（如加拿大实行的工作许可制度，外国公司在某些工种上只雇用有工作许可证的本国人员），禁止外国服务人员进入本国从事职业服务工作等，是服务贸易中间接限制的典型手段。

（五）政府补贴和优惠形成的障碍和歧视性的政府采购

歧视性的政府采购是政府采购常以有利价格照顾本国服务及商品提供者的通常做法，有时甚至完全取消外国供应商的参与资格，这在数据处理、保险、工程建筑和货运领域尤为明显。另外，各国政府为了促进本国服务业的成长，也经常直接或间接地对本国的服务出口和服务行业进行补贴或给予其他资金支持。

（六）知识产权保护形成的障碍

服务贸易中往往涉及大量的知识产权保护问题，如果没有有效的知识产权保护措施，就会损害他国服务贸易提供者的利益，这也在一定程度上阻碍了服务贸易的发展。

（七）其他对外国服务供应商的歧视性限制

例如，外国服务供应商承受更重的经营税负或更繁杂的手续；制定各种规章，限制资金、技术、信息的国际流动；限制甚至禁止外国服务供应商使用本国的现有资源等。又如，很多国家为了阻碍外国服务供应商进入本国的电信、空运、广告、保险和经销网络，通过降低消费者对其满意度，限制外国服务供应商的竞争。

上述障碍有些是直接明显的，有些是间接隐蔽的，还有一些是中性的或有争议的。政府可以通过灵活运用这些措施，或者对服务贸易的发生进行直接管制，或者增加外国服务供应商进入的固定成本或经营过程中的可变成本，达到限制服务贸易正常进行、保护国内服务市场，实现社会、经济和政治发展的综合目标。

第二节　服务贸易保护程度的衡量及效应

贸易政策保护程度的衡量，就是对一项或一揽子政策的水平影响及有效性的数量评估。在对常见的贸易保护政策进行福利分析时，基于两个假设条件：一是部分平衡体系，即对某个产品或服务的供求平衡，而不是一个国家贸易领域的宏观的供求平衡；二是假设完全竞争的市场条件。

一、服务贸易壁垒与货物贸易壁垒的主要不同

尽管服务贸易壁垒与货物贸易壁垒具有类似的目标，均是借助管理国际贸易的发展，使之满足本国社会、政治和经济发展目标的需要。但因管制对象在性质和特征上所具有的根本差别，因而存在诸多显著的不同。明晰这些主要不同，有助于深化对服务贸易壁垒的理解。

首先，最突出的不同在于管制形式的不同。服务贸易壁垒主要表现为限制性的法律和行政规章，海关只能对物化部分的服务贸易采用传统的关税及过境监管方式。这既是服务贸易经营对象的无形性所致，反映了国际贸易壁垒非关税化的普遍趋势，又是服务市场存在天然缺陷情况下的必然选择。服务产品的无形性和具有显著规模经济的特性决定了其市场具有垄断、信息不对称、外部性等基本性质，加上很多服务业关系本国政治、文化和经济的独立自主性，实现公共利益的目标和纠正市场缺陷就成为服务贸易壁垒所拥有的天然合理“外衣”。由于服务贸易壁垒和正常的必要的管制之间难以区分，注定服务贸易自由化的任务更艰巨，过程可能更漫长。

其次，苛刻、纷繁的服务贸易壁垒（如政府对某些服务部门的行政垄断）在限制国外服务进入的同时，形成了国内服务供应商的进入门槛。因而降低服务贸易壁垒，不仅有利于推进国际服务贸易自由化，还有助于降低国内服务业的市场准入门槛和扩大市场竞争。对于电信、金融、能源的行政垄断经营是在很多发展中国家普遍存在的情况。类似于行政壁垒的存在，服务贸易壁垒不但限制了国际服务贸易的正常进行，而且对国内服务业的自由竞争和成长构成诸多障碍，因此 GATS 中总结的市场准入限制是指对新进入者的限制，不区分服务提供者的所属国。服务贸易限制的放松和打破行政垄断，具有推动国内服务业市场机制建立和完善、促进服务业进步和成长的作用，是货物贸易壁垒的降低所不直接拥有的。当然，货物贸易自由化也可以通过引入更激烈的国际竞争达到促进民族工业发展的目的，但那是货物贸易自由化的长期或动态效应，不如服务贸易自由化的作用直接而显著。

再次，贸易壁垒发挥作用的位置和涵盖的范围均不同。货物贸易壁垒往往设置在国（关）境上，只针对最终产品的出入境进行管制，而服务贸易壁垒涵盖的范围要广得多。服务贸易壁垒作用的范围不仅包括服务产品（如对服务产品设置的最低质量标准），还针对服务提供者（如限制其自由移动）及服务的供给和消费全过程；其不仅对服务的跨境交易进行控制，还对完全在境内发生的服务交易进行限制（如对可以在国内提供服务的区域、行业进行限制）。更全面的管制范围和法律、行政形式的规则制度，导致服务贸易壁垒相对更严格。在实践中，表现为企业往往感觉跨境出售服务比出售货物的难度大得多。

最后，还有一个重要的不同在于对政府收入的影响存在差异。在货物贸易中，关税作为典型的保护工具，其征收能够给政府带来稳定的财政收入，然而在服务贸易中，以规章制度为主要形式的贸易壁垒几乎不能直接为政府创造收入。这自然使壁垒的降低对政府收入的影响不同，货物贸易壁垒的降低，尤其关税税率的降低，会给政府的收入带来一定的消极影响，从而形成关税降低的负成本。而服务贸易壁垒的降低不会影响政府的直接收入，所以几乎没有类似关税收入减少的改革成本。

总之，以规章制度为主要形式的服务贸易壁垒比货物贸易壁垒具有更隐蔽、更合理的“外衣”，这就决定了服务贸易自由化较货物贸易自由化更艰巨和复杂。如何能够在维持正常和必要的规范和管制的同时，削减服务贸易壁垒，渐进实现服务贸易自由化的最终目标？首先需要对目前各经济体国内各种管理服务业的法律、政策和规章根据其目的、效果及是否具有存在的必要性等方面进行梳理和辨别，剔除阻碍正常服务贸易发展的部分，然后才可能通过一定形式的国际合作与协调，最终在谋求全球经济秩序稳定的基础上实现服务贸易自由化的稳步推进。

二、服务贸易保护程度的衡量

完善的保护政策衡量指标应具备以下四个特征：可比性，即在一定时期和一定政策范围内，衡量指标在国家之间或服务之间可以进行比较；可解释性，即衡量指标表达的含义应该简单明了；准确性，即衡量指标应当相当准确，不会引起异议；可操作性或可重复性，即衡量指标可以被不同国家的人操作，而且易于操作和重复检验。目前，服务贸易保护程度的衡量方法主要有以下三种。

（一）名义保护率

名义保护率（Nominal Rate of Protection，NRP）通过测算国际市场价格与国内市场价格之间的差额，衡量保护政策的影响，主要用于商品贸易。由于服务贸易大多数难以使用关税手段进行保护，因此 NRP 在衡量服务贸易保护程度方面的作用受到很大限制。

（二）有效保护率

有效保护率（Effective Rate of Protection，ERP）是用来衡量投入和产出政策对价值增值的共同影响的指标，主要用于商品贸易。由于服务业的投入产出系数资料难以获得，因此用这种方式计算服务贸易保护率既不可行，也不现实。例如，最终产品计算机关税为 0，而进口芯片关税为 20%，计算机售价为 4000 元/台，芯片进口价为 1000 元/片，通过计算得出对中间产品进口芯片征收的 20%关税，不仅不起保护作用反而由于提升了最终产品计算机的售价，而削弱了与进口计算机的竞争力。

（三）生产者补贴等值与消费者补贴等值

生产者补贴等值（Producer Subsidy Equivalent，PSE）与消费者补贴等值（Consumer Subsidy Equivalent，CSE）是用来测算政策变量的保护程度的两种衡量指标。PSE 测算的是政府政策对生产者收益的贡献。CSE 测算的是政府政策对消费者福利造成的损失。PSE 与 CSE 可以用两种方法来获得。

第一，通过观察政府政策的预期效果来获得。例如，通过对国外银行预备金制度颁布

前后资格认定百分比的变动来获得国外银行预备金制度执行的效果。如果对国外银行预备金制度颁布前资格认定百分比为40%，颁布后降到30%，则效果有10个百分点。

第二，通过观察政策措施引起的国内外价格的变动来获得。例如，本国政府为本国船队保留一定数量的货物运输份额，则将有效减少本国航运服务的进口量。国内供给量将拉动至1000万标准集装箱。其结果是，国内市场价格上升至1500美元/标准集装箱，而此时国际市场价格为1200美元/标准集装箱，国内消费量大幅下降，则我们可以发现，生产者补贴措施使国家福利受损。

三、服务贸易保护政策的效应分析

服务贸易保护政策由关税与非关税措施两部分构成。

（一）关税效应分析

对进口产品征收关税，推行服务贸易自由化将使一国福利受损。例如，以出口服务换取一定量劳动密集型产品，关税效应影响过程为：对进口劳动密集型产品征收高关税→进口劳动密集型产品价格上升→国内同类产品价格上升，国内物价上升→国内劳动力价格上升→劳动密集型产品相对减少，国内生产成本上升→资本收益下降大于高关税收入。

对服务进口征收关税损害国内消费者的利益。关税保护将约束国内消费者自由选择服务厂商，受到保护的国内服务厂商会形成一种惰性，缺乏创新动力，在保护伞的庇护下，国内服务厂商可能向消费者提供相对高价格、低质量的服务。

（二）非关税效应分析

非关税壁垒是服务贸易保护政策的主流，它主要包括以下内容。

1. 政府管制

政府管制虽然保护了国内服务市场，但因抑制竞争而导致福利损失。例如，政府管制保险业的保险费率和市场份额的影响过程：划分市场份额→部分市场为外国保险公司所获，国内保险业总营业额下降→政府对保险业征税额下降；划分市场份额→限制外国保险公司进入→消费者的选择减少；划分市场份额→限制外国保险公司进入→国内保险公司缺乏创新动力与愿望；管制保险价格→保险高价格→消费者利益受损。

2. 补贴

政府补贴使国内服务厂商以优势价格（成本）取得竞争优势，当然这种优势是以国家福利的损失为代价而取得的。例如，政府对航空业、影视业与海运业的补贴。

3. 移民配额

在服务贸易领域，配额往往出现在政府制定的各种劳动限制措施中。实行移民配额，既能有效地保护本国劳动力市场，又能借助移民制度进口劳动力，以满足国内需求。

4. 许可证制度

在服务贸易领域，许可证制度包括开业权或建立权，它使国际服务贸易的提供者在一段时期内无法享受国民待遇，是国际服务贸易保护政策的主要措施之一。例如，世界各国对外国银行、保险公司与建筑业的进入大多实行许可证制度。但是，许可证制度并不会给国家带来经济效率与财政收益，因此并不是好的选择。

为什么那些显然不符合经济理论的贸易保护政策仍然存在呢？到底什么是“国家福利最大化”呢？经济学家对此有两种解释。

一种解释是：在大多数国家，政治家不是在争取抽象的“国家福利最大化”，而是在选择能迎合最多的选举人胃口的政策，使其在选举中获胜的可能性最大化。例如，一般来说，技能越低的人越喜欢高的贸易壁垒；技能越高的人越喜欢低的贸易壁垒。如果把选举人按技能的高低排列，那么政治家的贸易政策就是中间技能的人所喜欢的。只有这样才能使其获得的选票最多。

另一种解释是：有些贸易政策虽然会损害很多人的利益，但损害的程度很小，大众不愿意为这么小的损失而团结起来以形成任何政治力量；而这些政策的受益人很少，但个体受益的程度很大，受益个体愿意拿出一部分钱进行政府游说，保护自己的利益。例如，美国对糖的进口配额就属于此类。美国大约每个家庭平均每年购买 20 美元的糖，谁也不愿意为糖的价格过高而组织起来，要求取消进口配额；而规模巨大的糖业主要聚集在屈指可数的几家产糖企业，只要产糖企业拿出利润的很小一部分就可以雇用说客，在华盛顿产生很大的“声音”。

第三节 国际服务贸易壁垒规模及影响的度量

我们知道，国际服务贸易壁垒规模的各种度量方法有各自的优点和缺点。为了度量服务贸易壁垒的存在与取消如何影响各部门之间和各国家之间的竞争条件、生产率、资源配置和经济福利，不同的服务贸易壁垒规模的度量方法必须结合起来纳入一个经济模型的分析框架中。

一、国际服务贸易壁垒规模的度量

（一）频度工具度量法

1. Hoekman 频度指标

较常用的频度指标是 Hoekman 频度指标。Hoekman 频度指标是根据 GATS 谈判达成的成员国承诺减让表，将承诺分为三种，并分别赋予权重，综合计算来构造服务贸易壁垒的频度指标。

用于衡量贸易壁垒，这些指标有两种应用方法：第一，这些覆盖率本身或稍做变换（如1-Hoekman 频度指标）便可在一定程度上量度限制的规模；第二，可以像 Hoekman 那样计算关税等值，即以保护主义最严重国家的关税等值估计值为基准乘以 1-Hoekman 频度指标，便得到给定国家的关税等值。

2. 澳大利亚生产力委员会研究小组的贸易限制指标

澳大利亚生产力委员会研究小组对 Hoekman 频度指标进行了改进，如增加主要数据来源、改进计算方法和权数。

3. 服务业 FDI 壁垒的度量

Hardin 和 Holmes 对服务业 FDI 壁垒进行过专门研究。他们是唯一利用实际限制信息专门构造限制指数的，其指数可以被转换为关税等值或税收等值。他们所用的方法与澳大利亚生产力委员会研究小组所用的方法比较接近。

4. 几种频度工具度量方法的比较

总体来说，频度工具度量法的思路可以分为 Hoekman 频度指标法和澳大利亚生产力委员会研究小组的度量方法两种，Hardin 和 Holmes 对服务业 FDI 壁垒的度量思路比较接近澳大利亚生产力委员会研究小组的度量思路，下面我们从信息含量、数据来源、精确度、可信度和适用范围来对这两种方法进行比较。

在信息含量上，澳大利亚生产力委员会研究小组的方法比 Hoekman 频度指标法丰富。因为前者的指标计算基于很多 GATS 承诺减让表以外的信息。在数据来源上，澳大利亚生产力委员会研究小组的方法对数据的要求远远高于 Hoekman 频度指标法。在精确度和可信度上，二者各有千秋。因为澳大利亚生产力委员会研究小组的方法对具体的贸易限制进行了细分，能够精确地衡量壁垒的实际大小，但从另一方面来讲，澳大利亚生产力委员会研究小组的方法里用到了一些比较主观的权重判断，而 Hoekman 频度指标法没有进行主观分析。在适用范围上，Hoekman 频度指标法的适用范围大于澳大利亚生产力委员会研究小组的方法，因为 Hoekman 频度指标法对不同部门用的是相同的信息来源和权重体系，但是澳大利亚生产力委员会研究小组的方法对具体行业的解释能力相对较强。

（二）数量工具度量法

构造贸易限制数量工具的基本思想是比较没有壁垒情况下的贸易额与存在壁垒情况下的实际贸易额，以衡量服务贸易壁垒对贸易数量的影响，存在壁垒情况下的实际贸易额可以通过观察直接得到，困难的是对没有壁垒情况下的贸易额的测算。通常，人们会根据某些贸易决定理论（如 H-O 的比较优势模型、Helpman-Krugman 差别产品模型、重力模型），利用包含足够多种贸易情形的数据，构造一种至少接近自由贸易的情形，用计量经济模型回归估计残差（实际贸易水平与模型预测水平的差额）或各种虚拟变量，以间接量度壁垒规模。

比较典型的是 Warren 用一个计量经济模型对 136 个经济体电信服务（固定服务和移动服务）的消费量估计贸易与投资壁垒的数量影响，其中贸易与投资壁垒是用本身构造的频度工具量度的，把现有壁垒效应数量估计值与假设的需求价格弹性相结合，计算出以价格差为表现形式的关税等值。其经验数据计算结果表明，不同国家间的差异很大。

Francais 和 Hoekman 以中国香港和新加坡为自由贸易基准，用重力模型估计了美国与其主要贸易伙伴之间双边商业服务、金融服务和建筑服务贸易，以实际进口与预测进口的差额间接衡量和表示壁垒程度的高低。模型中的自变量包括人均收入、国内生产总值（Gross Domestic Product，GDP）和一个西半球虚拟变量。把所得差额与假设的需求价格弹性相结合，就可以估计出相应服务部门的关税等值。他们实证研究的结果显示，一些服务贸易壁垒甚至低于货物贸易壁垒，如东南亚、中东和北非地区的关税等价低于平均的货物关税，我国的平均货物关税水平为 18%，商业服务、金融服务的等价关税水平为 18.8%，建筑服务的等价关税水平为 40.9%。我国的服务贸易壁垒与发达国家相比较高，但是同其他大多数发展中国家相比是较低的。

（三）价格工具度量法

构造贸易限制价格工具的基本思想是假设没有进入壁垒的市场价格（P^*）等于边际成本（MC 或 MPC），那么有限制情况下就会有一个价格（P）——边际成本差。如果价格差的存在不归因于沉没成本、在位者进入战略等因素，那么就是政府设立壁垒所致，则根据价格差可计算关税等值。

边际成本

在经济学和金融学中，边际成本是指每一单位新增生产的产品（或者购买的产品）带来的总成本的增量。这个概念表明每一单位的产品的成本与总产品量有关。比如，仅生产 1 辆汽车的成本是极其巨大的，而生产第 101 辆汽车的成本就低得多，而生产第 10 000 辆汽车的成本就更低了（这是因为规模经济带来的效益）。当生产一辆新的汽车时，所用的材料可能有更好的用处，所以要尽量用最少的材料生产出最多的汽车，这样才能提高边际收益。

有些学者考虑到价格和数量效应可能与各种潜在限制有关，他们利用计量技术区分了“行业或整个经济影响”和“贸易限制性措施”（用之前估计的频度指标表示）各自对价格和成本的影响，以更准确地反映壁垒对利润的影响。很多类似的服务壁垒价格的测算是澳大利亚生产力委员会研究小组的研究成果。此外，一些研究还进一步分析了价格成本差的创造租效应和成本增加效应。研究发现，在分销服务中，对外国和本国服务提供者实施的限制增加成本，以及在建筑工程服务中，针对外国服务提供者的设立壁垒与存续壁垒有创

造租效应，而本国设立壁垒有成本增加效应。因此，他们建议采用另外的成本数据分别估计创造租效应和成本增加效应，以改进壁垒估计的实际价值。

（四）三类度量方法的比较

通过以上分析我们可以看出，数量工具度量法和价格工具度量法的信息含量比频度工具度量法大，但是它们对相应的数据和信息来源要求比较多，同时其跨部门兼容性比较差，应用的部门较少。但是，用重力模型于操作性边际的价格工具计算法例外，它可以统一地应用于很多国家及各种部门。在精确度和可信度方面，频度工具度量法优于数量工具度量法和价格工具度量法。我们把数量工具度量法和价格工具度量法分为直接方法和间接方法，并分别分析。直接方法以频度工具为经验模型中的解释变量，所得估计值的准确性和可靠性不会比频度工具本身强；间接法也存在严重的准确性和可靠性缺陷。第一，用残差间接推得的壁垒规模对经验模型界定的准确性很敏感，数据偏差引起的误差较大；第二，即便模型是正确界定的，把所有对竞争性均衡的偏离都归因于政府设立的壁垒也不尽可取，很多导致价格偏离竞争水平的进入壁垒并非政府设立的。此外，以某国或某行业为自由贸易基准，重点考虑其他国家或行业和基准的差距会忽略一些非政府相关壁垒的影响，一些未知的影响还是客观存在的。因此，间接方法有扩大政府壁垒的内在倾向。当然，频度工具也会高估或低估壁垒的实际规模，尤其是当加权评分体系界定不适当时。不过，这种偏差不是系统性的，而且仔细调整所用加权评分体系和计算的其他方面，至少可以判断实际是否存在偏差。

从提供贸易谈判的角度出发，频度工具度量法能够为衡量谈判目标国的服务贸易壁垒水平和自由化进度提供充足的信息，并且在精确度和可信度方面也比较好，所以更适合作为贸易谈判的参考。

二、国际服务贸易壁垒影响的度量

为了度量国际服务贸易壁垒的影响，我们可以采用两种方法构建经济模型，即可计算的一般均衡法和局部均衡法。可计算的一般均衡法以整个经济为分析对象，而局部均衡法以单个部门为分析对象。

（一）一般均衡法

可计算的一般均衡模型主要分析服务贸易壁垒和相关政策对多部门、多国家的经济影响。大部分可计算的一般均衡模型的研究集中在货物贸易而不是服务贸易和外国直接投资。其主要原因是服务贸易的跨境交易、外国直接投资和服务贸易壁垒的数据比较难获得，以及一些概念难以界定。虽然存在诸多困难，一些学者还是在这方面进行了许多尝试，并且取得了不少成果。根据这些研究的特点，我们可以把它们分成两类：第一类是没有区分不同的服务贸易方式的研究；第二类是引入外国直接投资的研究。

1. 没有区分不同的服务贸易方式的研究

这类研究直接采用研究货物贸易的模型，而没有具体区分不同方式的服务贸易壁垒和对不同方式的服务贸易的影响。这类研究的数据来源是不同版本的GTAP数据库。这类研究大多引用Hoekman采用频度工具度量法计算的服务贸易壁垒的关税等值。这种服务贸易壁垒的估计使用的数据来自GATS承诺减让表，而该表并不包括所有的服务贸易壁垒，而且Hoekman采用的三种加权方法都没有区分不同服务贸易壁垒对经济的影响程度。Hertel等人通过结合用数量工具度量法计算的服务贸易壁垒对服务贸易壁垒的估计进行改良，其通过计算目标部门的实际进口量与预测的自由贸易条件下进口量的差，从而估计商业服务、金融服务和建筑服务部门的壁垒关税等值。服务贸易壁垒的估计可以作为收益上升的关税等值或成本上升的关税等值引入模型中。Brown等人模拟了服务贸易壁垒降低25%，并假设服务部门存在不完全竞争、规模经济和产品的差异性。他们发现，所有的国家和地区从模拟的服务贸易自由化中以年 GDP 增长 0.4%～2.1%的方式获得了福利的提高。其中，欧盟的福利提高的绝对量最大，接着是美国和日本。但从相对量来看，墨西哥提高最多，接着是澳大利亚、新西兰和亚洲新兴工业化国家。对所有国家来说，总的贸易和产出是增加的，但是就贸易条件而言，有的国家改善，而有的国家恶化。

根据模拟的结果，美国、欧盟和亚洲新兴工业化国家和地区的贸易条件由于服务贸易自由化得到了改善，而其他国家的贸易条件恶化了，但是净福利水平都是提高的。Benjamin等人采用与Hertel等人一样的模型构建方法，在服务部门不完全竞争的假设前提下，分析了过境交付的服务贸易自由化。他们假设服务提供方面对着固定成本，可以在不同国家差别定价。在他们的模型中，自由化表现为固定成本的下降和允许差别定价的市场分割状态的消除。通过服务贸易自由化与总体自由化的比较，他们发现亚太经济合作组织中的发达成员获得的收益较大，而发展中国家从货物贸易自由化中获得的收益较大。堪培拉（澳大利亚首都）国际经济研究中心也进行了一些这方面的研究，他们的研究估计货物和服务贸易壁垒减半可使全球获得的收益超过4000亿美元。收益来源于服务部门生产率的提高。根据他们的研究，这些收益集中在几个大的经济体，如欧盟、北美和日本。

虽然这样计算出来的贸易收益并不是很大，因为每个国家从本国产品或服务的消费都会发生变动。然而他们的研究引入了服务部门改革的动态效应。他们应用动态的APG-Cubed模型计算相同的贸易壁垒消除量，收益取决于自由化的速度。Robinson等人不仅实际分析了服务贸易、中间品投入、资本货物传递的技术外在性的意义，还将服务贸易变化的影响扩展到技术变化的影响和壁垒变化的影响。他们分析发现，服务贸易自由化，如服务贸易壁垒降低50%，将使全球获得的收益为年GDP的1.05%。他们还发现，服务贸易壁垒降低50%获得的收益是非服务部门贸易壁垒降低50%获得的收益的5倍；制造部门贸易壁垒100%消除获得的收益比服务贸易壁垒消除50%获得的收益还少。

当考虑了由于进口技术含量高的服务而获得的生产率的提高，福利的提高就更加显著了。全要素生产率的提高可以使福利成倍提高。这种现象在发展中国家更显著。Kawai和

Urata 使用单一国家的模型，估计了日本的规则成本。虽然这个模型指的服务不是参与国际贸易的服务，但是他们分析了由于规则的放宽，服务部门的自由化带来的生产率的改善和价格的变化产生的影响。他们发现通过外生的原因使全要素生产率提高 10%，会导致价格水平下降和实际 GDP 增长 5%以上。通过日本与美国服务部门全要素生产率水平差距缩小一半，日本的实际 GDP 增长率可超过 9%。这些研究表明，在考察服务贸易和服务部门制度的改革产生的影响时，全要素生产率是一个很重要的因素。

2. 引入外国直接投资的研究

这类研究不但考察了过境交付的服务贸易，而且考察了以商业存在进行的服务贸易。这类研究中服务贸易的数据有两个来源：一个是 GTAP 数据库（第四版）；另一个是由澳大利亚生产力委员会计算的外国直接投资的存量和企业相关活动。Petri 的研究首先把外国直接投资引入服务部门，但他使用的服务贸易壁垒的度量仍然只是 Hoekman 采用频度工具度量法估计的，而后来的一些研究都使用了改进了的估计方法。后来的那些估计是建立在比 GATS 承诺减让表更完善的壁垒清单上的，这些壁垒的估计方法比 Hoekman 估计的更具有解释力。Petri 是第一个使用可计算的一般均衡法分析服务部门中的投资问题的。他把外国直接投资引入了模型中，区分了内资企业和外资企业。产品根据所有权和产地进行归类。资本在内资企业和外资企业间不同部门的配置是根据投资回报率和投资者的偏好进行的。

根据研究成果，我们可以得出以下结论：第一，如果假设市场竞争是不完全的，那么考虑了规模经济的效应，服务贸易自由化得到的收益会比较大；第二，引入服务部门的外国直接投资的研究考察了资本重新配置的效应；第三，通过服务贸易传递的技术外溢效应是服务贸易自由化收益的重要来源；第四，在收益分配问题上，初始服务贸易壁垒较高的国家从服务贸易自由化过程中得到的收益较大；第五，对发展中国家服务贸易壁垒的估计一般比较高，因此发展中国家是服务贸易自由化中主要的赢家。

3. 对应用一般均衡法研究的评价

应用一般均衡法有两个优点。第一，这是可以整体评价全球范围内服务贸易壁垒的方法，也是可以将服务部门与其他经济部门联系在一起的方法。通过分析服务部门与其他经济部门之间的投入和产出关系，我们可以评估贸易政策的变化对整个经济的影响。这种方法可以更准确地描述服务产品的功能，它既可以本身作为一个贸易品，也可以融入其他货物和服务中参与贸易。简单地说，可计算的一般均衡模型可以分析服务贸易壁垒对整个经济的影响，包括对生产者的影响和消费者的影响，而这些影响是通过竞争效应、效率效应、成本效应等各种机制产生的。第二，这种分析可以为进一步的贸易谈判提供借鉴。比如，Dee 和 Hanslow 通过研究发现局部的自由化不能实现帕累托最优，各种壁垒同步消除才可以使收益达到最大化。当然，一般均衡法也有局限，这种方法在很大程度上依靠服务贸易和服务贸易壁垒的数据及模型的构建。首先，服务贸易不同部门和不同国家在统计上还没形成统一的机制；四种服务贸易交易方式的数据都难以获得；现有统计对服务部门的分类与 GATS 的分类仍有差别；现有分析的数据主要依靠过境交付的服务贸易的数据，其他形式的服务贸易的数据都不太健全。这自然会很大程度上影响研究结果。其次，服务贸易壁垒的度量也是存在缺陷的。这类研究大多采用的是 Hoekman 的计算结果，这种计算方法是存在缺陷的。虽然有的研究采用了其他改进了的度量方法计算的结果，但也只应用了金融和电信部门的数据。最后，这类研究在构建模型中也存在缺陷。他们不能把四种交易方式的服务贸易都纳入模型中。他们在将服务贸易壁垒引入模型时，很大程度上受到其采用的度量数据的限制。而如何在模型中使用服务贸易壁垒，如何描述壁垒的方式和壁垒的消除对分析的结果是有很大的影响的。

帕累托最优

帕累托最优（Pareto Optimality）又称帕累托效率（Pareto Efficiency），指的是资源分配的一种理想状态，假定固有的一群人和可分配的资源，从一种分配状态到另一种状态的变化中，在没有使任何人境况变坏的前提下，使得至少一个人变得更好。帕累托最优状态就是不可能再有更多的帕累托改进的余地；换句话说，帕累托改进是达到帕累托最优的路径和方法。帕累托最优是公平与效率的“理想王国”，是由帕累托提出的。

（二）局部均衡法

使用局部均衡法进行研究的学者比较少，我们着重介绍一下 Johnson 等人的研究成果。他们估计了国际航空服务部门竞争度提高后的影响。在他们的理论模型里，不同航空公司提供的服务对消费者而言不是完全可替代的，消费者不仅关心价格因素，还关心非价格因素（如航班的频率）。在他们的模型中，航空公司作为市场的垄断者，可以自主定价和确定航班频率，以达到利润最大化。他们不仅模拟了在澳大利亚、中国和日本之间航空服务自由化的影响，还模拟了一个新的航空公司进入产生的影响。该研究通过对消费者剩余和航空公司利润的变化来度量经济福利的变化。

他们根据对成员地区航空公司的限制程度分三种情况分析：第一，航空公司不受经营限制，并且可以达到最有效率的承运人的基准生产率；第二，航空公司飞行航线不受限制，并且可以进入原先在双边体系下不能进入的市场；第三，以上两种情况结合起来，即航空公司既可以提高生产率，也可以进入新市场，建立新的航线体系。模拟的结果发现成员地区的消费者剩余都是增加的，净福利也是增加的。

本章小结

1. 国际服务贸易壁垒是不合理或歧视性地限制服务产品跨境流动和服务要素过境提

供服务和进行消费的措施的总称，它以非关税壁垒为主要形式。

2. 经济外部性是指一种经济活动的所有成本和收益将影响大多数人，而不仅仅是个人或者从事这种特殊经济活动的企业。

3. 名义保护率通过测算国际市场价格与国内市场价格之间的差额，衡量保护政策的影响。

4. 有效保护率是用来衡量投入和产出政策对价值增值的共同影响的指标。

5. 对服务进口征收关税损害国内消费者的利益。

6. 贸易政策保护程度的衡量，就是对一项或一揽子政策的水平影响及有效性的数量评估。

7. 货物贸易壁垒往往设置在国（关）境上，只针对最终产品的出入境进行管制。

8. 在货物贸易中，关税作为典型的保护工具，其征收能够给政府带来稳定的财政收入。

9. 可计算的一般均衡模型主要分析服务贸易壁垒和相关政策对多部门、多国家的经济影响。

10. 政府补贴使国内服务厂商以优势价格（成本）取得竞争优势。

复习思考题

1. 什么是经济外部性?
2. 简述国际服务贸易壁垒的主要种类。
3. 服务贸易壁垒与货物贸易壁垒的主要不同有哪些?
4. 衡量服务贸易保护程度的指标有哪些?
5. 什么是价格工具度量法?
6. 什么是一般均衡法?

第五章

国际运输服务贸易

知识框架图

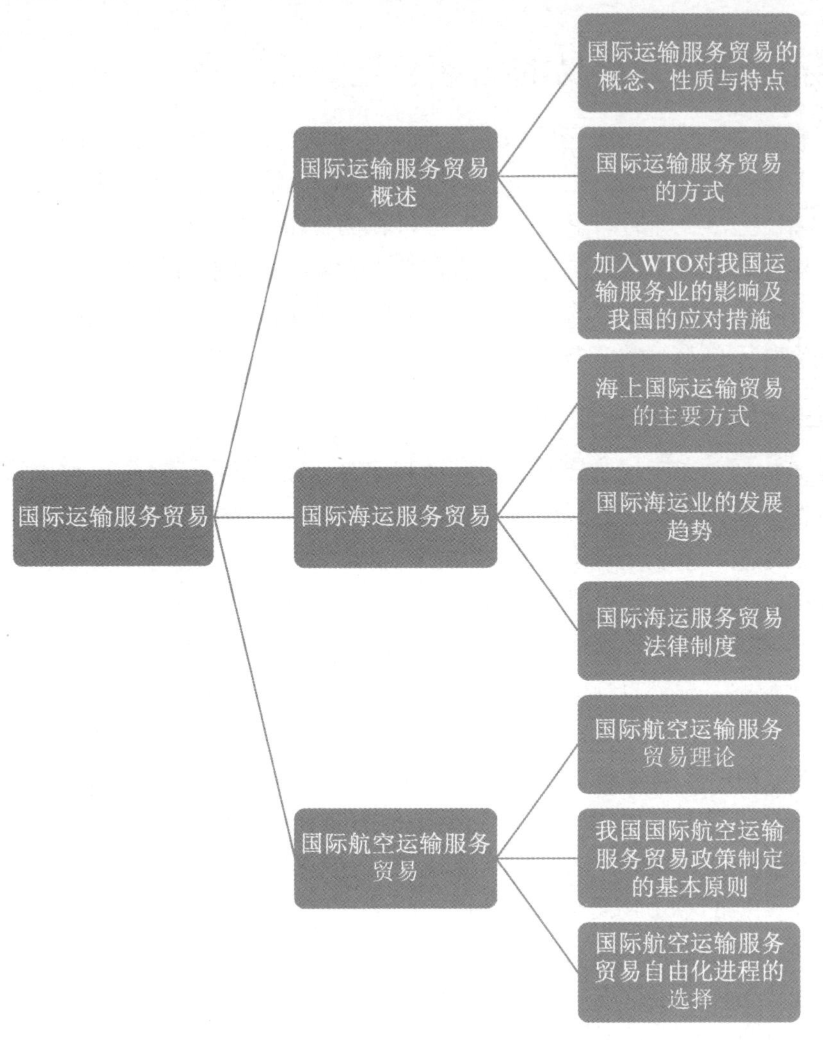

学习目标

- 了解国际运输服务贸易的概念与特点
- 认识国际运输服务贸易的方式
- 了解国际海运业的发展趋势
- 了解国际海运服务贸易法律制度
- 掌握国际航空运输服务贸易理论
- 了解我国国际航空运输服务贸易政策制定的基本原则

第一节 国际运输服务贸易概述

一、国际运输服务贸易的概念、性质与特点

国际运输服务贸易是指以运输服务为交易对象的贸易活动，即贸易的一方为另一方提供运输服务，以实现货物或人在空间上的位移。国际运输服务贸易的主体是运输服务的需求者与提供者。运输服务的需求者是指托运货物的贸易商或其他托运人；运输服务的提供者是指拥有船舶、火车、汽车、飞机等运输工具按客户的要求将货物从起运地运至目的地的承运人。国际运输服务贸易的主体双方共同构成了国际运输服务贸易的市场。国际运输服务贸易的客体不是有形的货物，而是运输服务。

（一）国际运输的概念和性质

运输就其运送对象来说，分为货物运输和旅客运输，货物运输又可按地域分为国内货物运输和国际运输两大类。国际运输是指在国家与国家、国家与地区之间的运输。国际运输又可分为国际贸易物资运输和非贸易物资（如展览品、个人行李、办公用品、援外物资等）运输两种。国际运输中非贸易物资的运输往往只是贸易物资运输部门的附带业务，因此国际运输通常被称为国际贸易运输，从一国来说，就是对外贸易运输，简称“外贸运输”。

在国际贸易中，商品的价格包含商品的运价，商品的运价在商品的价格中占据着较大的比重，一般来说，约占10%，甚至在有的商品中要占30%～40%。商品的运价和商品的生产价格一样，随着市场供求关系的变化而围绕着价值上下波动。商品的运价随着商品的物质形态一起进入国际市场中交换，商品运价的变化会直接影响国际贸易商品价格的变化。而国际运输的主要对象又是国际贸易商品，所以可以说，国际运输就是一种国际贸易，只不过它用于交换的不是物质形态的商品，而是一种特殊的商品——货物的位移。商品的运价也就是它的交换价格。

由此，我们可以得出这样一个结论：从贸易的角度来说，国际运输是一种无形的国际贸易。

（二）国际运输的特点

国际运输是国家与国家、国家与地区之间的运输，与国内货物运输相比，它具有以下几个主要特点。

1. 国际运输涉及国际关系问题，是一项政策性很强的涉外活动

国际运输是国际贸易的一个组成部分，在组织货物运输的过程中，需要经常同国外发生直接或间接的广泛的业务联系，这种联系不但是经济上的，而且常常涉及国际间的政治问题，是一项政策性很强的涉外活动。因此，国际运输既是一项经济活动，也是一项重要的外事活动，这就要求我们不仅要用经济观点去办理各项业务，还要有政策观念，按照我国对外政策的要求从事国际运输业务。

2. 国际运输是中间环节很多的长途运输

国际运输是国家与国家、国家与地区之间的运输，一般来说，运输的距离都比较长，往往需要使用多种运输工具，通过多次装卸搬运，要经过许多中间环节，如转船、变换运输方式等，经由不同的地区和国家，要符合各国不同的法规和规定。如果其中任何一个环节发生问题，就会影响整个运输过程，这就要求我们做好组织、环环紧扣，避免在某个环节上出现脱节现象，给运输带来损失。

3. 国际运输涉及面广且情况复杂多变

国际运输涉及国内外许多部门，需要与不同国家和地区的货主、交通运输部门、商品检验机构、保险公司、银行或其他金融机构、海关、港口及各个中间代理商等打交道。同时，由于各个国家和地区的法律、政策规定不一，贸易、运输习惯和经营方式不同，金融货币制度的差异，加之政治、经济和自然条件的变化，都会对国际运输产生较大的影响。

4. 国际运输的时间性强

按时装运进出口货物，及时将货物运至目的地，对履行进出口贸易合同、满足商品竞争市场的需求、提高市场竞争力、及时结汇等都有重大意义。特别是一些鲜活商品、季节性商品和敏感性强的商品，更要求迅速运输，不失时机地组织供应，才有利于提高出口商品的竞争力、巩固和扩大销售市场。因此，国际运输要求加强时间观念，争时间、抢速度，以快取胜。

5. 国际运输的风险较大

由于国际运输中间环节多，运输距离长，涉及面广且情况复杂多变，加之时间性强，在运输沿途国际形势的变化、社会的动乱，各种自然灾害和意外事故的发生，以及战乱、封锁禁运或海盗活动等，都可能直接或间接地影响国际运输，以至于造成严重后果，因此国际运输的风险较大。为了转嫁运输过程中的风险，各种进出口货物和运输工具，都需要办理运输保险。

二、国际运输服务贸易的方式

（一）航空运输服务

1. 航空运输服务的特点

航空运输服务使用飞机作为运输工具，具有以下特点：运送速度比其他运输方式快，最适合鲜活商品、易腐商品、季节性商品的运输，同时为高价商品的快速运达，减少在途资金积压提供了可靠的保证；航空运输安全可靠，按照固定班期、固定时点到达目的地，并且货损货差率低；航空运输的航线不受地形条件的限制，有利于开拓其他运输路线不便开拓的新市场；航空运输的成本高于其他运输方式，并且对载货的体积、重量具有一定的限制。综合以上特点，航空运输适合价值昂贵、时间季节性强、体积小的高价货物和追求时效性的顾客。

2. 航空运输的主要业务形式

航空运输的主要业务形式包括班机运输、包机运输、集中托运、航空快递、送交业务和货到付款等。

1）班机运输

班机运输是指定期开航的定航线、始发站、到达站和途经站的航空运输。班机能安全、迅速、准确地到达世界上各个通航地点，使收货人和发货人能掌握货物起运和到达的时间与地点。大多航空公司使用客货混合型飞机，一方面搭载旅客，另一方面运送少量货物。但一些较大的航空公司在一些航线上开辟了定期的货运航班，使用全货机运输。

2）包机运输

包机运输可以分为整架包机和部分包机两种。整架包机是指航空公司或包机公司按照与租机人事先约定的条件和租机费用，将整架飞机租给包机人，从一个或几个航空站将货物运至指定目的站的运输方式。整架包机适合运输大宗货物，包机的费用通常一次一议，随市场的供求情况而变化，一般来说，其费用低于班机运输。部分包机是指由几家航空货运代理公司或发货人联合包租一架飞机，或者由包机公司把一架飞机的舱位分租给几家航空货运代理公司，其适合不足整机的货物运输。包机运输与班机运输相比，时间比班机运输长，尽管部分包机有固定的时间表，但往往由于种种原因不能按时起飞；同时包机运输比班机运输有更多的限制，如包机的活动范围小、降落地点受限等。但是，包机运输也有班机运输没有的优点，如包机运输能弥补没有直达航班的不足，并且不用中转；能够减少货损货差或货物丢失现象的发生等。

3）集中托运

集中托运是指将若干票单独发运的、发往同一方向的货物集中起来作为一票货，填写一份总运单发运至同一目的站。航空货运代理公司对每一委托人另发一份代理公司签发的运单，以便委托人转给收货人凭以提取货物或收取价款。这种方式可以争取较低的运价，在国际航空运输中比较普遍。

4）航空快递

航空快递是一项伴随国际贸易和信息全球化的发展而迅速兴起的现代快递运输服务方式。航空快递主要有三种方式。一是从机场到机场，是一种发货人在飞机始发机场将货物交给航空公司，然后发货人打电话通知目的地收货人到机场取货的做法。二是桌到桌服务，发货人在发货时打电话给快运公司，快运公司立即派人到发货人办公室取货，直接送到机场交给航空公司，然后电传通知目的地的快运公司（或其代理）按时接货。货物到达目的地机场后按要求的时间交到收货人手中。之后，立即将有收货人签字的回执送交发货人，或向发货人回电传详细说明货物交接时间及收货人签收姓名等。三是派专人送货，由快递公司派专人随机同行，直至货物安全送到收货人手中。比较上述三种方式，第一种方式比较简单，费用较低，但发件人和收件人均感不方便；第三种方式服务周到，但费用较高；第二种方式综合了第一种方式和第三种方式的优点，为大多数货主、航空公司、货运代理公司、快运公司所青睐。

5）送交业务

在国际贸易往来中，出口商为了推销商品、扩大贸易，往往向推销对象赠送样品、商品目录、宣传资料、刊物、其他印刷品等。这些物品被航空运达推销对象所在国后，就委托当地的航空货运代理公司办理进口报关、提取、转运等手续，最后送交指定的收件人。航空货运代理公司做这些工作所需的报关手续费、税金、运费、劳务费等，再集中向委托人收取。

6）货到付款

货到付款是由发货人与承运人事先达成协议，请承运人在货物到达目的地后送交收货人的同时，代收航空运单载明的货款，然后寄给发货人，承运人收取劳务费。

（二）公路运输服务

公路运输是指国际货物借助一定的运载工具，沿着公路进行跨及两个或两个以上国家或地区的移动过程，起重要的衔接作用。

公路运输适合短途运输。它可以将多种运输方式衔接起来，实现多种运输方式联合运输，做到进出口货物运输的“门到门”服务。

公路运输可以配合船舶、火车、飞机等运输工具完成运输的全过程，是港口、车站、机场集散货物的重要手段，尤其对于鲜活商品、集港疏港抢运往往能够起到其他运输方式难以起到的作用。可以说，其他运输方式往往要依赖公路运输来最终完成两端的运输任务。

公路运输是一种独立的运输体系，可以独立完成进出口货物运输的全过程。公路运输是欧洲大陆国家之间进出口货物运输的重要方式之一。我国的边境贸易运输中有相当一部分也是靠公路运输独立完成的。

集装箱货物通过公路运输实现国际多式联运。集装箱由交货点通过公路运到港口装船，或者相反。美国陆桥运输、我国香港与内地的多式联运都可以通过公路运输来实现。

公路运输有不适宜大批量运输、易污染环境等弊端。

（三）铁路运输服务

铁路运输是利用铁路设施、设备运送旅客和货物的一种运输方式，在国际货运中的地位仅次于海洋运输。铁路运输一般不易受气候条件的影响，可保障全年正常运行，具有高度的连续性。铁路运输还具有载运量较大、运行速度较快、运费较低、运输准确、风险较小等优点。但是铁路运输需要铺设轨道，工程艰巨、复杂且耗费巨大，并且对于跨洋运输来讲作用不大。

国际铁路货物联运是指由两个或两个以上不同国家铁路当局联合起来完成一票货物从出口国向进口国转移所进行的全程运输。它是使用一份统一的国际联运货物票据，由铁路部门以连带责任负责办理货物的全程运输，在由一国铁路向另一国铁路移交货物时，无须发货人、收货人参与的运输方式。国际铁路货物联运主要依据《国际铁路货物运送公约》和《国际铁路货物联运协定》（简称《国际货协》）进行。《国际货协》是各参与国铁路和发货人、收货人办理货物联运必须遵守的基本文件，它具体规定了货物运送条件、运送组织、运输费用计算核收办法，以及铁路与发货人、收货人之间权利与义务的问题。我国也签署了《国际货协》。

随着现代物流的发展，各国经济往来更加密切，国际间的货物运输日益频繁，国际铁路货物运输起到越来越重要的作用，概括起来如下。

第一，有利于发展同欧亚各国的贸易。通过铁路把欧亚大陆联合在一起，为发展我国与中东、近东和欧洲各国的贸易提供了便利的条件。在中华人民共和国成立初期，我国的国际贸易主要局限于东欧国家，铁路运输占我国进出口货物运输总量的50%左右，是当时我国进出口贸易的主要运输方式。

第二，有利于开展同我国港澳地区的贸易，并通过我国香港进行转口贸易。铁路运输是我国内地联系港澳地区，开展贸易的一种重要运输方式。我国港澳地区所需的食品和生活用品多由内地供应，随着内地对我国港澳地区出口的不断扩大，其运输量逐年增加。我国香港是世界著名的自由港，与世界各地有着非常密切的联系，海、空定期航班比较多，作为转口贸易基地，开展陆空、陆海联运，对我国发展与东南亚、欧美、非洲、大洋洲各国和地区的贸易，以及对保证我国出口创汇起着重要作用。

第三，有利于欧亚大陆桥运输的发展。大陆桥运输是指以大陆上铁路或公路运输系统为中间桥梁，把大陆两端的海洋连接起来的集装箱连贯运输方式。大陆桥运输一般以集装箱为媒介，通过国际铁路系统来运送。我国开办的西伯利亚大陆桥和新欧亚大陆桥的铁路集装箱运输具有安全、迅速、节省的优点。这种运输方式对发展我国与中东、近东及欧洲各国的贸易提供了便利的运输条件。为了适应我国经济贸易的发展需要，利用这两条大陆桥开展铁路集装箱运输也是必由之路，很好地促进了我国与这些国家和地区的国际贸易发展。

（四）管道运输服务

管道运输相对其他运输方式来说比较特殊，是指把货物置于管道内借助气泵的压力输往目的地的一种运输方式。管道既是运输通道又是运输工具，管道运输把二者合二为一。

管道运输根据运输对象的不同，可以分为气体管道、液体管道、水浆管道和压缩空气管道等；根据其铺设的位置不同，可以分为架空管道、地面管道和地下管道。世界上第一条运输原油的管道于 1861 年建成于美国。管道运输适合运输液体和气体货物。管道运输的缺点在于，它的起点和终点是固定不变的，是单向运输，并不像铁路运输或者航空运输一样可以双向运输。管道运输固定投资大，铺设工程大，但是建成后的经营和操作比较简单。

（五）国际多式联合运输服务

国际多式联合运输（以下简称“国际多式联运”）是指由多式联运经营人，使用至少两种不同的运输方式，将货物从一国境内接管货物的地点运至另一国境内指定交付货物的地点。国际多式联运通常以集装箱为运输单元。国际多式联运通常由担负履行多式联运合同责任的人经营。国际多式联运经营人是指其本人或通过其代表与货主订立多式联运合同的任何人。在国际多式联运中通常有一份多式联运单据，它是证明多式联运合同及证明多式联运经营人接管货物，并将负责按照合同条款交付货物的全程运输单据。同时，多式联运合同中所涉及货物的接管和交付必须发生在两个国家的国境内。在签订多式联运合同时，多式联运经营人根据货物种类、去向，向托运人报出一个全程单一的运费费率。国际多式联运还必须包括两种或两种以上运输方式。总之，国际多式联运具有“一人、一票、两国、一个费率、两种或两种以上运输方式”的特点。国际多式联运的上述特点，使其具有关系简单、结算方便、货主提前收汇、运送准确、运输线路合理等优越性，因此它有着强大的生命力。

三、加入 WTO 对我国运输服务业的影响及我国的应对措施

（一）我国加入 WTO 对运输服务部门开放的承诺

我国加入 WTO 的承诺涉及公路运输、水路运输、仓储、船舶检疫、交通基础设施建设等多个领域，其中包括在公路货运、仓储、海上班轮运输、船舶代理等方面做出了进一步开放市场的承诺，具体为：在我国加入 WTO 的谈判中，海运服务业是一些主要谈判国家较为关注的对象。

海运服务业谈判的宗旨：在 GATS 原则和框架下，逐步取消一切限制进入海运市场的措施；允许外资在我国自由实现商业性存在；给予外国海运服务机构以国民待遇，最终实现海运市场的自由化，以扩展海运贸易，从而促进各国经济的发展。我国在加入 WTO 谈判中承诺的基本内容是：无货载方面的限制；允许外商在华设立中方控股的合资船运公司并可享受国民待遇；允许外商设立合资企业从事海运附属服务并享受国民待遇；保证外国船舶可在不受歧视和合理的条件下使用港口服务。

我国运输服务领域加入 WTO 时的承诺主要如下。

海运（包括国际运输的货运和客运，不包括沿海和内水运输）：允许外商设立合资船运公司经营悬挂中国国旗的船队，外资比例不应超过合资企业注册资本的 49%；合资企业的董事会主席和总经理应由中方任命。另外，还有辅助服务，包括海运理货和海运报关服

务、集装箱堆场服务和海运代理服务。

内水运输（货运）：允许在对外国船舶开放的港口从事国际运输。

航空运输（航空器的维修）：允许外商在我国设立合资航空器维修企业，要求中方控股或处于支配地位。合资航空器维修企业有义务承揽国际市场业务。

铁路运输（铁路货运）：允许设立合资企业，外资比例不超过 49%。在我国加入 WTO 3 年内，允许外资控股；加入 WTO 6 年内，允许设立外商独资子公司。

公路运输（公路卡车和汽车货运）：在我国加入 WTO 1 年内，允许外资拥有多数股权；加入 WTO 3 年内，允许设立外商独资子公司。

所有运输方式的辅助服务：仓储服务——自加入 WTO 起，允许外商设立合资企业，外资比例不超过 49%；加入 WTO 1 年内，外资可占大股；加入 WTO 3 年内，允许设立外商独资子公司。货物运输代理服务（不包括货检服务）——自加入 WTO 起，允许外国货运代理公司（至少有 3 年经验）在我国设立合资货运代理企业（经营期限不超过 20 年），合资企业的注册资本应不少于 100 万美元，外资比例不超过 50%；加入 WTO 1 年内，允许外资拥有多数股权；加入 WTO 4 年内，允许设立外商独资子公司；经营 1 年且双方注册资本到位后，可设立分支机构，合资企业原注册资本应增加 12 万美元。外国货运代理公司在其第一家合资企业经营 5 年后，可设立第二家合资企业，在我国加入 WTO 2 年内，这一要求减到 2 年。在我国加入 WTO 2 年内，为设立分支机构增加额外注册资本将在国民待遇基础上实施；加入 WTO 4 年内，注册资本方面享受国民待遇。截至 2010 年，我国加入 WTO 时的承诺均已兑现。

（二）我国运输服务业加入 WTO 后的应对措施

加强政策法规建设，加大执法力度，加大政策与法规透明度。WTO 要求各成员保证各自法律法规及具体操作方法的透明度。我国加大力度通过法律手段建立港、航、货市场的公平、公开、公正的竞争环境，避免政出多门的纷争干扰，进一步完善我国空运、海运和水运法律法规体系及海事司法体系，减少法律和政策执行过程中的长官意志和人为因素干扰，使我国的海运服务环境达到国际化标准，并且具有稳定性和可操作性。

统一税赋，实行国民待遇，使国内运输企业参与公平竞争。国际服务贸易中的国民待遇原则，要求各成员给予境外服务提供者不低于境内服务提供者的待遇。我国为了扩大对外开放、吸引外资，在税收方面给予外商多种优惠。我国是以发展中国家身份加入 WTO 的，应充分利用发展中国家的保护性条款，根据我国经济发展阶段积极引导和利用外资，利用法律对我国航运企业进行保护，制定有利于航运企业技术进步、提高市场竞争力的政策，确定开放步骤，扶植本国港、航、货企业发展，促进我国国际航运业集约化经营，为国内运输服务企业平等参与市场竞争创造良好条件。

大型运输企业要改变经营理念和机制，提高服务质量，实现营销网络化。国际大型海运公司联合、兼并的浪潮近年来愈加盛行，出现超大规模承运人，其所占市场份额增大，国际海运市场竞争态势严峻。因此，国内大型航运企业必须建立全球服务网络、提高服务效率和服务质量、建立以客户为中心的经营机制，增强竞争实力；国际行业主管部门应根据我国国情，逐步开放，保护民族产业，并制定反垄断法规；有关企业应转变经营理念，提高运输效率，建立现代化物流中心，形成多式联运网络，增强市场竞争力。

中国多式联运合作与发展大会

中国多式联运合作与发展大会是由中国交通运输协会主办，联运分会和北京嘉铁多式联运咨询服务有限公司共同承办的中国多式联运界的盛会，每年 10 月下旬在北京召开。从 2010 年开始，联运分会陆续举办多届关于中国多式联运发展的主题会议，2013 年正式定名为“中国多式联运合作与发展大会”。中国多式联运合作与发展大会已成为国内多式联运领域政策性最强、专业融合度最高、行业动向最及时、跨界参与最广、规模最大和规格最高的行业大会。

以市场为导向，进行结构化调整，提高技术和管理水平。由于运输理念的变化，水上企业向内陆延伸，内陆运输和多式联运在运输结构上的比重日益加大。我国内陆辽阔，政府也加大了中西部开发的力度，因此国内物流、货运、航运企业必须调整结构，加强内陆和水陆揽货体系，采用高科技手段，提高技术和管理水平。

运用现代科技，不断创新物流服务。现代科学技术为物流的发展提供了良好的条件，现代科技手段的应用极大地提高了物流的运作效率。作为第三产业的物流，服务创新显得极为重要。因此，物流企业应充分运用现代科学技术为客户提供具有专业性、综合性、高效率的物流服务，同时根据市场需要，拓展业务范围，以客户增效为己任，发展增值服务。我国需要建立由交通运输、贸易、海关、工商、税务等政府职能部门和行业协会参加的统一、协调的管理机构，专门负责研究、制定和协调物流产业发展的各项法规和政策，加强对我国现代物流产业发展的领导。

第二节　国际海运服务贸易

海上国际运输贸易是国际运输服务贸易的重要组成部分。世界上超过一半货物的贸易都是由海上运输服务实现的。海上运输是我国交通运输的重要组成部分，其与内河运输、铁路运输、公路运输、航空运输、管道运输等组成统一的运输网，互为补充，密切协作。

一、海上国际运输贸易的主要方式

海上运输是利用船舶和其他浮运工具，在海上运送旅客和货物的一种运输方式。海运

服务是指以船舶为工具，从事跨越海洋运送货物和旅客的国际性运输及相关辅助服务。海上运输按照服务对象，可以分为旅客运输和货物运输；按照航行区域，可以分为沿海运输、近洋运输和远洋运输。海上运输服务既具有优点，也有不足之处。海上运输服务可以利用天然航道，不受道路、轨道的限制；载运量比其他运输方式大；所需动力和燃料消耗比其他运输方式少，成本较低。但是海上运输受气候条件影响大，运输速度比其他运输方式慢，并且风险较大。

在海上国际运输贸易出现初期，从事运输的船舶主要是帆船，航行受气候条件的制约，很难按固定的船期表开展规律性运输。因此，当时只有不定期船运输服务一种业务。到了19 世纪，资本主义快速发展，运输工具不断改进。1801 年，英国人薛明敦（Syminton）以蒸汽机为动力，建造了世界上第一艘轮船——“卡洛登达斯号”。蒸汽机的发明使海上运输进入一个全新的时代。相对于帆船，使用蒸汽机的轮船的航行速度更快，受气候条件的影响更小，航行时间更具可测性，这些使船舶经营者从事规则的定期运输经营成为可能。于是，定期船运输业务或班轮运输业务便应运而生。

（一）航运方式

为了满足不同货物和不同贸易合同对运输的不同需要，也为了合理地利用远洋船舶的运输能力，并获得最佳的营运经济效应，当前国际上普遍采用的海运船舶的营运方式可分为两大类，即班轮运输和租船运输。

世界航运市场有四种运输方式：班轮公会运输、非班轮公会运输、无船承运人运输和不定期船运输。班轮公会是按预定的船期表在特定航线上从事营运的班轮公司的组织，具有固定的费率表和固定的挂靠港。班轮公会制度对托运人而言，具有稳定的运费率、定期的运输服务等好处，但其运费率通常较高。近几年，非班轮公会的航运公司也出现在某些国际航线上。

无船承运人是指从事定期营运的承运人，不拥有经营海上运输所需的船舶。虽然对实际托运人而言其是承运人，但相对实际承运人其又以托运人的身份出现。其作为委托人所起的作用有：承担海上货物运输中所产生的责任；利用海上承运人，包括班轮公会和非班轮公会的航运公司提供服务；通过门到门运输扩大服务范围。

不定期船运输没有固定的航线和时间表，也没有固定的挂靠港，可以在任何航线上营运，运价通常按供求双方商定的运价收取。租船运价受供求关系影响极大，属于竞争性价格，一般比班轮公会运输运价低。因此，不定期船运输特别适合运输价值低的大宗货物，如粮食、煤炭、矿砂、化肥、木材和水泥等。不定期船运输具体是采用租船业务，即托运人作为承租人从船东处租得船舶来开展的。

对托运人而言，在选择运输方式时一般有以下几方面考虑，作为货运代理，应仔细地检查有关承运人的履行情况。第一，运输服务的定期性。若货物需要以固定的间隔时间运输出去，则应选择挂靠固定港口、固定费率、严格按船期表航行的班轮运输。第二，运输速度。当托运人为了满足某种货物在规定日期内运达的需求，会更加注重运输速度。只要能满足托运人的要求，其一般不会考虑费用的高低。第三，运输费用。当运输的定期性和速度不是托运人考虑的问题时，运输费用就成为最重要的了。第四，运输的可靠性。这是托运人在选择承运人时所考虑的又一重要因素，独立考察承运人的实力和信誉有助于减少海事欺诈。第五，经营状况和责任。从表面上看，某一船舶所有人对船舶享有所有权，而事实上，他可能是将船舶抵押给银行并通过与银行的经营合同而成为船舶经营人的。船舶经营人可能是定期租船人，按照租约，船东若未收到租金，则可以留置经营人运输的货物。

（二）租船方式

租船方式包括航次租船、包运合同租船、期租船和光租船四种。

1. 航次租船

航次租船又称程租船，是指以航次为基础的租船方式。在这种租船方式下，船舶所有人必须按时把船舶驶到装货港口装货，再驶到卸货港口卸货，完成合同规定的运输任务并负责船舶的经营管理及航行中的一切开支，承租人则按约定支付运费，装卸费按照租船合同中装卸条款规定的执行。按照约定航次数来分，航次租船又可以分为单航次租船、往返航次租船、连续航次租船等。为了缩短船舶在港时间，双方在签订合同时往往要约定货物装卸速度。航次租船是租船市场上十分活跃，且对运费水平的波动较为敏感的一种租船方式。在国际现货市场上成交的大多数货物（主要包括液体散货和干散货两大类）都是通过航次租船运输方式运输的。

2. 包运合同租船

包运合同租船是指船舶所有人在约定的期限内，在指定的港口之间用数个航次为承租人运输一批总量已定的货物。船舶所有人有权自由安排任何适当的船舶，至于航次数（或航次周期），一般不作约定。船舶所有人负担除装卸费之外的一切费用，承租人按实际装运货物的数量及双方商定的费率支付运费。装卸费的规定与航次租船相同。包运合同运输方式是从连续航次租船发展而来的，但二者又有区别，特别是包运合同运输不指定船舶，船舶所有人可自由安排适当的船舶，并且包运合同运输不约定具体航次。

3. 期租船

期租船是指以租赁期限为基础的租船方式。船舶所有人按照租船合同的约定，将一艘特定的船舶在约定的期间交给承租人使用。这种租船方式不以完成航次数为依据，而以约定使用的一段时间为限。在租期内，承租人可以利用船舶的运载能力来安排运输货物，也可以用来从事班轮运输，以补充暂时的运力不足，还可以以航次租船方式承揽第三者的货物，以取得运费收入。当然，承租人还可以在租期内将船舶转租，以获取租金差额的收益。关于租期的长短，完全由船舶所有人和承租人根据实际需要洽商而定，可长可短，短则几天、几个月，长则可达五年以上，直到船舶报废为止。租金按船舶的载重、租期长短及商定的租金率计算。

4. 光租船

光租船不具有承揽运输性质，它只相当于一种财产租赁。光租船是指在租期内船舶所有人只提供一艘空船给承租人使用，而配备船员、供应给养、船舶的营运管理及一切固定或变动的营运费用都由承租人负担。因此，一些不愿经营船舶运输业务或者缺乏经营管理船舶经验的船舶所有人会将自己的船舶以光租船的方式出租。虽然这样的出租利润不高，但船舶所有人可以取得固定的租金收入，对回收投资是有保证的。光租船租期较长，一般比期租船长。

（三）船舶的类型和特征

1. 几种常见的货物运输船舶的类型

（1）传统的班轮。这种类型的船舶提供定期的运输服务，通常承运零散的或小批量的货物。使用船上的吊杆或起重机装卸货物，在船上由人工进行货物积载。

（2）半集装箱船或半托盘船。这种类型的船舶承运散装货物及事先装好的集装箱或托盘上的货物，由叉车进行货物积载，也可以在敞口的货舱或甲板上装载集装箱。

（3）全集装箱船。这种类型的船舶是专门为装载集装箱而建造的船舶。它使用自己的装卸设备或者岸上的起重机来装卸集装箱。根据集装箱船的载箱量，全集装箱船大致分为几“代”：具有 600～1000TEU 载箱能力的为第一代集装箱船；具有 1100～1800TEU 载箱能力的为第二代集装箱船；具有 2000～3000TEU 装载能力的为第三代集装箱船，达到第三代集装箱船要求的是宽度上能够通过巴拿马运河的船；第四代集装箱船及有更强载箱能力的船的宽度不适合通过巴拿马运河。

2. 船舶的特征

（1）船舶登记和船舶吨位。每艘船舶都应该有国籍，应在某一个国家进行船舶登记，并有权悬挂该国国旗。

视野拓展

船舶国籍

船舶国籍是指船舶所有人按照某一国家的船舶登记管理规范进行登记，取得该国签发的船舶国籍证书并悬挂该国国旗航行，从而使船舶隶属于登记国的一种法律上的身份。船舶国籍表明该船与登记国有法律上的隶属关系。船舶国籍证书是船舶国籍法律上的证明，船舶悬挂的国旗是该船国籍的外部象征。船舶国籍所引起的国籍国的权利、义务与自然人国籍所引起的国籍国的权利、义务在内容上完全不同。因为船舶国籍是一种法律上的联系，即船籍国与船舶之间的联系，从而使得船籍国能对船舶行使管辖权及给予保护。

（2）总登记吨（GRT）。总登记吨是按照每吨（1 吨=1000 千克）150 立方英尺（1 立方英尺≈0.0283 立方米）而测量出来的船舶总的容积。

（3）净登记吨（NRT）。净登记吨是从总登记吨中扣除机器所占空间和船员所居住的处所后测量出的容积。

（4）散装容积。散装容积是指船舶所能装货的全部空间，包括舱口和为了装卸货物而在甲板上开口所占的容积。

（5）包装容积。包装容积是指可用于包件货物的全部舱内空间。

（6）总载重吨（DWT）。总载重吨是以重量吨表示的船舶装载能力。装载能力应从总载重吨中扣除燃料、装备品、水和食品所占的重量。

（7）载重线。载重线是表示不危及船舶安全所能装载货物的最大限度。从载重线到甲板的距离被称为干舷。

（8）船级。船级对海上保险具有重要的作用，因为船级高的船舶所交纳的保费比船级低的船舶少。

船级

船级是表示船舶技术状态的一种指标。在国际航运界，凡注册总吨在 100 吨以上的海运船舶，必须在某船级社或船舶检验机构的监督之下建造。在船舶开始建造之前，船舶各部分的规格应经船级社或船舶检验机构批准。每艘船建造完毕，由船级社或船舶检验局（中国为交通运输部海事局）对船体、船上机器设备、吃水标志等项目和性能进行鉴定，然后颁发船级证书。证书的有效期一般为 4 年，期满后需重新予以鉴定。船舶入级可保证船舶航行安全，有利于国家对船舶进行技术监督，便于租船人和托运人选择适当的船舶，以满足进出口货物运输的需要，便于保险公司决定船、货的保险费用。

二、国际海运业的发展趋势

（一）各大船公司的兼并、联营

国际班轮运输业作为一种国际性的竞争行业，近年来由于面临集装箱运力过剩、运价下跌、盈利出现危机等种种不利状况，国际班轮运输的经营方式和格局发生了深刻的变化。各大船公司的兼并、联营浪潮不断，全球经济一体化和信息化进一步推动了这种趋势的发展。这种全球联营体以世界航运市场为自己的活动舞台，将联营范围从海上延伸到港口及陆上设施，联营体的发展不但改变了运输市场的格局，而且对港口的发展产生了重大影响。这一发展趋势产生的直接后果是加强了其在与港口谈判中的整体实力，打破了以往单个航运公司与单个港口之间的平衡关系。港口的客户不再是货主，而是这些大的班轮联营体。航线的规划、沿途港口的挂靠都不再完全由单个航运公司决定，而是在更大程度上取决于

其合作伙伴或联营体的协调安排。

（二）国际班轮业经营模式变革与船舶大型化

近代世界班轮运输的发展改变了“船舶—船舶”的换装模式，变革了“船舶—铁路”的换装模式，出现了集装箱多式联运，改进了“船舶—船舶”的转运，实现了中转运输革命。新一轮的变革将导致服务模式和船舶运输模式发生变化。端对端航线、钟摆式航线和传统的环球航线将转变为赤道环球航线。如果将班轮运输系统定义为一个节点和链路，那么港口即节点，航线即链路。赤道环球航线既能实现多节点服务模式下的优势，又可克服因传统链路非连续下船舶舱容利用率低的劣势，但其需要有大型船舶和特大型中转港口配套。因此，可以预见的是，在沿赤道附近将出现为数不多、但吞吐量极大的纯中转型全球枢纽。

（三）后工业社会物流与班轮运输

在当今的国际物流中，在生产商的生产线中间流转的零部件等占据了大部分。虽然这些货物的共同特性是单个体积很小，但按不同类别呈现高度集中的流转，且要求一定的流转速度，这就是典型的簇集货物，由此导致了海运市场的进一步细分。在传统的市场中，主要根据货物的数量、体积、价值和运输速度分为大宗货物（数量大、价值低）、标准适箱货物（体积较小、价值较低）和航空货物（体积很小、运输速度要求高）。但如今从中衍生出来的簇集货物呈现出体积较航空货物大、价值较标准适箱货物高、运输速度要求也较高的特点。加之后工业社会物流的多货种、小批量、多票数、短周期的特点，由此国际班轮业面临客户对运输速度、班期密度、可靠性的更高要求。

综上所述，从规模经济到多元经济，从实物分配到供应链管理，国际物流正在经历一场深刻的变革。

三、国际海运服务贸易法律制度

海运是国际服务贸易的重要组成部分，是沟通世界贸易的桥梁和纽带。随着世界经济一体化进程的加快及国际大市场的形成和发展，海运服务贸易自由化问题已成为世界各国关注的焦点之一。

根据 GATS 对服务贸易的界定（跨境交付、境外消费、商业存在和自然人流动），国际海运服务包括旅客及货物的国际班轮与租船运输服务、提供港口设施服务、各种辅助性服务、在境外设立船运服务机构或代理机构、海员雇用服务等。习惯上，将海运服务贸易划分为三部分内容：国际海上运输服务、海运辅助服务、港口服务。

国际海运服务贸易法是调整有关海运服务贸易法律关系规范的总称，具体来说，主要包括以下三个方面的法律关系：承运人与托运人的法律关系；承运人与货运代理商的法律关系；托运人与货运代理商的法律关系。这些法律关系既涉及国际海运服务贸易的立法，也包括国内有关海运服务贸易的立法，其中较有影响的国际海运服务贸易立法为

《班轮公会行动守则公约》。

> **《班轮公会行动守则公约》**
>
> 《班轮公会行动守则公约》是规范班轮公会行动的国际公约，其目的是便利国际海上货运的有序发展和促进班轮运输更有效地为国际贸易服务，并考虑发展中国家的特殊需要和问题。

第三节　国际航空运输服务贸易

航空运输是不可替代的。经过多年的发展，我国航空运输已经取得巨大成就。从现实的国际航空运输市场来看，受到规制的双边国际航空运输市场是不完全竞争的，即使完全自由化的市场也不是完全竞争的。因此，国际航空运输服务贸易理论应该建立在不完全竞争的市场结构基础之上。

一、国际航空运输服务贸易理论

民用航空设定的发展目标是完善现有民用航空体系，扩大我国航空运输服务规模，提高服务质量，实现航空运输服务又好又快发展。为此，《国家综合立体交通网规划纲要》确定了完善国际竞争的政策体系。首先，要认识到掌握国际规则是关键。当前，新兴国际服务贸易迅速发展，传统国际服务贸易结构持续改变，我国经济发展与贸易战略正在做出积极反应。民用航空作为国际服务贸易的先导，不能仅限于 WTO 所做的“销售”“维修”“订座”三项基本承诺，而应当深刻掌握国际服务贸易游戏规则，熟练掌握国际服务贸易的相关协定和国际惯例。其次，要完善企业制度，制定激励措施是增强竞争力的核心。要想营造有利于航空租赁发展的政策环境，就必须引导和鼓励金融机构在风险可控的情况下，优化贷款审批程序，积极推动金融创新，开发适合航空国际运输贸易需求的金融产品。要让我国航空运输企业“走出去”，增强我国航空运输企业的国际竞争力，培育具有国际竞争力的大型航空企业，就必须鼓励企业积极开展国际合作和交流，通过兼并、联合、重组、上市等多种方式，扩大企业规模，引进和采用先进技术和管理经验，提高自主开发和创新能力，提高自身管理水平，增强市场竞争力。最后，要加强国际航空通道建设，优化国际航线网络，提高国际市场占有率。

1978 年，美国放松对航空运输业的规制为检验不同的市场结构理论提供了机会。特别是提出可竞争理论后，航空运输业被用作对该理论进行实证检验的场所。从 20 世纪 80 年代到 21 世纪初，不少文献研究了航空运输市场的竞争性问题，结果形成以下观点：一

派的实证检验结果认为航空运输市场是可竞争的；另一派则否定了航空运输市场是可竞争的；还有部分文献对两种观点都不支持。

支持航空运输市场是可竞争的研究文献可以追溯到作为可竞争理论提出者在《法律与经济》杂志上发表的《放松规制转型过程中航空运输市场的可竞争性》一文。他们认为在完全可竞争的自然垄断市场，实际进入并不是必要的，即使自然垄断，仅有进入威胁就会约束这个市场，并认为他们已经证明了地方性航空公司运营的长途航空市场非常接近这个理论思想。可竞争理论认为航空运输业不需要进行规制，只要保证航空公司进入和退出自由，就可以保证行业的健康发展。

Myron B.Slovin、Marie E.Sushka 和 Carl D.Hudson 通过对涉及水平收购竞价的上市航空公司回报进行分析和评估行业集中背景下的股票价格反应影响，检验了航空公司收购是否会产生垄断利润。在民用航空委员会规制下，目标回报、竞价者和竞争对手对集中度的变化有正向作用。放松规制后，集中度的变化对航空公司回报没有正向影响。这些结果证明，民用航空委员会的活动助长了航空公司的“串谋”。没有证据显示放松规制后的航空公司集中有垄断利润，但是也有很多研究不支持航空运输业属于可竞争市场的观点。

格雷厄姆、卡普兰和西布利认为，航段距离、对服务便利的需求和新航空公司的竞争对票价有很大影响，但是票价与市场集中度之间为正相关关系，这说明航空运输业不支持可竞争性假设。摩尔的研究表明，航空公司数量的变化对票价有显著影响。辛哈在其博士论文中把研究对象放到了小型枢纽机场，而不是大型枢纽机场。他扩展了摩尔的研究方法，研究表明市场中航空公司的数量对票价有影响，该结论不支持航空运输市场的完全可竞争性。安德鲁斯、乔斯克、韦登和约翰逊通过对航空运输业的数据分析认为，总体来说大幅度超过正常水平的票价并没有导致航空公司进入；航空公司进入降低了票价并增加了产出，航空公司退出提高了票价并降低了产出；市场在位者以降价和维持产出回应进入，市场幸存者以提高票价并增加产出回应退出。这些结论对市场进入防止票价上升方面的能力提出了疑问。与放松规制前的期望不同，航空运输业有较大的规模经济、进入壁垒高和缺乏可竞争性。这些不可更改的经济力量正在造成城市对航空市场垄断和寡头力量的增强。

与此同时，还有一些研究对两种观点都不支持。一些学者用两种不同的方法对可竞争性假设进行了检验。在第一个模型中，市场结构被看作外生的，市场集中度越高，票价越高；在第二个模型中，市场结构被看作内生的，因而独立于市场集中度。检验结果发现，市场结构应被看作外生的，同时发现旅游市场的票价比非旅游市场的票价低，收入较高的市场的票价更高，因而票价随旅客敏感度而变化，有新航空公司服务的市场的平均票价更低。研究结果表明，市场中已经运营的航空公司不会因为担心潜在的进入而降低票价。只有进入成为现实后，这些航空公司才会把票价向新进入者看齐。总体来看，他们的研究结果没有全面支持可竞争性假设，在集中度较高的市场上航空公司有在成本之上定价的能力，尽管这项能力不是很强。巴雷特在对欧洲航空运输市场进行研究后认为，市场准入限制的取消在欧盟单一航空市场中会遗留下其他未消除的可竞争性障碍，可竞争性障碍包括现有航空公司在枢纽机场的支配地位、地面服务垄断和计算机订座系统不公正等。

二、我国国际航空运输服务贸易政策制定的基本原则

（一）以满足国家经济社会发展的需要为最高目标

经济全球化作为一个历史过程，在当今已经与过去有了不同的内容和意义。以市场经济为基础的全球化不仅是市场的国际化，也是生产的日益国际化。更为重要的是，国际分工体系正在从原来的以工业制造经济为中心的分工体系，向以服务经济为中心的分工体系转变。

在人类历史上，新兴运输方式的迅速崛起给经济带来巨大的社会节约量，降低了直接性生产成本和间接性交易成本，新运输方式发展起来的新兴工业，同时成为国民经济的带头或支柱产业，突出地带动着整个经济的进步。

如果说海运业是上一阶段经济全球化中取得和维持国家竞争优势的工具之一，那么民用航空业已成为当今经济全球化中取得国家竞争优势的重要工具。国际航空运输服务在确保国家竞争优势、促进产业结构调整和升级方面具有不可替代的作用。

民用航空业

民用航空业是指民用航空衍生的所有产业。从广义上来讲，民用航空业是指所有涉及民用航空方面的产业，包括航空器制造、航空电子等各个领域；从狭义上来讲，民用航空业主要指涉及民用航空运输方面的业务，包括航空公司、民用机场、空中交通管制、航空油料等。

我国是世界制造中心，但是我们不能满足处于低利润产业的环节上，在经济全球化过程中占据国际分工体系的有利地位成为我国产业结构调整的当务之急。在我国产业结构调整中，制造业要向高附加值环节集中，也就是要从简单的“中国制造”向“中国创造”转变；要从工业经济向服务经济，特别是向生产性服务业转型。在这个过程中，民用航空业可以为包括 IT 产业、航空制造业在内的高附加值产业，金融保险、国际贸易及信息服务和旅游等密集型服务业提供必不可少的支撑。这种必不可少的支撑表现在现代服务业和高附加值产业需要在全球或者区域内进行包括人员、资源在内的生产要素的配置，以获取最大的效益。人员和货物在全球或者区域内的流动将前所未有，民用航空运输能够更好地满足这种流动。

由于航空运输作为一种派生需求（或者一种追加服务），国际航空运输服务贸易政策应当以满足国家经济社会发展的需要为目标，不能让国际航空运输服务成为制约国家经济发展和产业结构调整的瓶颈。因此，在制定国际航空运输服务贸易政策时，首要原则是坚

持我国国际航空运输服务贸易政策要满足国家经济社会发展的需要。

（二）以兼顾各方利益为基本点

相关部门必须认识到行业和消费者利益（甚至国家利益）并不一致，有时甚至存在冲突。行业需要获取利益和发展壮大的时间和空间；消费者和货主希望以较高的性价比获得航空运输服务。国家的政策应当兼顾各方利益，而不应仅考虑某一方的利益。此外，行业内部也存在利益的不平衡。比如，机场作为提供航空运输服务的平台，可以不考虑在机场起降的航空公司，航空公司则希望尽可能地享有本土航空公司的优惠。除此之外，其他的辅助服务部门与航空公司和机场之间也或多或少地存在利益冲突。因此，在制定国际航空运输服务贸易政策时，也需要协调好行业内各独立主体之间的利益。

理论分析表明，国际航空运输服务贸易自由化有利于增进消费者福利和国家整体福利，为国家发展提供更多的机会，但是不利于航空运输业。虽然自由化方案可能给国家带来利益，但是会使航空运输业遭受巨大损失。由于国际航空运输服务在经济全球化中的重要地位，我国作为一个大国，不可能放弃发展自己的航空运输业，因而虽在国际航空运输服务贸易自由化的过程中，需要给行业一定的发展时间和空间，但是也要给行业一定的压力，促使其提高生产效率和创新能力，进而增强竞争力。需要注意的是，相关部门不能完全按照行业的要求对航空运输业进行保护，否则将延缓行业的发展，最终不仅会损害消费者的利益，还可能损害国家利益。

故而，在制定国际航空运输服务贸易政策时，相关部门需要综合考虑各方利益。就目前来看，我国航空运输业需要在提升效率上下功夫，而不应一味地追求规模。

（三）航空运输业的市场化是国际航空运输服务贸易自由化的基础

航空运输业的市场化是我国“走出去”的基础和必由之路。在航空运输业由弱到强的过程中，我国可以加大基础设施投资力度，为航空运输网络的完善提供物质条件；可以加大研发投入，为航空运输提供先进的技术设施；可以引导民用航空企业进行联合重组，为航空运输企业做大做强创造条件；还可以通过多种宏观调控措施影响航空运输企业的经营方式。但是，当今航空运输业的主流经济，无论是东方还是西方，归根结底都是市场经济，因而航空运输业国际竞争力强大必然是民用航空企业在市场竞争中表现出来的竞争力，也只有市场竞争的压力才能促使航空运输企业进行创新，提高效率，从而提升竞争力。

（四）国际航空运输服务贸易政策应为我国航空运输企业提供良好的发展环境

政策作为一种制度，在经济发展中具有不可替代的重要作用。国际航空运输服务贸易政策为我国航空运输企业提供良好的发展环境有两层含义：第一，鉴于我国航空运输企业与外国航空运输企业相比，竞争力还比较低，在一定程度上还需要给予适当保护，因而在国际航空运输服务贸易政策的制定上应当考虑这一现实问题，为我国航空运输企业的发展在需求、成本控制和生产要素供给等方面提供更好的条件，也为我国航空运输企业提供发展时间及空间；第二，适当地保护并不意味着让我国航空运输企业免于国际竞争的压力，国际航空运输服务贸易政策也应让我国航空运输企业感受到竞争的压力，从而有提高经营效率和水平的动力。

三、国际航空运输服务贸易自由化进程的选择

（一）快车道和慢车道的选择

在国际航空运输服务贸易自由化进程中面临的首要选择是快车道还是慢车道。根据前面的理论和实证分析，显然快车道的自由化进程对于行业发展的不利影响比较大，而慢车道虽有利于行业发展，但是会在较长的时间里牺牲消费者福利，最终甚至会影响国家的经济发展。快车道和慢车道是一个相对的选择，而不是绝对的。因此，相关部门要根据经济社会发展的需要和行业发展的阶段来决定自由化的速度，然而又不能被行业利益集团所"绑架"，因为如果过分强调给行业发展留足时间和空间，可能导致行业中企业不思进取，反而会延缓行业发展。我国航空运输业经过多年的发展，国际航空运输服务贸易自由化应该从慢车道逐步加快步伐，以便为我国获取经济全球化的利益创造条件。

（二）分类推进我国国际航空运输服务贸易自由化

如今，国际航空运输关系出现了多种新趋势，但是仍然要抓住重点，即双边航空运输关系，也要积极参与区域和多边事务，追踪变化趋势，实现自己的利益最大化。同时，对于不同的国家、地区实行宽严不同的国际航空运输关系政策，有针对性地开拓国际航空运输市场。

在 WTO 多边体系中，有条件地支持扩展 GATS 管辖航空运输服务的范围，积极参与多边国际航空运输服务贸易规则的制定过程，从而确保自身利益不受损害。

本章小结

1. 国际运输服务贸易是指以运输服务为交易对象的贸易活动，即贸易的一方为另一方提供运输服务，以实现货物或人在空间上的位移。

2. 内水运输（货运）：允许在对外国船舶开放的港口从事国际运输。

3. 航空运输（航空器的维修）：允许外商在我国设立合资航空器维修企业，要求中方控股或处于支配地位。合资航空器维修企业有义务承揽国际市场业务。

4. 铁路运输（铁路货运）：允许设立合资企业，外资比例不超过 49%。在我国加入 WTO 3 年内，允许外资控股；加入 WTO 6 年内，允许设立外商独资子公司。

5. 海上运输是利用船舶和其他浮运工具，在海上运送旅客和货物的一种运输方式。

6. 国际航空运输服务贸易理论应该建立在不完全竞争的市场结构基础之上。

7. 民用航空设定的发展目标是完善现有民用航空体系，扩大我国航空运输服务规模，提高服务质量，实现航空运输服务又好又快发展。

8. 在我国产业结构调整中，制造业要向高附加值环节集中，也就是要从简单的“中国制造”向“中国创造”转变；要从工业经济向服务经济，特别是向生产性服务业转型。

9. 国际航空运输服务贸易政策应当以满足国家经济社会发展的需要为目标，不能让国际航空运输服务成为制约国家经济发展和产业结构调整的瓶颈。

10. 在制定国际航空运输服务贸易政策时，首要原则是坚持我国国际航空运输服务贸易政策要满足国家经济社会发展的需要。

复习思考题

1. 国际运输具有哪些特点？
2. 我国运输服务业加入 WTO 后采取了哪些应对措施？
3. 什么叫包运合同租船？
4. 什么叫期租船？
5. 我国国际航空运输服务贸易政策制定的基本原则是什么？
6. 如何进行快车道和慢车道的选择？

第六章

国际金融服务贸易

知识框架图

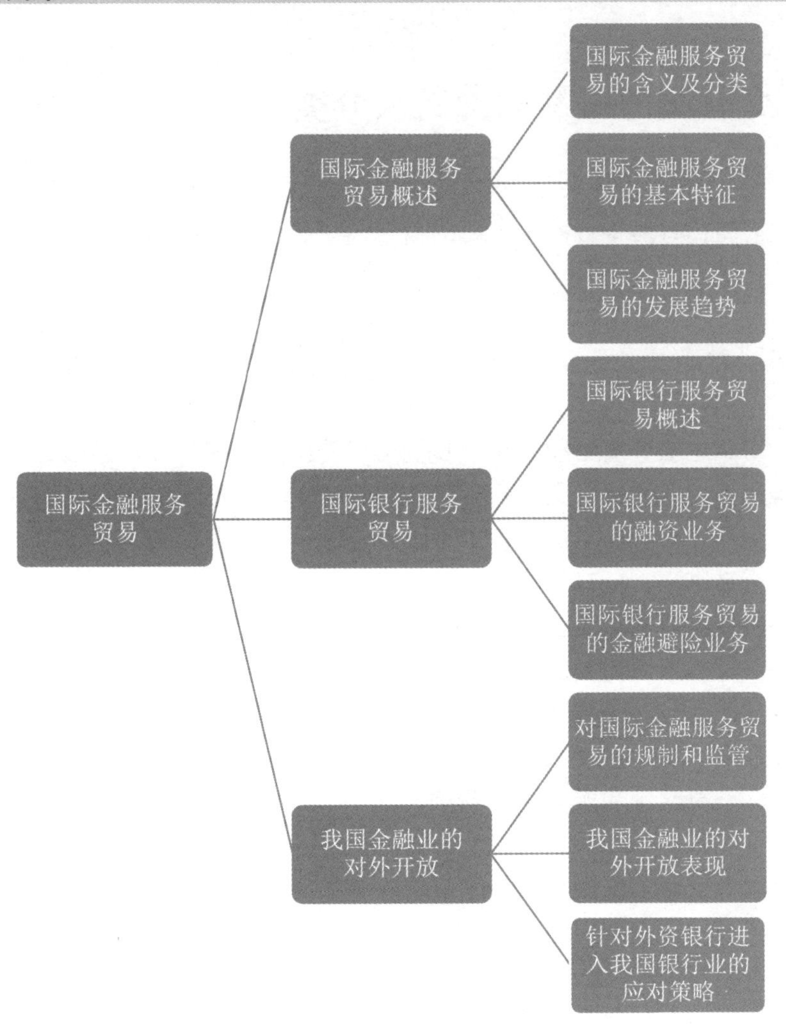

学习目标

- 了解国际金融服务贸易的含义及分类
- 掌握国际金融服务贸易的发展趋势
- 了解国际银行服务贸易的融资业务
- 了解国际银行服务贸易的金融避险业务
- 掌握我国金融业的对外开放表现
- 掌握针对外资银行进入我国银行业的应对策略

第一节　国际金融服务贸易概述

一、国际金融服务贸易的含义及分类

（一）国际金融服务贸易的含义

世界上没有专门针对银行服务贸易的概念，都是把它作为金融服务贸易的一个重要部分来进行讨论。关于金融服务贸易的概念，最早出现在 1986 年开始的关贸总协定乌拉圭回合谈判中。1994 年，GATS 中《关于金融服务的附件》对金融服务贸易做出了具体解释：金融服务贸易是指由一成员方的金融服务提供者向另一成员方提供的任何金融性质的服务。

从 GATS 对金融服务贸易的定义中我们可以看出，其忽略了金融服务贸易的消费方，而只强调金融服务贸易的提供主体，没有表现出服务贸易所特有的“过程”的特点。因此，我国学者提出，金融服务贸易是指发生在国家（地区）与国家（地区）之间金融服务产品的交易行为和交易过程。

金融服务贸易的对象是金融服务产品，金融服务产品是金融企业或金融机构为满足人们的各种金融服务需求而提供的服务产品，这些产品既不同于物质生产部门所生产的有形消费品和资本品，也不同于其他服务行业所提供的服务产品。

当然，金融服务的内容远不只这些，上面列举的只是常见的、业务量较大的服务。随着技术的进步，金融品种和服务的不断创新（如金融衍生品的不断出现），金融服务将越来越广泛。

国际金融服务贸易是指国与国之间金融服务的交易，因此判断一项金融服务是否属于国际金融服务贸易的基本依据应该是：该项金融服务交易是否跨越国境；该项金融服务交易的参与者是否全是居民，如果全是居民，则该项金融服务交易不能归入国际金融服务贸易的范畴，只有发生在居民与非居民之间的金融服务交易才能归入国际金融服务贸易的范畴。

（二）国际金融服务贸易的分类

国际金融服务贸易可以从不同角度进行分类。

1. 按照国际金融服务贸易的内容划分

近年来，金融国际服务贸易得到了快速发展，在外在表现形式上其拥有诸多金融衍生品。探求其本质，国际金融服务贸易的主要发展模式为以下四种。

1）跨境交付

跨境交付指的是提供金融服务的人员在当今信息技术发展和互联网普及的基础上，向国外的非居民消费者提供跨越国界的远程服务。例如，一国银行向另一国客户提供贷款服务或吸收另一国客户的存款。

2）境外消费

境外消费指的是提供金融服务的人员在国内向本地的非居民消费者提供的一种服务。例如，一个国家的金融机构对一些来其境内的国外消费者所提供的服务，包括一国银行对外国人提供信用卡服务等。

3）商业存在

商业存在指的是一个国家的金融机构在他国设立分支机构，在具有法人资格的基础上为当地的消费者提供一定的金融服务。这种形式便于避免跨境交付的束缚，能更好地迎合东道国消费者的偏好，并且对外国金融和当地建立长期合作关系提供了便利。这是目前国际金融服务中数量最多、规模最大的一种形式，通过此种形式提供的服务占整个国际金融服务贸易总量的70%以上，它也使得金融服务与一个国家的金融业对外投资密切结合起来。

4）金融服务的人员流动

金融服务的人员流动指的是提供金融服务的人员以自然人的形式到其他国家为当地的消费者提供服务。在国际金融服务贸易中，境外消费和金融服务的人员流动所占的比例较小，主要还是跨境交付和商业存在形式的国际金融服务贸易居多。

2. 按照国际金融服务在服务提供者和消费者之间的移动方式划分

国际金融服务贸易与国际货物贸易相比的主要差别体现在，它不仅涉及金融服务产品的移动，还涉及金融服务生产要素的移动。同时，在大多数情况下，国际金融服务贸易主要表现为生产要素的移动。因此，可以按照国际金融服务在服务提供者和消费者之间的移动方式来对国际金融服务贸易进行分类。按照这种分类方式，可以将国际金融服务贸易分为以下四类。

1）分离式国际金融服务贸易

分离式国际金融服务贸易是指金融服务的提供者和消费者不需要在国与国之间移动而实现的国际金融服务贸易，即一个国家银行从其境内向另一国境内提供金融服务而产生的国际金融服务贸易。此类金融服务的跨国境移动，主要是通过电话、传真、计算机网络

等的传输实现的。由于作为贸易对象的金融服务跨越了国界，故又可称为跨境国际金融服务贸易。

2）消费者所在地国际金融服务贸易

消费者所在地国际金融服务贸易是指金融服务的提供者转移到金融服务的消费者所在地而产生的国际金融服务贸易。这种国际金融服务贸易一般要求金融服务的提供者在金融服务的消费者所在国奠定商业存在，建立分支机构，如一家美国银行想要在英国提供某种银行服务，它就必须在英国投资建立银行分支机构。因此，这种国际金融服务贸易必然伴随着生产要素在国与国之间的流动，涉及金融服务业的对外投资。目前，各国金融机构（主要是跨国银行）通过对外投资设立海外分支机构向国外提供金融服务已成为当前国际金融服务贸易重要的构成部分，且呈迅速增长的态势。各国的跨国银行都在加紧策划在更多的国家和地区开设更多的分支机构，以大幅度地提升其国际金融服务贸易的份额。

3）提供者所在地国际金融服务贸易

提供者所在地国际金融服务贸易是指金融服务的提供者在本国国内为外国居民和法人提供金融服务。这种国际金融服务贸易一般要求金融服务的消费者跨越国界接受金融服务，如一个国家银行向外国人提供关于旅行支票的金融服务。提供者所在地国际金融服务贸易的特点是金融服务的提供者并不跨越国界向金融服务的消费者出口金融服务，对金融服务的提供者而言，也不存在生产要素的移动。

4）流动的国际金融服务贸易

流动的国际金融服务贸易是指金融服务的提供者和消费者相互移动所产生的国际金融服务贸易，金融服务的提供者对外进行直接投资，并利用其分支机构向第三国的居民和企业提供金融服务。例如，设在法国的一家美国银行在法国为德国的旅游者提供关于旅行支票的金融服务。流动的国际金融服务贸易的特点是要求金融服务的提供者和消费者存在不同程度的资本和劳动力等生产要素的移动。

二、国际金融服务贸易的基本特征

国际金融服务贸易的对象是金融服务产品，金融服务产品是金融企业或金融机构为满足人们的各种金融服务需求而提供的服务产品，这些产品既不同于物质生产部门所生产的有形消费品和资本品，也不同于其他服务行业所提供的服务产品。金融服务产品既可以是通过某种金融工具而提供的相应的服务，如各种存单、债券、股票等，也可以是一些无形的金融工具而提供的纯粹的金融服务，如证券经纪、金融咨询、财务管理等。但不管是有形的还是无形的金融工具，服务都是金融服务产品的基本特质。正是由于金融服务产品的这一特质，决定了国际金融服务贸易具有不同于货物贸易的一系列特征。

（一）国际金融服务贸易的无形性

无形性是服务最基本，也是最重要的特征。金融服务作为服务产品的一种，同样具有无形性这一特征。金融服务的消费者在获取金融服务的提供者所提供的金融服务之前，对其金融服务是难以用视觉、听觉、味觉和嗅觉感知的。金融服务的提供者向消费者所提供的有关金融的建议、观念或某种资金安排方案等金融服务，是很难用具体的产品形式来形象、直观地向消费者直接展示的，只能用抽象的数字、文字、符号及计算、推理和分析来表示某种金融服务产品的特征、功能及作用。金融服务产品的无形性，使得国际金融服务贸易也具有无形性的特征。

国际金融服务贸易并不像有形的商品贸易一样，人们可以在特定的时间、地点看见商品的跨国界移动，大多数金融服务的进出口往往是无形的和不可感知的。国际金融服务贸易进出口的无形性给其带来了一系列问题。一是统计上的困难性和复杂性。目前，国际上和世界各国所收集的有关国际金融服务贸易的数据是相当有限且不全面的，国际上普遍认为，目前统计数据所反映的国际金融服务贸易规模远远小于其实际规模。二是政府管理上的困难性。由于国际金融服务贸易进出口的无形性，政府很难通过海关利用各种对外经济管理的法规和政策来对其进行管理。因此，政府对国际金融服务贸易进行有效的管理是比较困难的。目前，世界各国对国际金融服务贸易的管理主要是通过国内立法来进行的，即主要通过颁布国内法规的方式来管理金融服务的销售或采购。

（二）国际金融服务贸易的不可分离性

由于大部分金融服务是以活劳动的形式而存在的，它不体现为一个具有实体形式的产品，而体现为一系列活动（或者说是过程），因此金融服务的生产、流通和消费是紧密结合在一起的，生产过程、流通过程和消费过程同时进行，流通过程和消费过程不能脱离生产过程而独立存在。金融服务这种生产、流通和消费的同时性，使得大多数金融服务必须在服务手段、方式上与他国的消费者接近，这就要求通过生产要素的移动和国际直接投资的方式，在消费者所在地设立商业机构。因此，国际金融服务贸易必定涉及在进口国国内的开业权问题，以及劳动力移动、移民政策和投资限制等问题。当然，某些金融服务的生产过程、流通过程和消费过程是可以分离的。

（三）国际金融服务贸易标的物的差异性与无差异性

金融服务的差异性是由金融服务业本身的特征所决定的：金融服务业是以人为中心的产业，金融服务的生产和消费是在服务生产者和消费者的交互中进行的，因此金融服务产品的质量，在很大程度上要受到服务生产者和消费者的个性、偏好、知识和经验等个体因素的影响，同一个金融服务产品由不同的服务生产者来提供，或者由不同的服务消费者来消费，其效果和质量是存在很大差异的。

但另一方面，如果从金融服务产品的内容而言，金融服务产品又具有无差异性的特征，从事金融业务的不同金融企业所提供的金融服务产品基本是相同的，各金融企业在金融服务产品的提供上，很难形成自己的特色。此外，金融服务本身并无专利可言，任何一项金融新业务的开展和新的金融工具的开发，很容易被其他金融企业模仿或“抄袭”。金融服务的这种差异性与无差异性共存的特征，使得金融企业在消费者心中只有规模、信用和服

务质量的差别，而无业务实质的区分。

这一特征使国际金融服务贸易的开展面临两大问题。一是金融企业的“企业形象”缺乏一致性，提供相同金融服务产品的同一金融企业在不同国家的不同分支机构，其服务水平可能存在较大的差别，从而影响其国际金融服务贸易在不同国家的开展。二是使国际金融服务贸易的国际竞争更为激烈，由于在国际竞争中，不同国家的金融企业很难区分差异和特色，金融服务产品的无差异性和高替代性，使得国际金融服务贸易的竞争非常激烈，并且使金融服务企业的信誉、形象、规模和技术成为竞争的焦点。而在国际金融服务贸易的竞争中，发达国家的金融企业无论是在信誉和形象上，还是在规模和技术上，均具有绝对的优势。因此，发展中国家在竞争中往往处于不利的地位。

（四）国际金融服务贸易所涉及的法律关系具有特殊性与复杂性

国际金融服务贸易的特殊性，使得国际金融服务贸易所涉及的法律关系特殊而复杂。国际金融服务贸易可以绕过各国海关的监管，因此各国主要不是通过海关，而是通过国内立法和规章制度来实现对国际金融服务贸易的管制的。这样，国际金融服务贸易必然涉及各国复杂的法律法规等问题，而这些法律法规的制定和执行又涉及各国的主权问题。

国际金融服务贸易所涉及的法律法规的复杂性具体表现在以下几个方面。第一，国际金融服务贸易的法律法规，不但涉及金融服务本身，而且涉及金融服务的提供者，以及对提供金融服务的“人”（包括自然人和法人）的资格和活动的限制。在 GATS 中，提出了金融服务提供者的法律地位和待遇问题。第二，国际金融服务贸易因其自身独特的专业性而与其他国际服务贸易存在较大的区别，国际金融服务贸易在遵循 GATS 基本原则的同时，还必须遵守已制定的有关国际金融的国际规范与惯例，如巴塞尔银行监管委员会制定的《有效银行监管的核心原则》及其他相关文件。第三，由于各国主要利用国内立法对金融贸易进行管制，而国内立法更强调国家利益的安全性和主权利益，因此各国常以维护国家安全与主权利益为借口，利用国内立法对国际金融服务贸易设置重重障碍。此外，由于国内立法所涉及的法规领域范围广、内容庞杂，在灵活性、隐蔽性和保护力度等方面使国际金融服务贸易壁垒相对货物贸易而言，显得有过之而无不及。

《有效银行监管的核心原则》

《有效银行监管的核心原则》简称《核心原则》，是巴塞尔银行监管委员会于 1997 年 9 月 1 日发布的成员国国际银行监管领域中的一份重要文献，并于 1997 年 9 月 1 日正式生效。

三、国际金融服务贸易的发展趋势

商业存在模式下的金融服务贸易是指一国的金融机构获准到其他成员国境内设立商

业企业或专业机构，如果具有法人资格就可以以该国居民的身份为当地的消费者提供金融服务，并获取报酬。其特点是：服务提供者到国外设立提供金融服务的商业企业或专业机构，这种服务的提供是以金融业的国际直接投资为基础的，同时涉及资本和人员的跨国流动。目前，关于商业存在模式下的服务贸易，常用的统计方法是 FATS 统计，FATS 统计反映了外国附属机构在东道国的服务交易情况，包括与投资母国之间的交易、与东道国居民之间的交易及与其他国家之间的交易。学术界的一个主要观点就是采用一些间接数据来描述商业存在模式下金融服务贸易的情况。我国银行业在整个金融业中具有代表性，因此可以通过考察中资银行海外资产和外资银行在华资产的相对数来反映我国商业存在模式下金融服务贸易的整体情况。

FATS 统计体系

国外分支机构服务贸易（Foreign Affiliate Trade in Services，FATS）统计体系是对服务贸易定义拓展和分类模式的呼应，直接反映商业存在模式下的服务贸易，即一国通过设立在外国的分支机构实现的服务贸易。这个体系的建立对于更为准确地评估服务贸易具有重要意义，因此受到不少国家和国际组织的重视与推动。分析表明，与商品贸易相比，服务贸易包含的内容更多、更广泛，服务贸易与商品贸易在一定程度上不可比。例如，不少发达国家商业存在模式下的服务贸易额超过了跨境贸易额，而且前者增长更快，然而制造类跨国公司通过设立分支机构在东道国实现的商品销售额不被计入商品贸易。统计口径不同是对商品贸易与服务贸易进行比较研究时必须考虑的一个重要因素。

自我国加入 WTO，外资银行加快了涉足我国金融市场的步伐。外资银行的经营业务范围也在不断扩大。在我国逐渐对外开放金融市场的同时，我国的金融机构也逐步走向国际市场，我国银行业加快了海外发展的步伐，积极通过并购、设立新机构等方式，深度拓展海外市场。如果用中资银行海外资产规模来说明我国商业存在模式下的金融服务贸易的出口额，以在华外资银行资产规模代表进口额，则我国商业存在模式下的金融服务贸易呈现出口远大于进口的态势，这种不均衡的贸易状况反映了我国对外资金融机构在市场准入、业务经营等方面的限制还较为严格。随着我国不断兑现加入 WTO 时对金融业开放的承诺，逐渐放宽了外资金融机构在市场准入、业务范围等方面的限制，外资金融机构对在我国的发展更有信心了。国际金融服务贸易的发展呈以下趋势。

第一，国际金融服务贸易国际化。国际金融服务贸易国际化是指国际金融服务贸易涉及的主体、客体等呈日益国际化发展的趋势，如金融服务业跨国直接投资的增长和国际金融服务贸易的剧增。

第二，国际金融服务贸易自由化。国际金融服务贸易自由化是指一国政府在对外国际

金融服务贸易中，通过立法和国际协议来消除或减少对金融服务和与金融服务有关的人员、资本、信息等在国家间流动的行政干预，放松对外贸易管制的过程。

第三，国际金融服务贸易中保护主义盛行。国际金融服务贸易壁垒是一国政府制定和实施的阻碍国际金融服务贸易进行的政策和法律。国际金融服务贸易壁垒的表现体现在限制“主体”的壁垒和限制“贸易”的壁垒。

第二节　国际银行服务贸易

金融服务贸易不仅直接关系着我国服务业结构优化，还对我国国民经济具有重要的影响。我国银行业在向外资银行全面开放本币业务的过程中迎来新的发展机遇，银行监管部门的监管体系更趋完善，国内银行在竞争中成长，国内居民面临更多投资和储蓄渠道的选择。

一、国际银行服务贸易概述

（一）国际银行服务贸易的定义

国际银行服务贸易是指由国际银行提供活劳动，以满足他人某种需要，从而获取报酬的活动。它是国际金融服务贸易的主要形式，也是国际金融服务贸易的最主要构成部分。20 世纪 90 年代后半期，国际金融市场融资规模呈现不断增长的趋势。WTO 成立之后，关于国际金融服务贸易的多边谈判不断取得进展。

国际银行服务可追溯到 12 世纪至 15 世纪，在国际银行业务中占主导地位的是意大利银行，这是由于当时意大利在国际贸易中占据主导地位。其后，欧洲的比利时、荷兰等国家的银行不断扩张其国际业务，并逐渐成为金融大国。随着工业革命的成功，英国在国际经济中占据了主导地位，伦敦成为当时的金融中心。直到第二次世界大战爆发，由于受到战争重创，英国的金融霸主地位被美国所取代。第二次世界大战结束后，美国拥有世界上将近 3/4 的黄金、1/3 的世界出口。1944 年，布雷顿森林货币体系建立了以美元为中心的固定汇率制度，美元与黄金挂钩，其他货币与美元挂钩，这实际上确立了美元的国际通货地位，同样确立了纽约在国际银行业的中心地位。此外，各国逐步消除了关税壁垒、放松了外汇管制，非官方的资金流动量逐渐增加。银行在对国际贸易中产生的短期自偿性商业票据提供融资便利的同时，也开始对经官方担保的借款人发放较长期限的贷款。第二次世界大战以后，世界经济和贸易迅速发展，国际经济关系日益密切，运输、通信技术高速发展，这为商业银行向外扩张提供了客观基础。跨国公司的雄厚经济实力、遍布全球的业务机构，更迫使商业银行为满足客户的需求，大力开展国际业务。

外汇管制

外汇管制是指一国政府为平衡国际收支和维持本国货币汇率而对外汇进出实行的限制性措施。在我国，外汇管制又称外汇管理，是指一国政府通过法令对国际结算和外汇买卖进行限制的一种限制进口的国际贸易政策。外汇管制分为数量管制和成本管制。数量管制是指国家外汇管理机构对外汇买卖的数量直接进行限制和分配，通过控制外汇总量达到限制出口的目的；成本管制是指国家外汇管理机构对外汇买卖实行复汇率制，利用外汇买卖成本的差异，调节进口商品的结构。

（二）国际银行服务贸易的网络体系

国际银行服务贸易的网络体系是指银行在国外所设立分支机构的具体形式及它们与总行之间的联系。国际银行服务贸易的网络体系具体有以下几种形式。

1. 代表处

代表处主要与所在地的社会各界密切接触，向驻地政府机构、贸易商和其他人员介绍情况，为总行客户提供其驻地企业和国家的信用分析及经济和政治信息，一般把它作为直接设置分支行以前的一个临时机构。代表处不能吸储、贷款或代总行承诺信贷，它可以开具信用证、汇票及旅行支票等，其职能和作用非常有限，而且需要一定的开支。

2. 代理行

代理行是指某银行总行有选择地与外国银行互订契约，按契约规定相互或单方面在对方开立账户，用于办理相互间资金来往账户的银行。

3. 分支行处

国外的分支行处是其总行所拥有的一个机构，一般来说，它并不具备独立的法人地位，即分支行处的资产和负债、营业许可、组织章程和业务经营方针为总行所有或由总行制定。分支行处一般分为三个等级，即分行、支行和经理处，它们的地位均高于代表处和代理行。

银行分支行制

银行分支行制是指设有总行，还可以设立分支行的银行体制，又称总分行制。分支行制的总行一般设立在大城市，作为分支行，所有业务都需要遵照总行的指示办理。大

多数国家的银行设置都是分支行制，特别是大银行（除总行外），一般都在国内或国外开设分支机构。由于垄断集团不断开展兼并活动，银行越来越集中而总数量越来越少，但因其资力更加雄厚、业务范围更加广泛，不仅其分支机构遍及国内外大部分城市，还在经济发达地区广泛设立机构，形成了庞大的银行分支机构网络。分支行制的优越性较大，分支机构间有联行往来，不需要依靠代理行办理业务，既可靠又可降低营业成本，资金可互相融通，调动迅速，还能广泛搜集和传递信息，提高银行服务质量与业务能力。一般来说，银行规模越大，向社会提供的服务范围越广。总行利润大部分来自分支机构，因此银行机构网络越庞大，其实力越雄厚。银行分支行制的特点是：法律允许在总行之下，在国内外各地普遍设立分支机构，形成以总行为中心的庞大的银行网络。

我国商业银行实行的是总行分行制，分行之间不应有相互存贷款的市场交易行为。

4. 附属银行或联营银行

银行为了扩大自身在国外的业务网络，可以参股当地银行，收购外国银行的全部或部分股份来设置各种国外附属机构。

5. 国际银团组织

国际银团组织是指一群银行（不一定是同一国籍的）在国外联合设立一个独立的合资经营的银行或金融机构。除此之外，银行服务可以通过银行邮件、电报和电传、环球银行金融电信协会、票据清算制度和银行内部的计算机网络等渠道传递。

（三）国际银行服务贸易的特点

国际银行服务贸易主要呈现以下三个特点。

1. 国际银行服务贸易的全球化

企业生产的国际化通常始于海外直接投资，海外投资项目在筹建、投产、再生产的发展过程中，必须以国际资本和银行服务为主要条件。国际直接投资是形成经济、金融全球化的主力军，生产的国际化导致国际直接投资的迅猛发展。国际直接投资的迅猛发展说明越来越多的企业已经在国际银行业的配合下，积极开拓海外生产机构，以增强自身国际竞争力。跨国企业的迅速发展迫切需要银行扩大服务范围，冲破传统障碍的银行则在努力扩大服务规模、提高知名度，以增加收益，并为自身与企业的合作打下基础。西方国家的银行国际化是随着业务的不断创新，内容及服务日渐复杂，银行的国际业务从国外业务部到国际银行、跨国银行，直至全球性银行而逐渐向前推进的。同时，市场结构、客户结构及网点布局、功能层次都发生了重大的变革。

2. 国际银行服务贸易的多样化

第二次世界大战后，全球性的普降关税和其他有关国际贸易、国际收支限制性规定的撤销，对世界贸易的增长产生了积极的作用。贸易的增长势必促进国际银行业务的发展。随着贸易规模的扩大、贸易方式的多样化和复杂性的增强，在客观上就要求银行更广泛、更深入地介入国际贸易活动，由原来较单纯的国际贸易结算业务，向结算前的生产领域和结算后的消费领域延伸。在生产、流通、消费各个领域和环节上提供全方位的银行服务，如卖方信贷、买方信贷、混合贷款等信贷形式，这适应了国际贸易发展对银行服务的要求。

3. 国际银行服务贸易的网络化

网上银行是随着互联网的发展而出现的，用户可以通过网上银行在全球范围内管理个人资金，进行购物或投资。

外资银行进入我国已有多年的历史。中华人民共和国成立后，我国政府保留了汇丰银行、东亚银行、华侨银行和渣打银行四家外资银行。1978 年，我国经济社会步入改革开放时期，国内金融业也逐渐走上对外开放的道路。作为金融业重要组成部分的银行业的对外开放遵循循序渐进的原则，表现为开放程度从设立代表处到设立营业性分支机构逐步提高，开放方法从试点到取得经验后逐步开放，开放地域上先从特区然后到沿海城市再到内陆逐步扩大，开放手段从业务合作到股权合作逐步升级，从而较好地抑制了开放过程中的风险累积，基本保持了金融体系的稳定性，促进了我国金融市场稳健、高效、安全运行。

二、国际银行服务贸易的融资业务

（一）国际银行服务贸易融资的传统业务

1. 保理业务

保理是指卖方、供应商或出口商与保理商之间存在的一种契约关系。根据该契约，卖方、供应商或出口商将其现在或将来的基于其与买方（债务人）订立的货物销售或服务合同所产生的应收账款转让给保理商，由保理商为其提供下列服务中的至少两项：贸易融资、销售分户账管理、应收账款的催收、信用风险控制与坏账担保。保理业务主要分为进口双保理和出口双保理。进口双保理指的是银行应国外出口保理商的申请，为某一特定的进口商核定信用额度，从而为出口商提供应收账款催收、资信调查、坏账担保等服务。

国际保理的特征和优势：第一，从国际市场开发的战略角度来看，它是出口商在激烈竞争中争取订单的有效手段，它支持出口商，特别是那些资金并不充裕，但业务在增长的出口商用记账贸易参与竞争；第二，它是出口商财务管理的一种有效手段，因为出口商通过保理获得的资金算作正常销售收入，而非作为银行贷款列入资产负债表的负债方，这样可以使公司的资产负债表更加健全，有利于继续融资，此外出口商也可以借助保理融资来提升自己的信用等级，更容易地从银行获得其他贷款，以满足其他方面的需要；第三，保理融资具有很大的灵活性，它可以在一定的合同期限内自动循环更新，并且可以随出口商业务量的增长而自动增加信用额度，却又不受抵押品的局限，它是所有融资方式中最简单易行的一种；第四，它对出口商和进口商都具有吸引力，因为出口商采用

记账贸易，可以使进口商免除开立信用证的成本，减少资金占压，同时记账赊销使进口商可以在货物出售之后再付款，相当于出口商提供短期无息信贷，助其改善现金流量；第五，保理在发展中市场是更加具有吸引力的信贷来源，因为在许多发展中市场，由于法规限制，出口商难以用应收账作为抵押从银行获得贷款，然而大多数发展中市场都允许将应收账转售给第三方，因此保理是公司管理现金流量，确保用于业务增长的资金充足的良好措施。

2. 福费廷业务

福费廷是指银行无追索权地买入因商品、服务或资产交易产生的未到期债权，是一种用于改善出口商现金流和财务报表的无追索权融资方式，有利于规避各类风险。客户将国家风险、买方信用风险、汇率风险、利率风险等全部转移给银行，以达到规避风险的目的。此外，该业务无须占用客户授信额度。福费廷业务不占用客户授信额度，客户在没有授信额度或授信额度不足的情况下，仍可从银行获得融资，这有利于增加流动资金、优化财务报表、提前获得出口退税。福费廷业务既可以提供 1 年期以下的短期融资，也可以提供 3～5 年，甚至更长期限的中长期融资。

福费廷业务主要提供中长期贸易融资，利用这一融资方式的出口商应同意向进口商提供较长期限的贸易融资；同意进口商以分期付款的方式支付货款，以便汇票、本票或其他债权凭证按固定的时间间隔依次出具，以满足福费廷业务的需要。除非包买商同意，否则债权凭证必须由包买商接受的银行或其他机构无条件、不可撤销地进行保付或提供独立的担保。福费廷业务是一项高风险、高收益的业务，对银行来说，可取得可观的收益，但风险也较大；对企业和生产厂家来说，货物一旦出手，可立即拿到货款，占用资金时间很短，无风险可言。因此，银行在做这种业务时，关键是选择资信良好的进口地银行。

3. 押汇业务

押汇业务分为进口押汇和出口押汇。进口押汇是指银行在进口信用证或进口代收项下，凭有效凭证和商业单据代进口商对外垫付进口款项的短期资金融通，用于满足进口商在进口信用证或进口代收项下的短期资金融通需求。按结算方式分，押汇业务可分为进口信用证押汇和进口托收押汇；按押汇币种分，押汇业务可分为外币押汇和人民币押汇；按垫付资金来源分，押汇业务可分为自有资金对外垫付和海外联行垫付（海外代付）。

海外代付

海外代付是指一家银行根据其与海内外其他银行事先签署的代付协议，由其他银行对其跟单项下应付款项在付款到期日先予以垫付的短期资金融通。海外代付属于银行外汇业务中的特色和优势品种，一般只对重点、优质客户的大额付汇业务办理。

进口押汇业务有利于企业减少资金占压——利用银行资金进行商品进口和国内销售，不占压任何资金即可完成贸易、赚取利润；有利于企业把握市场先机——帮助进口商在无法立即支付货款的情况下及时取得物权单据、提货、转卖，从而抢占市场先机；可以提高企业的议价能力——通过将付款期限由远期改为即期，或相应缩短远期付款的期限，可以帮助进口商提高对国外出口商的议价能力；有利于节约财务费用——可根据不同货币的利率水平选择融资币种，从而节约财务费用，一般其融资利率按银行对贸易融资业务的利率授权执行。

（二）国际银行服务贸易融资功能的变化

1. *贸易融资业务和产品的发展趋势*

首先，应收账款融资成为主流趋势。记账贸易取代信用证，必然引发贸易融资市场的巨大变革。因为对买方而言，信用证具有融资功能，而记账贸易本身并不具有融资功能；对卖方而言，由于记账贸易通常是一定期限的付款，这使得出口商用记账方式结算可能面临流动资金短缺的压力。特别是对业务在成长中的中小型企业来说，流动资金周转是其业务得以扩张甚至是企业继续生存的源泉。记账贸易扩张促进了应收账款融资的发展，为应收账款服务提供了巨大的潜在市场。同时，应收账款服务的发展反过来促进了记账方式在国际贸易中的应用。应收账款融资的种类主要有资产抵押贷款、发票贴现、保理与福费廷，其中保理具有结构更完全、应用面更广的特征。

其次，结构性贸易融资运用更加广泛。银行贸易融资的常规手段通常可以满足进出口双方的一般贸易融资需求，包括周期较短、业务较单一和成熟的贸易。但传统的贸易融资手段有其不可避免的局限性。第一，无法满足与高风险地区、贸易融资体制不成熟的新兴市场之间的贸易。银行的常规贸易融资、结算工具本身虽具有防范和降低风险的功能，但仅限于正常市场状况下的一般风险，而对由国家主权、法律、制度不健全等引起的风险，这些融资工具往往束手无策。第二，对中长期贸易融资力不从心。第三，对交易金额较大的大宗商品或资本商品的贸易融资乏力。特别是近十几年来，发达市场和新兴市场之间的贸易迅速增长，传统贸易融资的局限性更加突出，从而促进了具有克服传统贸易融资局限性的结构性贸易融资的广泛运用。

最后，贸易融资资产的流动性加强，二级市场形成。这一市场极具优越性：第一，它提高了贸易融资市场的透明度和一体化程度——各个系统使用同一个平台，将商业银行、政府贸易代理与进出口商进行连接，使这些机构从一个入口即可以了解世界各地大量的贸易融资信息，从而克服这一市场的分散性、封闭性，既包括一级市场也包括二级市场；第二，它加强了贸易融资资产的市场流动性——投资者可以将商业票据在到期前投入市场并通过拍卖方式流通，从而降低了投资者持有贸易资产的风险性，提升了这一资产对投资者的吸引力；第三，提高了贸易融资市场的有效性——更多的买方和卖方在同一平台相遇，这意味着更公平的价格与竞争、更容易的进入通道和更有效的市场；第四，降低了贸易融资资产的成本——用信息技术建立数码仓库，为成员提供资产信息、评级、历史等方面的

标准化、综合性形式，降低了维系和管理全球各地贸易融资资产组合所需的成本与时间。

2. 结构性贸易融资的市场趋势

第一，结构性贸易融资自20世纪90年代以来快速增长，其主要标志之一是由政府出口信贷代理，包括担保、保险和政府担保贷款及私营保险机构参与的融资增长。

第二，结构性贸易融资起源于发达市场向新兴市场的出口贸易，但这一强有力的出口扩张工具很快就被新兴市场接受，目前已经成为许多新兴市场出口贸易融资的重要手段。

第三，银行开始更多涉及一次性融资业务，其驱动因素是更多的中小型企业从事国际贸易，由于大部分这类企业的关系银行是不具备外贸服务能力的中小型银行，为了为这类客户提供服务，许多银行打破了关系银行模式，为非关系客户提供一次性贸易相关服务，银行在提供这类服务时可以利用政府代理出口促进项目提供的担保和保险。例如，美国进出口银行的主要对象之一正是偶尔出口的中小型企业，银行还可以将此类资产转售给政府代理，进一步转移风险。

三、国际银行服务贸易的金融避险业务

随着记账贸易方式的普及，记账贸易方式使得原来由信用证承担的安全功能留下一个缺口，使出口商面临买方违约拒付的风险。这是因为记账贸易方式本身不具备任何担保和风险控制的机制，它促进了出口商对贸易风险控制需求的增长。这一市场变化，促进了银行在国际贸易服务中风险控制功能的发展，既对银行提出了新的挑战，也带来了巨大的业务机会。银行在这一新的环境中通常采用以下金融避险业务来进行风险控制。

（一）应收账款管理

应收账款管理的主要形式是国际保理业务，这一业务提供的安全功能具有以下特征：第一，保理商通常对自己出口商客户的客户——进口商的信用状况及其市场比出口商更加了解，保理商对出口商起到了审查和评估买方信用的作用；第二，为出口商承担、转移大部分出口相关风险，包括信用、货币、利率、转付等风险；第三，从事应收账款管理，出口商可以将应收账款跨国管理、催收等复杂职能外包给保理商；第四，将销售与收账分开，有利于出口商保持与客户的良好关系，并且由第三方专业机构收账，可以提高收账效率。

总之，保理业务对出口商的主要吸引力在于它既具有信用证付款的安全性，又具有记账贸易的市场力量，在同一出口企业中，通常财务主管偏爱现金预付或信用证付款，因其有收款保障，而市场主管主张记账贸易，因其可以扩大销售，保理方式则使二者皆大欢喜，它在很大程度上是现金预付与记账的混合体。

（二）出口信用保险

出口信用保险是国际保理的主要替代产品，出口信用保险的功能在过去只是转移和承担出口商的付款风险。但近年来，一些大的出口保险公司已发展到为国际贸易提供更加全面的金融服务，如科法斯集团提供全面的信用功能，包括承购应收账、收账服务等。此外，

有一些网上服务机构提供出口信用保险辅助服务，出口信用保险的市场状况是欧洲具有采用私营保险作为风险控制手段的传统。除转移风险外，出口商也将之用作获得银行应收账款融资或流动资本融资的手段。

（三）备用信用证

备用信用证又称担保信用证，是指不以清偿商品交易的价款为目的，而以贷款融资或担保债务偿还为目的所开立的信用证。它是集担保、融资、支付及相关服务为一体的多功能金融产品，银行用此方式为采用记账贸易的出口商承担付款风险。

（四）付款保函和风险参与协议

付款保函和风险参与协议是替代信用证风险控制功能的银行业务，它是一种由银行居间，确认买方付款行为的付款承诺，它的基础是买卖双方的订货合同。它的形式是一种独立、正式和不可撤销的文件，并且由卖方的银行参与，赔偿或分摊由商业或国家风险引起的付款违约损失，卖方选定的银行和卖方签订“风险参与协议”，为卖方承担风险并收取费用。这种方式对有意建立长久合作关系的买卖双方特别有价值。

（五）结构性贸易融资

结构性贸易融资的主要功能是融资和风险控制，传统的贸易融资和结算（包括信用证）已经具备消除、转移、降低风险的功能，但限于正常市场状况下的一般风险，对与高风险地区和客户、与贸易融资体制不成熟的新兴市场之间的贸易和由国家主权、法律、制度不健全等引起的风险，这些融资工具则束手无策，而以政府代理参与、承担和转移出口商风险为特征的结构性贸易融资则具有协助出口商增加向新兴市场、高风险市场出口的作用，并且它往往是惠及买卖双方的。

（六）银行参与的电子支付结算系统采用成员制方式控制风险

新兴的电子支付结算系统主要有 Bolero、TradeCard 等，其控制风险的方式是采用俱乐部形式，将买卖双方连接起来，评估成员风险，并用规则和协议制约各方，确保其供货和付款。银行是这些系统的主要成员，它们通过参与系统运作来控制记账贸易的风险。值得强调的是，银行在对国际贸易服务传统功能加以改造的同时，形成了新的贸易服务功能，主要包括供应链管理，涉及财务和物流方面的管理、现金管理、咨询服务和信息管理等，银行在国际贸易服务竞争中的制胜之道，不但在于改造了传统功能，而且在于创建了新的功能。

第三节　我国金融业的对外开放

我国作为 WTO 的成员，开放金融服务领域是大势所趋。在加入 WTO 以后，我国银

行业全面履行加入 WTO 的承诺，显示了我国通过向外资银行开放市场促进银行业发展的决心。国际金融服务贸易不但直接关系到我国服务贸易结构优化，而且对我国国民经济的发展具有重要的影响。

一、对国际金融服务贸易的规制和监管

目前，对国际金融服务贸易的规制和监管，概括起来有两个层面：国际层面和国（或地区）内层面。

（一）规制的两个层面

从目前的情况来看，对金融服务贸易国际层面的规制主要体现为 WTO 的有关规定，主要是由 GATS、《关于金融服务的附件》和成员方金融承诺表构成的架构体系。这一层面的规制是通过对 WTO 成员方影响金融服务贸易的措施进行调整和约束，以建立多边的金融服务贸易秩序，达到 WTO 在金融领域推行自由贸易和公平贸易的目的。WTO 规制国际金融服务贸易所采取的方式是对成员方施以以上架构体系下的国际义务，由贸易政策审查机制来监督和督促成员方履行义务，由 WTO 的争端解决机制提供必要的实施保障。除国际层面的规制外，对国际金融服务贸易还存在内部层面的规制，体现为成员方国（或地区）内规制国际金融服务贸易的法律、政策。WTO 在国际层面上所要规制的就是成员方国（或地区）内的政策措施，WTO 通过对成员方的国（或地区）内规制措施实行反规制来推行贸易自由化，因此国际层面的规制对国（或地区）内层面的规制影响甚大。

（二）监管的两个层面

对金融服务贸易的监管也有两个层面——国际层面和国（或地区）内层面，但具体情形与规制的两个层面有所不同。WTO 在《关于金融服务的附件》中对国际金融服务贸易的监管做出了规定，它指出：尽管有本协定（GATS）的其他规定，但是不得阻碍一方成员为审慎原因而采取的措施，包括为保护投资者、存款人、保单持有人或金融服务提供者对其负有诚信义务的人而采取的措施，或为保证金融体系诚信和稳定而采取的任何措施。如此类措施不符合本协定的规定，则不得用作逃避该成员在本协定项下的承诺或义务的手段。不过，WTO 对国际金融服务贸易监管的规定也仅此而已，从中可以看出这一规定主要是 WTO 对成员方进行审慎监管的授权，而不构成规范成员方监管的系统规则。这显然有别于前述规制的情形。由于“审慎例外”是一个非常宽松的授权性规定，并没有太多具体的内容，因此各成员在监管方面有很大的自由度，不受过多的限制，而规制不同。虽然服务贸易包括金融服务贸易纳入多边贸易体制不久，调整国际金融服务贸易的规则尚有待补充、发展、完善，但是调整国际金融服务贸易的规则架构已经成形，有关国际金融服务贸易主要方面的规则已经具备，因此 WTO 对国际金融服务贸易的规制构成了一个体系。

WTO 在监管问题上的规定所具有的特点，使其能够从监管的专业性和复杂性中抽身，而专注于贸易问题，同时为从事国际金融监管的机构致力于制定监管标准和推进监管留出

了空间。目前，世界上参与国际金融业规制和监管的机构不少，但它们的作用和侧重点有所不同。这类机构大体上可以分为两类：一类是技术型机构，主要致力于金融服务或特定种类金融服务标准的协调和统一，如巴塞尔银行监管委员会和国际证券事务监察委员会组织等；另一类是推行金融服务贸易自由化而不涉及或极少涉及标准协调的机构，如 WTO 等。然而，金融离不开监管，国际金融服务贸易的开展也需要监管，甚至需要充分和一致的监管标准（如资本充足率等），以便整合国际金融业竞争的市场，维护国际金融体系和各国金融体系的稳健，避免出现各国为获得国际竞争优势而竞相降低监管标准所导致规制消融的现象。因此，对金融服务贸易国际层面的监管，巴塞尔银行监管委员会和国际证券事务监察委员会组织的规则具有很大的作用。因此，对国际金融服务贸易的监管在国际层面上需要注重发挥 WTO 与巴塞尔银行监管委员会等机构的不同作用，并使之相互协调和配合。

《关于金融服务的附件》中有关监管的授权性和原则性规定也为成员方在国（或地区）内层面的监管提供了广阔的舞台。WTO 对金融服务贸易自由化的推动首先体现为国际化，对国（或地区）内金融监管体系的建设提出了挑战和更高的要求。例如，对外国金融服务和服务提供者准入的开放，意味着原有监管体系中市场准入监管必须进行变革，并进而引发其他方面的监管变革。又如，伴随着跨国金融服务和跨国金融机构的进入，跨国金融机构的复杂结构使该类机构容易钻监管的空子，使监管难以发挥效力。由于 WTO 对审慎监管仅有授权性和原则性的规定，相比前述规制的情形，成员方进行监管所受到的拘束和限制更少，自由度更大。

二、我国金融业的对外开放表现

自加入 WTO 以来，我国银行业在加入 WTO 承诺的基础上对外资银行实行国民待遇。同时，外资银行积极投身于不断发展壮大的中国市场。这些年来，外资银行在我国的发展呈现三大显著变化，它们在营业网点、资产规模、本地化经营方面获得了良好发展。

首先，外资银行营业网点稳步增加，经营领域日益扩大。目前，共有来自几十个国家和地区的银行在我国设立机构。与我国加入 WTO 前相比，外资银行中还增加了经营中小型企业融资、农业金融、航空航运融资、大宗商品贸易融资，以及资产和财富管理、托管、结算等专项领域业务的银行。

其次，资产规模较快增长，业务经营持续发展。凭借全球网络为中资企业“走出去”提供咨询与服务及跨境人民币结算业务也是外资银行的经营亮点。

最后，外资银行本地化经营程度提高，发展潜力大。第一，与加入 WTO 前主要服务于外资企业、外籍人士和少数中资企业相比，外资银行已拥有相当比例的中资企业和中国居民客户。第二，人民币业务份额稳步攀升。第三，员工和管理层本地化趋势明显。自加入 WTO 以来，外资银行累计培养数千名本地高管，目前平均聘用本地高管比例很高。这些年，外国银行在我国的盈利持续增长，它们对我国市场的期望逐渐加大。

三、针对外资银行进入我国银行业的应对策略

（一）健全银行法律法规体系和监管体系

外资银行的进入和金融全球化要求我国银行法律法规体系和监管体系与国际接轨；要求我国银行监管当局借鉴外国的先进经验，调整我国对外资银行的政策，明确对外资银行监管的原则；建立健全外资银行监管法规。维护外资银行稳健经营，保护公众利益，尤其是存款人和投资者的利益，促进外资银行公平竞争是我国对外资银行监管的目标。因此，我国在放松对外资银行准入和经营范围限制的同时，要确保我国银行与外资银行公平竞争。

（二）加大对中间业务和零售业务的竞争

外资银行的进入使国有银行和股份制银行的非利息收入减少。这表明外资银行已在中间业务（如结算、代理、个人理财业务等）方面与我国银行展开激烈竞争，特别是在一些我国银行尚未涉及的业务上抢夺客户。我国银行要想与外资银行竞争，就要学习其先进业务，积极创造发展中间业务的具体条件，从而促进中间业务的发展。我国银行应该转变发展战略，在保持传统客户群和传统优势业务的基础上，加大对中间业务市场的开拓。此外，我国银行还要重视零售业务的发展，在业务种类方面可以积极为客户开办知识含量较高的咨询类业务（如代客理财业务），特别要重视高端客户的理财业务，使银行的功能和形象得到显著改善。

金融零售业务

金融零售业务是指商业银行以自然人、家庭及小型企业为服务对象，提供存款、融资、委托理财、有价证券交易、代理服务、委托咨询等各类金融服务的业务。金融零售业务又称金融私人业务，其特点是交易金额小，产品繁多，网点覆盖面大，服务对象广，各个业务种类之间存在着密切的内在联系。

（三）加快金融创新步伐

加快金融创新步伐是我国银行应对挑战的重要策略。结合外资银行进入带来的冲击和示范，我国银行应通过学习和借鉴，加快金融产品创新，包括业务创新、工具创新和技术创新，实现产品和服务的多元化经营；增强自身的盈利能力和抗风险能力，减少外资银行带来的冲击。但业务创新不能盲目“拿来”外资银行的业务创新产品，应凭借我国银行对本国客户消费情况的了解，设计出具有我国特色的业务品牌。只有如此，才有可能扬长避短，在短时间内提高自身业务竞争力，与外资银行相抗衡。

（四）转变经营管理机制

我国银行要想成为真正的市场竞争主体，必须建立完善的经营管理机制。外资银行在我国的经营与管理，给我国银行提供了许多参考，外资银行先进的经营管理理念是我国银行学习的重点。我国银行可以借鉴外资银行的组织管理模式，裁减冗员，实行扁平化管理，设立独立的监督机制；强化风险意识，改进风险管理模式，规范贷款审批和贷后管理，降低不良贷款率；改革银行内部激励机制。此外，我国银行应重视员工素质的提高，强化对员工的培训。

（五）加强与外资银行的合作

我国银行应当加强与外资银行之间的互利合作，可以采取签署全面业务合作协议和进行某一项业务的合作两种模式。我国银行应该着眼于外资银行具有优势的业务，加强与之合作。在与外资银行合作的过程中，我国银行要注重学习外资银行先进的经营管理理念，汲取其先进的经营方式和产品优势；通过互利合作，逐步提升自身的经营管理效率，缩小与外资银行之间的差距。此外，我国银行可以同意外资银行直接参股，双方进行合作。我国银行在选择与外资银行合作时，务必坚持严格和谨慎的原则，结合自身优势、经营战略和业务特点，选择对培育和提升自身核心竞争力有直接益处的外资银行作为合作对象。

本章小结

1. 金融服务贸易的对象是金融服务产品，金融服务产品是金融企业或金融机构为满足人们的各种金融服务需求而提供的服务产品，这些产品既不同于物质生产部门所生产的有形消费品和资本品，也不同于其他服务行业所提供的服务产品。

2. 国际银行服务贸易是指由国际银行提供活劳动，以满足他人某种需要，从而获取报酬的活动。

3. 保理是指卖方、供应商或出口商与保理商之间存在的一种契约关系。

4. 福费廷是指银行无追索权地买入因商品、服务或资产交易产生的未到期债权，是一种用于改善出口商现金流和财务报表的无追索权融资方式，有利于规避各类风险。

5. 押汇业务分为进口押汇和出口押汇。

6. 应收账款管理的主要形式是国际保理业务。

7. 结构性贸易融资的主要功能是融资和风险控制。

8. 出口信用保险是国际保理的主要替代产品，出口信用保险的功能在过去只是转移和承担出口商的付款风险。

9. 外资银行的进入和金融全球化要求我国银行法律法规体系和监管体系与国际接轨。

10.《关于金融服务的附件》中有关监管的授权性和原则性规定也为成员方在国（或地区）内层面的监管提供了广阔的舞台。

复习思考题

1. 按照国际金融服务贸易的内容划分，国际金融服务贸易可以分为哪几种?

2. 按照国际金融服务在服务提供者和消费者之间的移动方式划分，国际金融服务贸易的可以分为哪几种?

3. 国际银行服务贸易的网络体系是由哪几部分组成的?

4. 国际银行服务贸易具有哪些特点?

5. 简述我国金融业的对外开放表现。

6. 针对外资银行进入我国银行业，我们可以采取哪些应对策略?

第七章

国际旅游服务贸易

知识框架图

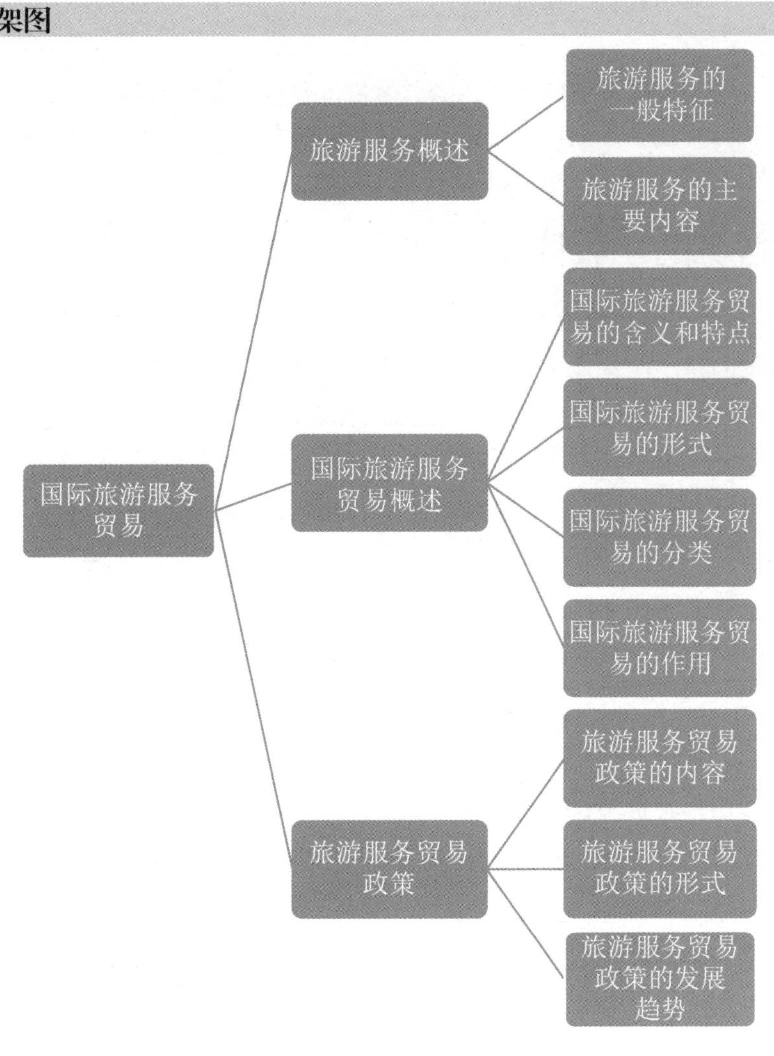

学习目标

- 了解旅游服务的一般特征
- 理解旅游服务的主要内容
- 了解国际旅游服务贸易的分类
- 掌握国际旅游服务贸易的作用
- 掌握旅游服务贸易政策的形式
- 了解旅游服务贸易政策的发展趋势

第一节　旅游服务概述

旅游服务既是现代服务业的重要内容，也是世界各国参与国际分工、开展国际服务贸易的重要组成部分。旅游产品的概念和一般产品的概念不同，它指的是在旅游者从离家开始到结束旅游回到家的过程中，为旅游者提供的娱乐、休息、餐饮、行动等各种服务的总和。

一、旅游服务的一般特征

根据服务的定义和有关服务业的分类方法，并结合旅游活动的多样性和综合性特点，旅游服务指的是旅游从业人员为满足旅游者进行旅游活动而提供的有关食、住、行、游、购、娱等服务的总和，其目的是在最大限度地满足旅游者需求的同时，获得良好的经济社会效益。为了正确认识和理解旅游服务的概念，必须进一步分析和掌握旅游服务的一般特征。

1. 无形性

旅游产品是旅游者向旅游部门购买的一种特殊产品，它是旅游从业人员借助一定的设施、设备或条件向旅游者提供的服务。这种产品在购买前是看不见、摸不着的，只有在消费时才能被感受到。

2. 综合性

旅游产品是由多种资源、设施、设备和服务构成的，是物质的和非物质的多种产品的组合。提供服务的旅游部门需要与其他相关部门、行业配合，而且要求结构合理、比例适当，因而旅游产品具有综合性。

3. 时间性

旅游产品一般在旅游者来到旅游目的地时才生产和加工，其生产和消费是在同一地点同时发生的。这一特点决定了旅游产品不能储存，时间性极强。此外，季节对旅游产品的影响也很大，旅游需求在不同时间有很大差异。

4. 不可转移性

旅游产品无法运输，旅游者只能到旅游目的地进行消费，在旅游者购买旅游产品后，也不发生所有权转移。当旅游活动结束后，旅游产品的价值随之消失，旅游者得到的不是具体的物品，而是一种经历和感受。

当然，以上概括的是旅游服务的一般特征，但实际情况并非如此简单，因为有些旅游服务的使用价值可能部分地以实物形式表现出来，如旅游餐饮、旅游购物等。特别是随着现代科技的发展和通信网络技术的应用，使旅游服务的内涵和外延得到进一步扩展，一些新型的旅游服务正在摆脱一般旅游服务特征的局限。例如，景区景点自动售货机和现代旅游商务网络服务等，都在以有形的物质产品提供服务，有些甚至可以储存，从而使旅游服务的一般特征面临新的突破。

二、旅游服务的主要内容

旅游服务作为一种直接面向旅游者的综合性服务，主要围绕旅游者在旅游活动过程中，对食、住、行、游、购、娱等方面的多样性需求而提供，其内容通常可以划分为旅行社服务、住宿和餐饮服务、游览观光服务、交通运输服务、娱乐休闲服务、旅游购物服务及其他旅游服务等。

（一）旅行社服务

旅行社服务是指旅行社根据旅游者的需求，通过为旅游者提供食、住、行、游、购、娱等方面的服务来获得事业发展的活动。旅行社是指专门从事招徕、接待国内外旅游者，组织旅游活动的旅游企业。旅行社作为旅游业的“龙头”，不仅负责旅游产品的设计、组合和营销，把旅游活动中有关食、住、行、游、购、娱等方面的各种要素有机地组合起来，满足旅游者的旅游需求，还直接面向旅游者提供信息咨询、旅游产品预订、旅游活动组织及旅游导游等各种专门性服务。

（二）住宿和餐饮服务

住宿和餐饮服务是旅游者在旅游活动中基本的需要，同时是旅游产品的重要组成内容。旅游者在旅游过程中对住宿和餐饮的要求与日常不同，一般要求有专门的企业来提供住宿和餐饮服务，因此旅游饭店正是为旅游者提供住宿和餐饮服务的重要企业。旅游饭店的数量多少和规模大小、服务内容是否配套、卫生状况及环境的优劣、经营管理水平的高低等，不仅标志着一个国家或地区旅游服务接待能力的大小，还直接反映了其旅游服务的质量和水平。

（三）游览观光服务

游览观光服务既是旅游者进行旅游活动的根本性要素，也是旅游服务贸易的核心内容。随着现代旅游的发展，无论是纯粹的生态旅游、文化旅游、特种旅游，还是依托商务、会展、节日的旅游活动，都要求提供相应的游览观光服务，包括旅游景区景点的信息咨询、

游览观赏、导游讲解、餐饮娱乐、安全卫生等各种服务。因此，游览观光服务是一个国家或地区发展旅游服务贸易最重要的内容。

（四）交通运输服务

交通运输服务是实现旅游者空间移动的前提和基础，没有发达的交通运输服务业就没有发达的旅游业。旅游交通运输服务包括航空、铁路、公路、海洋运输，旅游者都想通过方便、快捷、舒适、安全、价廉的运输服务来满足自己空间移动的需求。因此，旅游企业不但要在交通工具、运输方式等方面提供运送旅游者的基本功能，而且要从旅游者的旅游需求出发，尽可能提供高质量的交通运输服务，这样才能更好地促进旅游活动的开展。

（五）娱乐休闲服务

娱乐休闲服务是为旅游者以休闲为主的观光、度假及娱乐活动提供的服务，也是现代旅游服务的重要组成部分。随着现代科技的进步和经济社会的发展，人们对以休闲为主的观光、度假及娱乐活动的旅游需求日益增加，这不仅要求旅游企业提供各种高科技的娱乐休闲设施和设备，满足人们娱乐休闲的需求，还要求其不断增加娱乐休闲的内容，提高娱乐休闲的服务质量和经营管理水平。

（六）旅游购物服务

旅游购物服务是为旅游者在旅游活动过程中，购买旅游目的地的各种工艺品、纪念品、文物复制品及地方产品而提供的服务，也是现代旅游服务的重要内容之一。随着经济社会的发展，旅游者在旅游活动中的购物需求日益增加，从而带动了各种旅游商品生产和销售的发展，形成了轻工业、商业和旅游业相结合的旅游购物服务系统，以为旅游者提供更多的旅游购物服务。

（七）其他旅游服务

除以上基本的旅游服务外，在旅游活动中还会涉及许多其他旅游服务，如邮电通信、外币兑换、医疗急救、商务活动、教育培训等方面的服务。尽管这些服务只是辅助性服务，但其对完善旅游目的地的服务体系、提高旅游服务的质量和水平、增强旅游目的地的市场竞争力、促进旅游服务贸易的发展等都具有十分重要的作用。

第二节　国际旅游服务贸易概述

国际旅游服务贸易是国际服务贸易的一种，是指一国或地区旅游从业人员运用可控制的旅游资源向其他国家或地区的旅游服务消费者提供旅游服务并获得报酬的活动。旅游业是当今世界服务业中发展最快的产业之一，它随着经济社会的发展和人们生活质量的提高而获得了持续增长，在国际服务贸易领域中占据着举足轻重的地位。

一、国际旅游服务贸易的含义和特点

（一）国际旅游服务贸易的含义

国际旅游服务贸易简称“旅游服务贸易”。根据国内外对服务贸易的定义，我们可以给旅游服务贸易下一个简洁的定义：“旅游服务贸易是指旅游服务在国家之间的有偿流动和交换过程，即国家之间相互为旅游者进行国际旅游活动所提供的各种旅游服务的交易过程。”尽管自20世纪以来国际旅游迅速发展，并受到各国政府的高度重视，但从服务贸易角度研究国际旅游的理论和政策十分薄弱，因此必须在服务贸易的基础上充分认识和理解旅游服务贸易的概念。从服务贸易的角度，正确认识和理解旅游服务贸易的概念和内涵，需要掌握以下几点。

旅游服务贸易是一种国家之间对旅游服务的有偿交换活动。国际旅游是指人们为了特定目的而离开居住国，前往其他国家并做短暂停留的旅游活动，其主要目的不是从访问地获得经济收益。通常，国际旅游不仅包括本国居民到其他国家的出境旅游，还包括其他国家居民到本国的入境旅游。因此，旅游服务贸易的内容是对进行国际旅游的入境旅游者和出境旅游者所提供的服务，而对国内旅游者提供的服务一般不纳入旅游服务贸易的范畴。因此，简而言之，旅游服务贸易是国家之间有偿提供旅游服务的交换活动。

旅游服务贸易包括GATS定义的范围和内容。旅游服务是一种综合性服务，涉及大量对旅游者提供的直接服务和相关服务，因此旅游服务贸易基本涵盖GATS所定义的四种服务贸易形式，不仅包括直接对旅游者进行国际旅游所提供的境外服务，还包括以跨境交付、境外消费、商业存在和自然人流动形式提供的各种旅游服务，使旅游服务贸易的范围广泛、内容复杂。

旅游服务贸易包括旅游服务的出口和进口。旅游服务贸易既然是现代服务贸易的组成内容，必然也包括旅游服务的出口和进口。根据世界旅游组织对旅游的定义，国际旅游一般包括出境旅游和入境旅游两方面，因此旅游服务贸易也包括旅游服务的出口和进口两部分。旅游服务的出口体现为向入境旅游者或在国外以其他形式为旅游者提供各种旅游服务，并相应获得旅游服务的出口收入；旅游服务的进口体现为向本国旅游者出境旅游或在国内消费的外国旅游者提供的旅游服务，并相应发生旅游服务的进口支出。正是由于旅游服务贸易包含出口和进口两部分内容，因此旅游服务贸易也必然涉及进口和出口贸易平衡等基本问题。

旅游服务贸易应遵循服务贸易的国际规则和国际惯例。旅游服务贸易作为一种服务贸易方式，其整个交易活动必须符合服务贸易的有关国际法律规定和运行规则。因此，各国对旅游服务贸易的政策规定，一般都以GATS和有关的国际协议文件为依据，整个旅游服务贸易的业务也必须符合服务贸易的国际规则和要求，并与服务贸易的国际惯例相适应。

（二）国际旅游服务贸易的特点

旅游服务贸易与传统货物贸易相比，其最大特点是就地货物出口和就地服务出口，其运行又具有综合性和整体性。

1. 就地货物出口

国际旅游者到旅游产品生产地进行消费，出口方就地输出产品，即通过旅游服务而获得外汇收入。这种出口不存在产品的包装、运输、仓储、保险及关税等开支，也不存在外贸出口业务中有关手续费、换汇比率较高等问题。此外，旅游产品基本以自然资源为主，几乎不存在传统货物贸易的成本问题。

2. 就地服务出口

旅游接待国或地区向旅游者既提供无形的服务产品，也提供其他实物产品，无论哪种产品都要消耗大量活劳动。旅游者到该国用外汇支付旅游服务费用，这样就使旅游服务劳动具有就地服务出口的性质，通过这种方式能换取大量外汇收入，这也与传统货物出口不同。

3. 旅游服务贸易的运行具有综合性和整体性

旅游服务贸易运行的综合性是指旅游者在旅游过程中，支付外币购买旅游商品，以满足旅游消费的需要。旅游消费包括食、住、行、游、购、娱等，是物质和非物质的多种产品的组合，是综合性消费，因此提供的服务也是综合性服务。旅游服务贸易运行的整体性是指尽管旅游经济部门和行业提供的服务内容各不相同，但是提供服务的过程是整体性的，如交通运输部门提供地区转移服务、旅行社提供信息和组织旅游等服务，这些不同性质的服务应从质量和内容上满足消费者的需要。

二、国际旅游服务贸易的形式

在划分旅游服务贸易的形式和类型时，一般以国际服务贸易为基础。国际服务贸易的形式和类型是指各国之间进行服务贸易活动的交易方式。由于服务内容的庞杂和服务贸易定义的多样性，使人们对服务贸易的形式和类型划分有不同的观点，比较有影响的观点主要有以下三类：一是把服务贸易划分为要素服务贸易和非要素服务贸易两种基本形式和类型；二是把服务贸易划分为跨境服务、国内服务和特殊形式服务三种基本形式和类型；三是把服务贸易划分为国境贸易、要素收益贸易、当地贸易和第三国贸易四种基本形式和类型。

由于对服务贸易形式和类型划分存在各种不同的观点和方法，为了统一服务贸易的基本形式和类型，经过乌拉圭回合谈判，最终在达成的 GATS 中，明确将服务贸易划分为跨境交付、境外消费、商业存在和自然人流动四种基本形式和类型。因此，旅游服务贸易也是以这四种形式为基础来划分的。

（一）跨境交付

跨境交付是指从一个缔约方境内向任何其他缔约方境内消费者提供服务，是典型的跨国界的服务贸易，其特点是服务的提供者和消费者分别处于不同的国家，充分体现了服务贸易的一般特征。从旅游服务贸易来看，跨境交付贸易主要体现在通过国际电信、计算机网络等方式，为境外旅游者提供各种旅游信息、旅游咨询、远程预订服务和部分旅行社服务等。随着现代通信技术、计算机技术和国际互联网的迅速发展，以跨境交付为主要形式的旅游服务贸易内容日益丰富，领域更加广泛，交易数量不断提升，逐渐成为旅游服务贸易的重要形式之一。

国际电信联盟

国际电信联盟（简称“国际电联”）是联合国负责国际电信事务的专门机构，其前身为根据1865年签订的《国际电报公约》而成立的国际电报联盟。1932年，70多个国家的代表在西班牙马德里开会，决定把《国际电报公约》和《国际无线电公约》合并为《国际电信公约》，并将国际电报联盟改为国际电信联盟。1947年，国际电信联盟成为联合国的一个专门机构，总部从瑞士的伯尔尼迁到日内瓦。

（二）境外消费

境外消费是指在一个缔约方境内向任何其他缔约方境内消费者提供服务，其特点是服务的消费者跨国移动而提供者不移动，如交通运输服务、旅游服务、金融汇兑服务、医疗服务等，这是服务贸易的基本方式和重要内容。从旅游服务贸易来看，境外消费是旅游服务贸易最基本、最重要的形式之一，因为大多数国际旅游都是旅游者在境外的旅游活动，因此为外国旅游者提供各种服务就成为旅游服务贸易的主要内容，其包括住宿和餐饮服务、游览观光服务、交通运输服务、娱乐休闲服务、旅游购物服务等多方面的内容。随着国际旅游的发展，以境外消费形式为主的旅游服务贸易将不断扩大和发展。

（三）商业存在

商业存在是指一个缔约方在其他任何缔约方境内通过商业存在向消费者提供服务，即服务的提供者通过在外国设立商业机构为消费者提供服务，其特点是服务提供者跨国移动而消费者一般不移动。这种服务贸易往往与国际直接投资联系在一起，规模大、范围广、发展潜力大，因此其是国际服务贸易中最活跃、最主要的服务贸易形式。从旅游服务贸易来看，商业存在形式是外国投资者通过到一国开发旅游景点，开设旅游饭店、旅行社、航空公司等直接为该国旅游者提供旅游服务，或设立银行、保险公司、律师事务所等间接为该国旅游者提供旅游服务，这都属于这类旅游服务贸易的内容。随着世界经济的全球化和区域一体化发展，以商业存在为基础的旅游服务贸易将进一步得到发展。

（四）自然人流动

自然人流动是指一个缔约方的自然人在其他任何缔约方境内向消费者提供服务，其特点是服务的提供者和消费者均可能跨国移动。从旅游服务贸易来看，自然人流动形式主要表现为外国的技术人员、管理人员到一国提供有关的旅游服务和管理，如外国从事旅游规划开发、旅游饭店管理、旅行社经营和旅游服务的人员到一国的有关旅游机构向旅游者或其他消费者提供旅游服务等。目前，自然人流动仅限于技术和管理人员方面，一般规模较小、时间有限，由于自然人流动实质上是生产要素流动的主要内容之一，随着 WTO 成员之间的谈判，发展中国家积极要求把各种旅游服务人员的流动也纳入旅游服务贸易的框架之中。

应该指出，无论是跨境交付、境外消费，还是商业存在、自然人流动，上述定义都是宽泛的，有的内涵甚至有交叉。实际上，服务的提供往往不是一种方式能完成的，而是几种方式联合完成的，这并不与它作为一个整体的服务贸易定义相冲突。对于服务贸易的定义，“乌拉圭回合”中期评审报告中曾指出：多边服务贸易的法律框架中的定义，应包括服务的过境移动、消费者的过境移动和生产要素的过境移动（主要指服务提供者的过境移动）。它们一般要符合以下四个特征：服务和支付的过境移动性、目的的具体性、交易的连续性、时间的有限性。

三、国际旅游服务贸易的分类

通过对旅游服务贸易概念和基本形式的分析，我们可以看出旅游服务贸易的范围广、种类繁多，而且每个种类又可进一步划分为很多细类。因此，为了更好地了解和掌握旅游服务贸易的内容，根据国内外学者对服务贸易的分类方法，结合旅游服务贸易的特点，可对旅游服务贸易进行如下划分。

（一）直接旅游服务贸易和派生旅游服务贸易

根据对旅游者旅游需求的分析，一般可以将旅游者的旅游需求分为直接旅游需求和派生旅游需求，前者是指旅游者以游览观光、休闲度假等纯旅游为主要目的而产生的国际旅游活动；后者是指依附于其他各种国际活动而派生的国际旅游活动，如国际商务活动、国际会议和展销活动等。因此，按照对国际旅游活动的分类，可以将旅游服务贸易划分为直接旅游服务贸易和派生旅游服务贸易两大类。

1. 直接旅游服务贸易

直接旅游服务贸易是指为满足旅游者直接旅游需求所提供的各种旅游服务，包括对旅游者进行观光旅游、度假旅游、文化旅游、生态旅游、娱乐旅游等提供的各种旅游服务，其构成了旅游服务贸易的主要内容。

2. 派生旅游服务贸易

派生旅游服务贸易是指为满足各类旅游者的派生旅游需求而提供的旅游服务，包括对旅游者进行国际商务、会展、学术、科学考察活动而提供的旅游服务，其是构成旅游服务贸易的重要内容之一。随着世界经济的全球化发展和国际技术、经济、文化交流的广泛进行，不但直接旅游服务贸易进一步持续增长，而且派生旅游服务贸易在不断扩大和发展。

（二）核心旅游服务贸易和附加旅游服务贸易

根据对旅游产品和旅游消费的分析，可以将旅游服务消费分为核心旅游服务消费和附加旅游服务消费，因此可以相应地将旅游服务贸易划分为核心旅游服务贸易和附加旅游服务贸易。

1. 核心旅游服务贸易

核心旅游服务贸易通常是指旅游者在国际旅游活动中购买和消费的核心旅游产品，包括食、住、行、游、购、娱等方面的旅游服务，任何旅游活动都离不开这些旅游服务内容。随着现代科技和社会经济的发展，核心旅游服务贸易的内容、范围和领域也在不断扩展，包括以现代信息技术为传输媒介的旅游信息服务、远程预订服务及国际旅游咨询服务，这些都是旅游服务贸易的核心内容。

2. 附加旅游服务贸易

附加旅游服务贸易是一种伴随着核心旅游服务贸易而发生的旅游服务贸易，如邮电通信、外汇兑换、医疗保险、教育培训等方面的服务，这些旅游服务是为了提高旅游服务贸易的竞争力，获得更多国际旅游市场份额而采取的重要手段，其与核心旅游服务贸易相辅相成，共同构成旅游服务贸易不可分割的有机体。

（三）劳动密集型、资本密集型和技术-知识密集型旅游服务贸易

根据旅游服务贸易与旅游生产要素的构成关系，可以将旅游服务贸易划分为劳动密集型、资本密集型和技术-知识密集型旅游服务贸易三种。

1. 劳动密集型旅游服务贸易

劳动密集型旅游服务贸易是指以旅游服务人员提供的各种劳务服务为主的旅游服务贸易，包括旅行社服务、旅游导游服务、旅游咨询服务、旅游规划和设计服务等。

2. 资本密集型旅游服务贸易

资本密集型旅游服务贸易是指需要投入大量资本建设旅游设施和购买旅游设备才能进行的旅游服务贸易，包括旅游交通运输服务、住宿和餐饮服务、旅游娱乐服务、旅游通信服务等。

3. 技术-知识密集型旅游服务贸易

技术-知识密集型旅游服务贸易是指以提供技术和各种专门知识为主的旅游服务贸易，包括旅游信息服务、金融保险服务、旅游管理服务、电子商务服务等。在现代旅游服务贸易中，主要以劳动密集型旅游服务贸易和资本密集型旅游服务贸易为主体，但随着现

代科学技术的发展、信息技术的广泛运用和知识经济的到来，技术-知识密集型旅游服务贸易在旅游服务贸易中占有越来越重要的地位。

（四）要素旅游服务贸易和非要素旅游服务贸易

从对旅游服务贸易的基本形式分析，可以看出旅游服务贸易既可以在国内进行，也可以在国外进行，因此按旅游生产要素是否跨国界移动，可以将旅游服务贸易划分为要素旅游服务贸易和非要素旅游服务贸易。

1. 要素旅游服务贸易

要素旅游服务贸易是指有关旅游服务中各种劳动力、技术和资本等生产要素跨国界移动的旅游服务贸易，包括涉及旅游劳动力生产要素国际流动的旅游劳务输出及获得的收入，国外投资者的旅游投资及获得的利润、利息和股息等收入，国际旅游技术转让中转让方输出的技术、管理、知识产权及相应获得的各种转让收入等。

2. 非要素旅游服务贸易

非要素旅游服务贸易是指不涉及生产要素跨国界移动的各种旅游服务贸易，包括旅游交通服务、住宿和餐饮服务、娱乐购物服务及相关的各种境外服务等。目前，在旅游服务贸易中，非要素旅游服务贸易是主体，但随着经济全球化的发展，要素旅游服务贸易将日益发展，其在旅游服务贸易中的比重将不断增加。

（五）旅游服务贸易的统计方法

针对旅游服务贸易的统计，目前有两种方法。一种方法是按照 WTO 对服务贸易的统计方法，将服务贸易划分为商业服务、投资收入、其他政府服务和收入、单方面转移四类，旅游服务贸易被纳入商业服务贸易的内容进行统计。其中，商业服务贸易包括货运服务、其他运输（客运和港口）服务、旅游服务、其他民间服务（包括劳务、所有权和个人服务）四个方面；在商业服务收支统计中，具体包括货运收支、客运收支、旅游收支、劳务收支、所有权收支和其他民间收支六个部分。

劳务

劳务是以活劳动形式为他人提供某种特殊使用价值的劳动。这种劳动不是以实物形式，而是以活劳动形式提供某种服务的。这种服务既可以满足人们精神上的需要，也可以满足人们物质生产上的需要。劳务有狭义劳务和广义劳务之分。狭义劳务不留下任何可以捉摸的、同提供这些服务的人分开存在的结果，如教师、律师、医生、理发师等人员提供的服务；广义劳务除包括狭义劳务涵盖的内容之外，还包括这样一类劳务——它所提供的使用价值附着于物质产品，体现为商品，如厨师、修理师、裁缝等人员提供的服务。

> 劳务概念和第三产业概念之间存在着相通之处。第三产业的主要特征就在于向社会提供劳务。
>
> 一个国家的国民经济发展水平和以提供劳务为主要特征的第三产业的发展水平之间，存在着相互促进、相互制约的关系。随着社会生产力和科学技术的发展，第三产业特别是其中的第三个层次（为提高科学文化水平和居民素质服务的部门），在国民经济中的地位显得越来越重要。

另一种方法是按照世界旅游组织和世界旅游业理事会提出的“旅游卫星（或附属）账户”核算方法统计，其把旅游服务贸易具体划分为个人旅游支出、商务旅游支出、政府旅游支出和旅游资本投入四个方面，并按照国际服务贸易的要求进一步分为旅游出口收入和旅游进口支出，以测算旅游服务贸易的变化情况。但是，这种统计方法目前还未在全球推行，因此对旅游服务贸易的统计主要还是以 WTO 的统计方法为主。

四、国际旅游服务贸易的作用

国际旅游服务贸易是国际服务贸易的重要组成部分，它对发展国民经济起着十分重要的作用。

（一）增加外汇收入

国际旅游服务收入是指向来访的旅游者在一国逗留期间购买商品和消费服务所收取的外币款项，这种收入实质上是外国社会财富转移到旅游接待国或地区，它直接导致旅游接待国或地区财富增加。旅游创汇收入可使资金迅速周转、增值，并且换汇成本低，是国家非贸易外汇收入的主要来源，对支援国民经济建设、弥补贸易逆差、平衡国际收支具有特别重要的作用。此外，外汇收入也减轻了由本国旅游外汇支出给国家外汇储备带来的压力，提升了国民出国旅游的支付能力。

（二）加快资金回笼

国际旅游服务贸易的发展有利于拓宽货币资金回笼渠道，加快资金回笼，增加回笼货币量。国际旅游服务贸易通过提供多样化的旅游产品、别具特色的旅游项目吸引广大的旅游者，并鼓励旅游者在当地进行消费，从而促进货币资金的回笼。从宏观角度来看，国际旅游服务贸易的发展，还能缓解人们持币待购而造成的市场压力，促进市场的稳定和繁荣，使经济健康运行。

（三）增加就业机会

作为一项典型的劳动密集型行业，旅游业创造了大量直接和间接的就业机会，容纳了大批具有各种技能和不同水平的劳动力。

（四）优化产业机构

旅游业能够引导产业结构适应旅游者的消费需求与市场状况，具有改善和调整国民经

济结构的作用。由于其综合性和整体性的特征，其与其他行业之间有很强的相互关联性，并且在联系相关行业中起到了带动作用。因此，旅游业的重点发展也有利于带动相关产业的发展和结构升级，促进经济结构和产业布局的调整。

（五）提高区域经济水平且缩小地区差异

国际旅游服务贸易的发展能带来财产再分配，促进经济发达地区的财富向欠发达地区转移，促进区域间经济和社会的协调发展。以我国为例，多数贫困地区由于交通不便、产业基础薄弱等客观原因，保存着较为原始的地形地貌、人文景观和特色鲜明的风土人情，蕴藏着丰富的旅游资源，因地制宜地发展贫困地区的国际旅游服务贸易，以其得天独厚的自然资源和独具特色的旅游服务项目吸引广大的旅游者，不仅能大大改善当地的投资环境，还能创造出很好的经济效益，提高当地的经济发展水平，缩小地区差异。

当然，国际旅游服务贸易也有消极作用。例如，国际旅游服务贸易的发展通常会引起旅游目的地国家或地区通货膨胀；国际旅游服务贸易的过度发展也会使旅游目的地的环境遭到破坏，经济向单一方向发展，导致经济结构失衡等。因此，相关部门需要扬长避短，发挥旅游服务对国民经济的促进作用。

第三节　旅游服务贸易政策

近年来，我国服务贸易规模不断扩大，服务贸易政策日益成为各国对外贸易政策的重点，而旅游服务贸易政策作为一个国家服务贸易政策的重要组成部分，其内容一般包括旅游服务贸易总政策、出入境旅游政策、旅游要素进出口政策等。

一、旅游服务贸易政策的内容

（一）旅游服务贸易总政策

旅游服务贸易总政策是指一个国家或地区从整个国民经济出发，根据其经济社会发展状况和总体发展战略，结合其国际旅游发展水平和在国际旅游市场中的地位，在一定时期内所制定并实施的有关旅游服务贸易的基本政策。它既是一个国家或地区发展旅游服务贸易的总体指导思想和原则，又是制定出入境旅游政策和进行旅游要素贸易的重要策略和依据，对一个国家或地区的旅游服务贸易发展具有方向性和战略性的作用和影响。旅游服务贸易总政策按照其对贸易的限制程度通常可分为保护贸易政策和自由贸易政策两大类。

1. 保护贸易政策

保护贸易政策是指一国或地区广泛地采用各种措施对进口和经营领域与范围进行限制，保护本国的旅游产品在本国市场上免受外国旅游产品的竞争，并对本国出口的旅游产品给予优待与补贴。国家对于旅游服务贸易活动进行干预，限制外国旅游产品和有关要素参与本国市场竞争。

旅游产品

旅游产品又称旅游服务产品，是指由实物和服务构成，包括旅行商集合景点、交通、食宿、娱乐等设施和设备、项目及相应服务出售给旅游者的旅游线路类产品，旅游景区、旅游饭店等单个企业提供给旅游者的活动项目类产品。旅游产品具有综合性、无形性、生产与消费同时性、不可储存性、所有权不可转移性等特点。

保护贸易政策一般是发展中国家或地区（包括国际旅游欠发达的国家或地区）所采取的政策。发展中国家或地区由于经济实力弱，经济发展水平不高，促进经济增长和发展是其共同的选择。为了改善本国或地区的产品结构和贸易结构，发展中国家或地区往往围绕工业化目标来制定对外贸易政策，从而必然选择和实施旅游服务的保护贸易政策。一方面，它们限制外国旅游企业的进入和旅游生产要素的流动，以保护本国旅游市场和旅游企业的利益，促进旅游服务贸易的出口，赚取更多的外汇收入；另一方面，它们在一定程度上限制本国出境旅游，以减少本国国民收入或外汇的流出，为平衡国际收支做出贡献。

此外，发展中国家或地区实施保护贸易政策，还往往出自国家利益中文化利益保护的需要，因为大量外国旅游者的进入和外国文化的侵入，不仅会冲击本国的文化体系，还会对自然文化遗产造成损害。此外，发达国家或地区的消费观和消费行为，往往会对发展中国家或地区的民族自尊心和自信心造成一定的冲击和影响。因此，为了增强民族自尊心和自豪感，发展中国家或地区也会实施旅游服务的保护贸易政策，通过限制入境或出境旅游规模来减少外来文化的冲击和影响。

2. 自由贸易政策

自由贸易政策是指一国或地区通过多边贸易谈判，降低和约束与旅游服务贸易相关的关税，取消其他非关税壁垒措施，允许旅游服务要素自由流动，消除旅游服务贸易中的歧视待遇，扩大本国旅游市场的准入度。

自由贸易政策一般是经济发达国家或地区采取的政策。经济发达国家或地区通常具有领先的经济发展水平，其不但国际旅游比较发达，而且旅游服务和相关服务的水平比较高，在国际旅游市场上具有较强的竞争优势。因此，发达国家或地区的旅游产品一般不需要依靠特殊对外贸易政策的支持来占领国际市场，使得它们往往选择自由化程度较高的对外旅游服务贸易政策。通过实施旅游服务自由贸易政策，能够有效地促进发达国家或地区旅游服务贸易的发展，并带动其他服务贸易、货物贸易和要素贸易的发展。因此，大多数发达国家或地区通常采取自由贸易政策，它们的旅游服务贸易政策重心主要是促进国际旅游的

发展，为实现本国的经济利益服务；它们对旅游服务贸易的管理重点也主要是保持本国旅游业的持续稳定发展，维护本国国家利益和国内利益集团的利益。

但是也应看到，随着经济全球化和区域经济一体化的发展、全球性问题和矛盾的日益凸显，许多在旅游业具有优势的发达国家或地区也在总体实施自由贸易政策的基础上，采取一定的保护贸易政策措施，以维护和加强自身在国际旅游市场上的主导地位和竞争优势，甚至把旅游服务贸易政策作为实现自身政治利益的重要工具，使旅游服务贸易政策的政治属性日益明显。在服务贸易自由化的大趋势下，发展中国家或地区也不得不加入自由化进程中。它们按照 WTO 基本原则和加入 WTO 的承诺，以及区域贸易协定中关于旅游业开放的承诺，逐步开放旅游产品市场，减少旅游产品领域的非关税壁垒，并进而削弱贸易壁垒，逐步开放旅游服务要素市场。

（二）出入境旅游政策

出入境旅游政策是一个国家或地区在旅游服务贸易总政策的指导下，根据本国或本地区旅游发展的状况和水平，制定的有关国际出境和入境旅游的具体政策，是一个国家或地区进行旅游服务贸易的重要政策。出入境旅游政策具体分为出境旅游政策和入境旅游政策。

出境旅游政策是指一个国家或地区有关本国或本地区居民出境旅游的政策。由于出境旅游一般会引起国民收入和外汇的流出，从而导致国民财富减少；或者由于某些特殊事件的发生，如政治波动、自然灾害、疫病流行等，许多国家或地区，特别是发展中国家或地区都会采取一定的政策来限制出境旅游，即使发达国家或地区，在特定时期内或特殊情况下也会采取一定的政策措施来限制居民出境旅游。

入境旅游政策是指一个国家或地区在遵循旅游服务贸易国际规则的基础上，通过制定有关入境旅游的法律法规、制度和措施，采取更加开放的政策措施来促进入境旅游发展的政策。由于大力发展入境旅游不仅能够增强一个国家或地区旅游服务贸易的出口能力，促进本国或本地区对外贸易的发展，还能够增加外汇收入和平衡国际收支，积累国内建设资金，促进本国或本地区经济社会的发展。因此，具备旅游服务出口能力的国家或地区普遍采取积极的入境旅游政策，以推动本国或本地区旅游服务贸易的发展。

（三）旅游要素进出口政策

旅游要素进出口政策是指一个国家或地区对于旅游人才、资金、技术和管理的进口和出口的有关政策。因为现代旅游服务贸易的发展，不仅表现为旅游者、旅游服务在国家之间的流动，还表现为各国旅游生产要素在国际间的流动，所以旅游要素进出口政策也是旅游服务贸易政策的重要内容。

在当今的国际贸易中，特别是在经济全球化、区域一体化和跨国公司发展的背景下，生产要素的国际流动已成为一个显著的特征。因此，在旅游服务贸易中，许多国家或地区不但制定积极的旅游要素进入政策，以吸引国外旅游人才、资金、技术和管理的输入，提高本国或本地区旅游产品开发和旅游服务的水平，而且制定相应的旅游要素出口政策，鼓励本国或本地区的旅游企业“走出去”，通过旅游人才、资金、技术、管理的输出，利用国际和国内旅游要素资源，积极开拓和占领国际旅游市场，不断增强本国或本地区旅游企业的国际竞争力，以促进一个国家或地区对外旅游服务贸易的发展。

二、旅游服务贸易政策的形式

旅游服务贸易政策是一个广义的概念，其不但内容广泛，而且形式多样。从各国所制定的旅游服务贸易政策来看，其主要形式包括旅游服务贸易的法规、制度等。

（一）旅游服务贸易法规

旅游服务贸易法规是指各国（或地区）在旅游服务贸易的国际规则基础上，根据本国政治、经济和旅游发展的实际情况，所制定的开展和促进对外旅游服务贸易的有关法律、法令和规章，是旅游服务贸易政策的重要内容和组成部分，也是一个国家开展对外旅游服务贸易的法律依据，并在各国对外旅游服务贸易中发挥着重要的作用。

1. 旅游服务贸易的法律

旅游服务贸易的法律是指各国立法机构根据本国对外政治、外交、贸易的需要，所制定的关于旅游服务贸易的各种法律规定，是一国开展旅游服务贸易必须严格遵循的法律依据。其中，涉及旅游服务贸易的法律通常有对外贸易法、旅游法、交通运输法、环境保护法、文物保护法、公民出境入境管理法等。

2. 旅游服务贸易的法令

旅游服务贸易的法令是指各国政府根据本国有关法律规定，结合旅游服务贸易的具体情况而制定的条例和规定等。旅游服务贸易的法令通常是对旅游服务贸易中各种具体情况做出的规定，如各国制定的国内航空运输条例、外国人入境出境管理条例、旅行社条例、导游人员管理条例、消费者权益保护条例、本国公民出境旅行规定、外国人出入境规定等。

3. 旅游服务贸易的规章

旅游服务贸易的规章是指各国旅游行政管理部门或相关部门，根据国家法律、法令而制定的有关旅游服务贸易的各种规则和办法，是对国家法律、法令实施的具体化。通常，涉及旅游服务贸易的规章制度主要有旅游服务规范、旅行社条例实施细则、旅游饭店星级管理制度、旅游安全管理规定、旅游交通运输管理办法等。

（二）旅游服务贸易制度

旅游服务贸易制度是指一个国家（或地区）在有关旅游服务贸易法规的基础上所制定的开展旅游服务贸易的制度规定，其内容通常包括护照和签证制度、海关制度、关税制度、配额制度、外汇管制等。

1. 护照和签证制度

护照是持有者的国籍和身份证明，签证则是主权国家准许本国公民或者外国公民出入境

或者经过国境的许可证明。在现代国际旅游中，一个国家没有允许外国人无条件入境的义务（有条约者除外），一个外国人也没有要求一国政府允许其入境的权利。因此，为了维护国家的主权，各国都明确制定了护照和签证制度，任何旅游者，不论是外国公民还是本国公民要进行国际旅游，都必须持有规定的护照和相应的签证。

护照由公民所在国颁发，签证则由旅游目的地国家签发，即由该国驻外使领馆在出国旅行者的护照上或者其他有效的旅行证件上签注、盖印，表示准许其出入或经过该国国境。需要注意的是，各国对旅游签证一般都限制入境后的停留时间。近年来，随着国际贸易、国际政治关系的发展，尤其是旅游服务贸易的发展，许多国家的签证规定趋于简化，有的国家之间还签订互免旅游签证或简化旅游签证手续的协议等。

2. 海关制度

海关制度是旅游者出入境需经过海关通关检查手续，即旅游者在出入一国国境时向移民局、海关等有关机构申报，由移民局、海关等有关机构依法查验旅游者的旅游证件和行李，并办理旅游者出入境手续、物品征税或免税验放手续，以及其他有关监管手续的总称。在国际旅游中，任何国家都对出入境旅游者实行严格的通关检查手续，办理这些手续的机构一般设在旅游者出入境的地点，如机场、车站、码头等。

海关程序既是体现一个国家的主权，也是维护国家安全和国家利益的需要。但是，由于各国海关程序的烦琐和严格，会阻碍国际贸易及其他国际交流。1973 年，海关合作理事会（现为“世界海关组织”）主持签订《关于简化和协调海关业务制度的国际公约》（简称《京都公约》），《京都公约》规定，各国海关程序应力求简化和协调，为发展国际贸易及其他国际交流做出富有成效的贡献。

3. 关税制度

关税通常是指一国政府从自身的经济利益出发，由海关部门依据本国的海关法和海关税则，对通过其关境的进出口商品课征的一种税收，是一国对外贸易政策的重要手段。关税制度就是根据一国的法律、法令和规定，通过在关境上设置海关部门，对进出口货物、货币、金银、行李、邮件等实行监督管理，课征关税，查禁走私货物，临时保管通关货物和统计进出口商品等有关的制度规定。

虽然旅游服务贸易是一种以旅游服务为主体的服务贸易，但由于旅游者在国际旅游中往往会携带或购买各种商品，因此从国家利益和国内集团利益出发，许多国家对旅游者购买的某些国外商品实行课征关税的制度。课征关税的目的是贯彻执行本国有关货物进出口的法律、法令和规定，有效地实施对外经济贸易政策，有针对性地保护国内经济和实行关税差别待遇等。

4. 配额制度

配额制度是指一国政府为保护本国利益，规定在一定时期内对某种商品的进口数量或金额加以限制的制度规定。进口配额的分配方法主要有两种：一种是全球配额，它规定一国对某种商品在一定时期内的进口数量或金额，而不论它是来自任何一国的商品进口；第二种是国别配额，它是指进口国对来自不同国家的进口商品，规定不同的进口限额。

在旅游服务贸易中，一些国家除对有关旅游商品、设备或配件实行配额制度外，对出国旅游者也实行配额制度。配额制度不仅对一国的旅游服务贸易具有重要影响，还会直接或间接地影响全球的旅游服务贸易。

5. 外汇管制

外汇管制是指一国政府通过对国际结算和外汇买卖实行限制，以平衡国际收支和维持本国货币汇价的一种制度。在外汇管制下，出口商必须将其所赚外汇按国家规定的牌价卖给政府指定的外汇银行；进口商在进口所需外汇时，也必须得到政府外汇管理机构的批准，在指定的外汇银行购买进口所需的外汇。

在旅游服务贸易中，不论是旅游者的出入境旅游，还是旅游要素资源的进出口，都必然涉及外汇的收入和支出。因此，通过外汇管制，国家能在一定程度上有效地控制旅游服务贸易的进出口数量及旅游者出入境旅游的国家或地区，并对国家平衡国际收支和稳定本国货币汇价起到积极的作用。但是，我们也要看到外汇管制对旅游服务贸易是一种比较严格的政策措施，不利于促进旅游服务贸易的发展，因此随着当今国际旅游和旅游服务贸易的发展，各国对旅游服务贸易的外汇管制逐渐放宽和减弱。

三、旅游服务贸易政策的发展趋势

我国幅员辽阔、历史悠久、民族众多，拥有许多独特的自然景观和历史文化遗产。这些资源对国内外旅游者有较强的吸引力，这为发展国际旅游奠定了客观基础；旅游业又是一种典型的劳动密集型产业，需要充足的劳动力资源，我国劳动力资源十分丰富，能够提供大量劳动力，以保证旅游服务贸易的竞争优势。因此，自改革开放以来，我国旅游服务贸易飞速发展，旅游业成为国民经济中的支柱产业之一。

国际环境的变化和发展既为旅游服务贸易带来了良好的发展机遇和条件，也对旅游服务贸易的发展带来了重大的冲击和影响。因此，各国必将根据国际环境的变化建立一套相互配合、连贯一致的旅游服务贸易政策体系。

（一）加快旅游立法

加快旅游立法是应用科学发展观来保护旅游者和旅游经营者的有效手段，是解决行业管理中出现的难点、困难的必然要求。

（二）加大旅游基础设施建设

基础设施建设是加快旅游开发的前提和基础，相关部门应把基础设施建设作为调整产业结构、发展旅游、增加收入的“基础工程”来抓，并把其作为营造良好投资环境、改变生产条件、改善生态环境、实现可持续发展的“长效工程”来抓。

（三）健全旅游产业政策体系

相关部门应综合利用产业政策及规划、财税、信贷、土地等手段对旅游产业进行扶持；

将政策扶持与统筹协调旅游产业、重点区域和重大项目建设结合起来，积极引导食、住、行、游、购、娱六要素的相关企业和单位旅游产业集群；完善已出台的行业扶持政策，明确具体使用范围和实施细则；优先支持旅游业重点区域的发展，支持具有显著经济拉动作用的旅游项目建设。

信贷

信贷是指以偿还和付息为条件的价值运动形式，通常包括银行存款、贷款等信用活动，狭义上仅指银行贷款，广义上同“信用”通用。信贷是社会主义国家用有偿方式动员和分配资金的重要形式，是发展经济的有力杠杆。

（四）完善旅游协调机制

当区域各行政区的旅游可持续发展和旅游目的地的竞争力都依赖区域的整体形象和公共资源时，如果各个行政区都只顾自己的利益，那么公共资源特别容易受到破坏。因此，统一认识，协调开发，避免资源和财政浪费，从更高的层面上管理旅游所依赖的区域公共品牌和公共资源是解决问题的关键。

本章小结

1. 旅游服务指的是旅游从业人员为满足旅游者进行旅游活动而提供的有关食、住、行、游、购、娱等服务的总和，其目的是在最大限度地满足旅游者需求的同时，获得良好的经济社会效益。

2. 旅游产品是由多种资源、设施、设备和服务构成的，是物质的和非物质的多种产品的组合。

3. 旅游产品一般在旅游者来到旅游目的地时才生产和加工，其生产和消费是在同一地点同时发生的。

4. 旅行社是指专门从事招徕、接待国内外旅游者，组织旅游活动的旅游企业。

5. 游览观光服务既是旅游者进行旅游活动的根本性要素，也是旅游服务贸易的核心内容。

6. 旅游服务贸易是指旅游服务在国家之间的有偿流动和交换过程，即国家之间相互为旅游者进行国际旅游活动所提供的各种旅游服务的交易过程。

7. 跨境交付是指从一个缔约方境内向任何其他缔约方境内消费者提供服务。

8. 保护贸易政策是指一国或地区广泛地采用各种措施对进口和经营领域与范围进行限制，保护本国的旅游产品在本国市场上免受外国旅游产品的竞争，并对本国出口的旅游产品给予优待与补贴。

9. 自由贸易政策是指一国或地区通过多边贸易谈判，降低和约束与旅游服务贸易相关的关税，取消其他非关税壁垒措施，允许旅游服务要素自由流动，消除旅游服务贸易中的歧视待遇，扩大本国旅游市场的准入度。

10. 旅游服务贸易制度是指一个国家（或地区）在有关旅游服务贸易法规的基础上所制定的开展旅游服务贸易的制度规定，其内容通常包括护照和签证制度、海关制度、关税制度、配额制度、外汇管制等。

复习思考题

1. 旅游服务的一般特征是什么？
2. 国际旅游服务贸易具有哪些特点？
3. 什么是跨境交付？
4. 国际旅游服务贸易具有哪些作用？
5. 什么是关税制度？
6. 什么是配额制度？

第八章

国际电信服务贸易

知识框架图

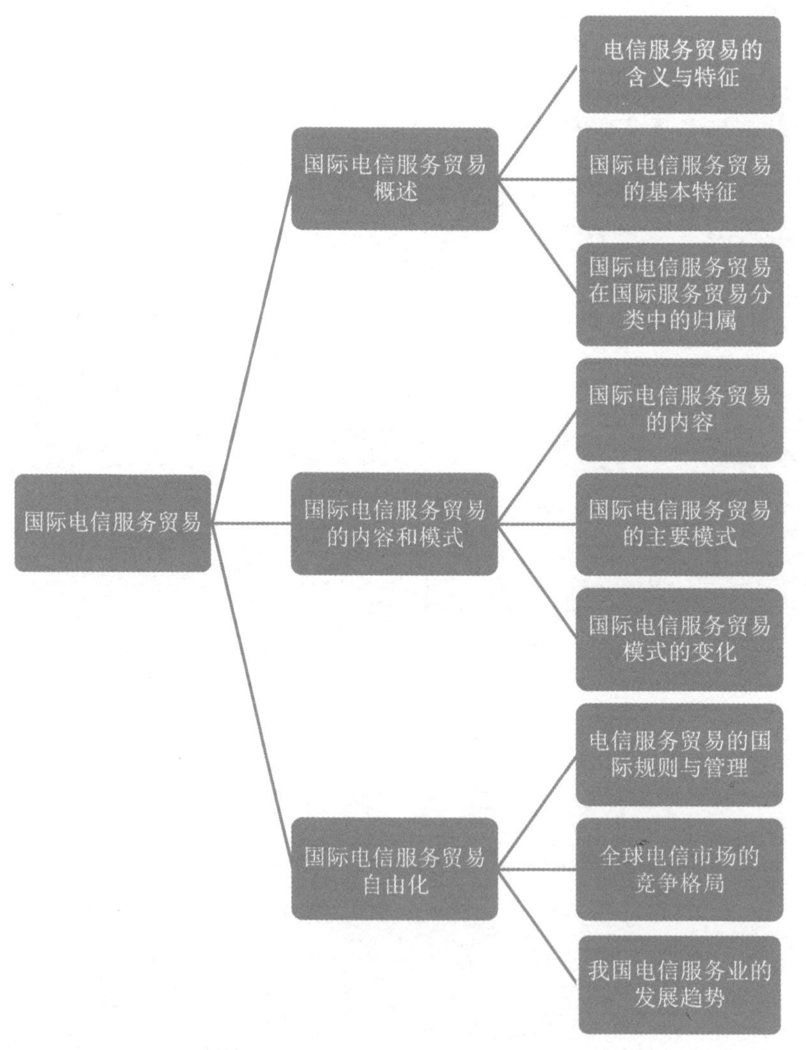

学习目标

- 了解国际电信服务贸易的基本特征
- 掌握国际电信服务贸易在国际服务贸易分类中的归属
- 掌握国际电信服务贸易的主要模式
- 了解国际电信服务贸易模式的变化
- 了解全球电信市场的竞争格局
- 了解我国电信服务业的发展趋势

第一节　国际电信服务贸易概述

随着世界经济一体化进程的不断推进，世界各国国际贸易额的显著上升，显示出商品、资本、服务在世界范围内的流动变得越来越普遍。电信业作为国民经济的支柱产业，在国际电信服务贸易中表现出强大的生命力并体现出其重要性，主要表现为电信服务贸易是国际服务贸易的基础。

一、电信服务贸易的含义与特征

（一）电信服务贸易的含义

电信是一种资本和信息的传递方式或分配系统，它对广告、银行、保险、数据处理和其他服务起着决定性的作用。从技术角度而言，电信实质上是一种电子传导，用于一端到另一端的声音或数据传输，或者进行大众传播（如广播等）。电信服务则是指通过电信基础设施为客户提供的实时信息传递活动。国际服务贸易中的电信服务一般是指公共电信传递服务，它包括明确而有效地向广大公众提供的任何电信传递服务，如电报、电话、电传和涉及向两处或多处用户提供信息的实时传送，以及由用户提供的信息。

电报

电报是一种最早用电来传送信息的可靠的即时远距离通信方式，它是19世纪30年代在英国和美国发展起来的。电报信息通过专用的交换线路以电信号的方式发送出去，该信号用代码代替文字和数字，通常使用的代码是摩尔斯电码。现在，随着电话、传真等的普及，电报已很少被人使用了。

按照GATS《关于电信服务的附件》的定义，电信是通过电磁方式传递和接收信号的。

一般来说，电信服务可分为基础电信服务和增值电信服务。基础电信服务约占电信服务的80%，增值电信服务约占电信服务的20%。对于基础电信服务，国际上尚无统一的标准定义。1996年12月9日，WTO于新加坡召开的首届部长级会议通过的《新加坡部长宣言》指出：凡涉及电信服务的承诺均表明可以使用任何形式的技术提供服务，包括传统的有线网络、光缆、有线电视设施、无线卫星系统。这里，基础电信服务是指以电话、电报、电传和电子传真为主的服务，它们为信息流量提供基本的传播能力和设施，主要包括交换数字传输服务、私人租赁线路服务、模拟和数字移动电话服务、寻呼和个人通信服务、电视信号传输服务、长途无线电系统服务、海底电缆服务、移动和固定卫星通信服务、电话会议服务等。增值电信服务是指除基础电信服务以外的其他服务，主要是以计算机网络为主的电信服务，包括电子和语音邮件、电子商务、互联网业务和其他在线计算机服务。它同计算机技术的迅猛发展和互联网的全球普及密切相关。

（二）电信服务贸易的特征

电信服务贸易作为服务贸易的一种，具有服务贸易的一般特征，如服务商品的不可感知性或贸易标的无形性、生产过程与消费过程的不可分离性、贸易主体地位的重要性、服务贸易的差异性和不可储存性、服务贸易市场的高度垄断性、贸易保护方式的隐蔽性及服务贸易的约束条例相对灵活性等，同时由于电信服务部门的特殊性，特别是其作为经济活动的独特部门和作为其他经济活动的基本传输手段而起到双重作用，电信服务贸易具有自己独有的特征。

1. 有利于对信息的传输和交换

生产、贸易、国防、科技等社会生活各方面都离不开电信服务，在当今社会中，竞争的胜利在很大程度上取决于对信息的掌握。如果生产者掌握了正确的市场信息，就能以更适销、价格比对手更有竞争力的商品占领市场；如果投资者掌握了金融市场、证券市场的走向，就能选择正确的投资渠道并获取高额利润。从电报、电话到可视电话，每一种新通信工具的产生都会给人类生活带来重大影响，这也是电信业得以突飞猛进的原因之一。

2. 有利于节约人力和资金

电信业的发展，缩短了社会化大生产中信息传递的时间，社会交易成本得以大幅度下降，促进了经济水平的提高。例如，充分利用电话，既可以大大减少差旅费和会议费支出，还可以大大减轻交通运输的压力。

3. 有利于促进世界经济全球化的进程

电信业的发展促进了世界经济全球化的进程，国际电信业的发展使得方便、及时地组织跨国生产经营成为可能。

4. 有利于促进相关产业的发展

电信业的发展有利于国际贸易、国际金融和国际运输等业务的开展，电信服务贸易的发展更是大大促进了这些业务的发展。

二、国际电信服务贸易的基本特征

（一）全程全网和互联互通

全程全网和互联互通作为电信服务网络性的主要特征，是国际电信服务贸易基本特征的重要组成部分。国际电信服务贸易的基本特点主要是通过国际间电信网络系统的互联互通来实现的，需要各国电信企业的通力合作。随着电信全球竞争的日趋激烈，跨国企业对全球“一站式电信服务”的需求膨胀及以互联网和电信服务为基础的全球电子商务的逐渐升温，国别的概念变得越来越模糊。本国内现有的电信服务已经远远不能满足实际需求，各国电信网络的互联和操作显得日趋重要和迫切。国家性电信经营者拥有并运行着各自的国内电信基础设施，包括用于交互、连接、传输的设备。而那些远程海底电缆和国际卫星等国际电信基础设施则通过双边协议或共同所有而由两国共同使用。这些国际电信基础设施的特点是各国共担成本风险，向得到授权的经营者开放，并且在向非所有方提供过境设施服务时，具有极高的互惠性。不同国家电信经营者间签署的双边协议是依照国际电报电话咨询委员会推荐的多边框架所拟定的。

在一国地域内，在位的大型电信运营商总是担心网间互联为其带来的利益不足以弥补其在网间互联中的成本支出，这为一些小型运营商的规模和业务扩张创造了条件。在国际电信服务贸易中，国际间的互联互通不仅不会使运营商的原有业务量分流，反而会不断提高业务量。试想，当甲、乙两国用户跨境使用电信服务时，甲、乙两国的运营商都只有借助相互的电信网络才能实现两国用户之间的信息传递。甲、乙两国运营商为了实现国际电信服务贸易，通常需要预先议定好价格，即国际核算费率。由于信息的流出方要付费给信息的流入方（与商品贸易的进出口方向相反），因此两国运营商往往以相同费率计征，当双方相互传递的信息量相等时，则费用抵销。

（二）技术标准的垄断性

电信服务贸易与其他服务贸易或商品贸易最大的不同在于技术标准的垄断性。电信行业企业是典型的网络型企业，网络结构的一个基本问题是沟通和协调，标准则是沟通和协调的基础。在“赢者通吃”的网络结构下，掌握标准的企业将成为行业中的主导者和行业利润的主要攫取者。许多大型电信公司通过创造和制定隐藏着知识产权的技术标准和规则，迫使竞争对手成为追随者，从而控制“游戏规则”和市场竞争格局，并通过跟随者对技术标准的依赖而将其牢牢地锁定在技术跟随者的角色上。电信技术标准在竞争中很大程度上决定了电信行业领导权的兴衰。在信息社会，电信作为主导性技术产业领域，通过标准竞争获得的产业领导能力可以转化为持久的产业比较优势，进而影响上下游产业的竞争

绩效；而产业的结构和绩效又会影响国家竞争优势。

发达国家跨国公司继续以技术优势控制、支配国际生产体系，控制、支配产业价值链和供应链的价值实现。在当前全球电信产业新型的跨国生产体系中，一条是依靠跨国公司母公司的直接投资和公司内贸易形成母子企业之间的价值链体系，另一条是通过非股权安排的企业间交易网络形成由核心企业主导的供应链体系。核心企业通过掌握技术、市场标准和销售渠道，便可以控制整个供应链和产品的价值实现，在全球化过程中获取巨大利益。

三、国际电信服务贸易在国际服务贸易分类中的归属

（一）国际服务贸易的分类

按照不同的角度，国际服务贸易大致有四种分类方式。

若把服务贸易等同于无形贸易，则可将其分为要素服务贸易和非要素服务贸易。一国向其他国家提供劳动、资本及土地等生产要素的服务，而从国外得到货币报酬，这种收入被认为是该国的要素服务收入，其中包括直接投资和间接投资收益及侨民的汇款，通常所说的服务贸易则是指无形贸易中的非要素服务贸易。

根据服务贸易是否伴随着货物贸易发生，可将其分为追加服务贸易和核心服务贸易。追加服务是伴随着商品实体而提供的，这种服务是对商品实体本身所提供的核心效用的追加，因而会在很大程度上左右消费者对所需核心效用的选择。随着经济和科技的不断发展，以不完全竞争为主的市场格局的出现，促使名目繁多的追加服务，尤其是知识密集型追加服务被广泛应用于商品生产的各个阶段，成为产品差异和增值的主要来源。核心服务是消费者单独购买的、能为消费者提供核心效用的服务，它同生产和贸易无关。按照服务中供给者与消费者接触的不同情况，一部分核心服务是通过服务主体与客体的实际接触，即双方的单向或双向流动来实现的，它通常会伴随着生产要素的跨国界流动；另一部分核心服务是不需要服务主体与客体的实际接触，但往往需要通过一定的媒介方可实现的跨国界服务。

按照服务贸易的类型划分，可将其分为要素服务贸易、人员和商品流动引起的服务贸易、物化服务贸易三种基本类型。其中，要素服务贸易包括三个部分：以人力资本和知识资本的收入形式表现的；以手续费和版权税形式表现的，如以图书、影片、唱片、乐谱、计算机软件、药品及类似的商品和服务形式使用的专利、商标、版权而支付的费用；劳务，包括工人、技术人员、管理人员的劳务贸易。人员和商品流动引起的服务贸易是指诸如旅游者、学生和病人等接受交通运输、旅馆、教育、医疗等方面的服务而引起的服务贸易。物化服务贸易是指服务既是精神的，也是物质的，并不是“看不见、摸不着”和不能储存的。

视野拓展

版权

版权是指作者或其他人（包括法人）依法对某一著作物享受的权利。根据规定，作者享受下列权利：（1）以本名、化名或以不署名的方式发表作品；（2）保护作品的完整性；（3）修改已经发表的作品；（4）因观点改变或其他正当理由声明收回已经发表的作品，但应适当赔偿出版单位的损失；（5）通过合法途径，以出版、复制、播放、表演、展览、摄制片、翻译或改编等形式使用作品；（6）因他人使用作品而获得经济报酬。当上述权利受到侵犯时，作者或其他版权所有者有权要求停止侵权行为并赔偿损失。

（二）国际电信服务贸易所属分类

按照上述划分标准，国际电信服务贸易依次归属于以下分类：狭义的电信服务贸易属于非要素服务贸易，广义的电信服务贸易包括要素服务贸易；电信服务贸易属于核心服务贸易；电信服务贸易同属于要素服务贸易、人员和商品流动引起的服务贸易；按照 WTO 统计和信息系统局的分类，电信服务贸易属于通信服务类。据统计，全世界电信服务收入高出电信设备销售收入。尽管如此，相对于电信设备贸易而言，电信服务贸易的机会至今仍然较受限制。

第二节　国际电信服务贸易的内容和模式

电信服务部门的特殊性在于其作为经济活动的独特部门和作为其他经济活动的基本传输手段起到了双重作用。国际电信服务贸易作为国际服务贸易的重要组成部分，日益凸显其重要性；而国际电信服务贸易的模式，则具体体现了电信服务部门的双重作用。

一、国际电信服务贸易的内容

（一）《基础电信协议》

《基础电信协议》是与电信服务贸易有关的重要国际规则。该协议由两部分组成：一是规定了参加基础电信开放的减让；二是各国关于基础电信开放的减让表及对 WTO 基础电信谈判小组的“参考文件”所做的承诺。协议涉及语音电话、数据传输、传真、电话、服务、移动电话、移动数据传输、企业租用私人线路及个人通信等各项电信服务。

视野拓展

数据传输

数据传输是指数据从一个地方传送到另一个地方的通信过程。数据传输系统通常由传输信道和信道两端的数据电路终接设备组成，在某些情况下，还包括信道两端的复用设备。传输信道可以是一条专用的通信信道，也可以由数据交换网、电话交换网或其他类型的交换网络来提供。数据传输系统的输入和输出设备为终端或计算机，统称数据终端设备，它所发出的数据信息一般是字母、数字和符号的组合，为了传送这些信息，需将每个字母、数字和符号用二进制代码来表示。

《基础电信协议》的主要内容在于督促各成员向外国公司开放其电信市场，并结束在国内电信市场上的垄断行为。《基础电信协议》作为服务贸易的重要组成部分，在 WTO 框架下，运用最惠国待遇、透明度、市场准入、国民待遇等原则来规范，并以国内管制、反补贴、反不正当竞争等来保证实施，体现了贸易自由化的要求。协议的条款要点包括竞争、互联互通、普遍服务、许可证审批标准的公开性、独立的管制机构及稀缺资源的分配和使用等方面。考虑到电信具有作为涉及国家主权和安全保密的公用事业的特性，以及各国的发展情况、模式等千差万别的客观现状，《基础电信协议》在公共电信网及其服务的接入和使用，以及在普遍服务等具体实施条款中，允许各国保留一定的例外，或者根据缔约国自身的情况做出有限的承诺。在国家主权和安全保密等最为敏感的方面，《基础电信协议》列出了专门的例外条款，如政府采购、一般例外和安全例外等，进一步予以明确和强调。而对于与此有关的国家对一些业务的垄断经营权，则通过垄断及专营服务提供者条款从另一角度给予了默认。对一些关键的但有助于进一步建立良好贸易环境的方式，如服务提供者的资历、许可证相互承认等提出了承认等指导条款，给予各方面更多的自主权。

《基础电信协议》考虑了发展中国家的特殊地位。在框架协议中，通过承担义务谈判条款对发展中国家逐步开放市场给予更多灵活性，通过补贴条款确认发展中国家在这一领域的灵活性需要其更多参与，促进发展中国家商业技术的获取，以及在《关于电信服务的附件》中通过技术合作条款鼓励和支持发展中国家尽可能地利用有关国际电信服务和信息技术等内容，给予发展中国家更多的优惠，为发展中国家平等地与发达国家进行服务贸易奠定了一定的基础。

（二）GATS 中有关电信服务的附件

在 GATS 中，有涉及电信服务的附件。《关于电信服务的附件》中的条款对中国电信服务业应对“入世”所面临的挑战具有重要意义。《关于电信服务的附件》第 1 条讨论了需要达成的目标，即认识到电信服务部门特殊性，特别是其作为经济活动的特殊部门和作为其他经济活动的基本传输手段而起到的双重作用，各成员在某些方面达成一致，旨在详述协定提供注释和补充规定；第 2 条阐述了自身的管辖范围；第 3 条对有关概念进行了定义和说明；第 4 条涉及 WTO 原则中的一个关键性原则，即透明度原则；第 5 条讨论了公共电信传输网络和服务的进入和作用；第 6 条和第 7 条分别讨论了成员的技术合作及其与国际组织和协定的关系问题。在《关于电信服务的附件》中，第 6 条特别讨论了发展中国家电信产业发展的有关问题。发展中成员如果拥有高效、先进的电信基础设施，则对于成员其他服务贸易的开展是至关重要的。GATS 赞成并且鼓励发达成员和发展中成员及它们的公共电信传输网络和服务的提供商，以及其他国际和地区性组织发展项目中的实体更多参与。《关于电信服务的附件》第 6 条第 2 款提供了在国际性和地区性水平上对于发展中成员之间的电信合作的鼓励和支持；第 6 条第 3 款陈述了成员应当使发展中成员获得所需的信息，以帮助加强它们国内的电信服务部门。这个目的可以通过与相关的国际组织合作来达到。这些信息不但给予不发达成员特殊的考虑，给这些成员以机会，鼓励电信服务的外国供应商在电信技术的转移、培训和其他支持它们电信基础设施发展与电信服务贸易扩展的行为中提供帮助。在《关于电信服务的附件》第 5 条中，专门有一款（第 7 款）提到了有关发展中成员公共电信传输网络和服务的准入与使用的问题，即一个发展中成员可在与其发展水平相一致的情况下，对公共电信传输网络和服务的进入与使用设置必要的合理条件，以增强其国内电信基础设施建设和提供服务的能力，并增加其对国际电信服务贸易的参与。

（三）我国经营的国际电信服务贸易的主要业务

我国经营的国际电信服务贸易的主要业务与各国所经营的基本一致。根据我国《电信业务分类目录》，我国国内电信经营者在现有电信网基础上，可以经营的国际电信服务贸易的主要业务包括：固定网国际长途电话业务；国际长途 IP 电话业务；国际通信设施服务业务；蜂窝移动通信国际漫游业务；跨境卫星移动通信业务；国际数据通信业务；国际公众电报业务。

二、国际电信服务贸易的主要模式

（一）跨国提供

1. 跨国提供的含义

跨国提供是指一国的电信运营商从一国领土向他国提供电信服务。国际电话历史比较悠久，而且是比较典型的一种电信跨境提供方式。它是当前电信服务领域内最普遍也是最有利可图的贸易形式。它包括电报、电话、电子函件和数据传输。

2. 会计汇率体制及其运作

关于国际电话结算的双边协定是建立在会计汇率体制基础上的。结算率是指电话运营者在处理彼此国际业务时同意双方共享的收入部分。结算率以每分钟的话务量来计算，一

般为双方均分，每个电话运营者分享到的比例为结算率。

3. 跨国提供中存在的问题

1）国际电话费用的分摊问题

国际电信传统上由垄断的国有运营者共同提供。每方提供一半电路，两方需联合在一起才能完成通话。而结算费可以被认为是至少三部分独立费用的总和，这三部分独立费用为国际传输费用（通常包括转接费）、国际交换费用（在通话的每一端）和国内延伸费用（在通话的每一端）。

2）对稀有资源进行分配的问题

最常见的例子是无线电频谱的使用。许多国家已经对把频谱作为电信媒介使用的许可证的数量做了限制。随着基于市场的频谱分配机制（如拍卖方案或其他的频谱计价方案）被采用，以及技术进步腾出新的频谱来供给商用，将出现比现在多得多的服务提供者。资源有限的另一领域是编号计划。市场新进入者常因为自身用户为了使用服务不得不拨打额外的号码而感到为难。号码不足的原因是由于人们更愿意使用较短的、易记的号码，而不是较长的。许多国家把对编号计划的控制权从原来运营者手中转移到一个独立实体的手中，通常是管理部门自己。这样，额外数字的附加会通过接入码的公平分配方法被有效地管理起来。

3）与现有网络互连以给现有用户提供服务的问题

其他行业也有某些广泛意义上的互连需求，如航空公司与航空港的互连、银行之间通过一连串自动取款机互连等。但电信业也许是唯一强求诸公司彼此互连且允许与竞争对手互连以提供服务的行业。

4. 跨国提供的项目

跨国提供的项目按照范围分为区域性和全球性两类，并且总有来自各国的众多合伙人参与。这些项目旨在建设和运营大规模国际通信设施，如卫星系统、海缆系统等。按定义来讲，对这种基础设施的投资是外国投资，因为这些投资投在国境线以外的地区。近年来，跨国项目主要由政府间组织执行。承建这种系统的组织也是该网络的运营者。然而，在建设和营销这些大型系统的方式上正在发生重大变化，现在出现了投资者私人筹资、建设和拥有的动向，这些投资者往往自己不直接使用这些设施，而将其租给业务提供者。

（二）国外消费

1. 国外消费的含义

国外消费是指向到国外旅行的人或在国外临时居住者提供电信服务，并在国内付费。随着我国经济的发展，出国从事商务活动和休闲旅行者日益增多，国外消费成为电信服务中一个重要的增长领域。不断增加的贸易活动也在助长其他运输业对全球移动通信的需求。

2. 国外消费的项目

1）呼叫电话卡

呼叫电话卡是由电话公司发行，允许持卡人在国外打电话而在国内付费的实体卡或虚拟卡。使用呼叫电话卡与国家直通服务虽然方便，但并非总是比直接打国际电话便宜。

2）移动通信

移动通信是另一种为在国外旅行的用户提供电信服务的方式。作为最早的模拟移动通信系统之一，北欧移动电话系统被设计用于支持在丹麦、芬兰、挪威和瑞典四国间实现地区性漫游，但由于缺乏全球性的模拟移动蜂窝系统标准，导致许多不兼容的系统难以在大范围内实现国际漫游。直到第二代蜂窝移动通信系统特别是全球移动通信系统的出现，才使全球漫游变得接近现实。

3）无线寻呼漫游

无线寻呼也在发展国际漫游。欧洲无线电信息系统（European Radio Messaging System，ERMES）支持自由旅行到其他拥有 ERMES 网络的国家并可接收信息，ERMES 支持以信息发出时所用的同一语言及字符集来接收信息。

4）移动卫星通信系统

移动卫星通信系统能使用户在世界的任何角落通过移动手机进行通话，有些同步轨道系统已投入使用。但目前大部分的注意力集中在非同步轨道的全球移动个人通信卫星系统。移动卫星通信系统能够为全球用户提供大跨度、大范围、远距离的漫游和机动、灵活的移动通信服务。

5）更换呼叫程序业务

更换呼叫程序业务不同于传统观念中的共同提供的国际电信业务。各国一般都不允许在国际业务提供中存在基础设施竞争，但是业务竞争程度在提高，消费者日益意识到需要在越来越多的服务方式中进行选择。

（三）商业存在

随着世界各国电信业的逐渐开放，直接进入他国电信市场成为可能，商业存在便发展为电信服务贸易十分普遍的一种模式。商业存在是指一国的电信运营商通过在他国建立代表处、对外国公众电信运营商全部或部分控股及参与合资企业和结盟等方式，在他国直接提供电信服务。

商业存在是电信运营者跨越国界在另一个国家运营时建立起来的。虽然建立商业存在最主要的原因是直接提供电信服务，但这并非电信运营者走向国外的唯一原因。

（四）自然人流动

自然人流动是指电信服务提供者将它的雇员送到国外，向其他国家的电信运营者提供技术和管理方面的指导和咨询服务。《自然人流动服务协议》即 GATS 第三议定书，处理的是关于自然人在一方成员境内的临时停留权利，这种临时停留是由于提供服务的需要，

不适用于寻求永久就业的人，也不适用于各国就获得公民权、永久居留权或永久就业权所规定的条件。为保证一方成员的边境完整，确保自然人在流动时受到其接纳成员的有效管理，协议不限制各成员对“自然人流动”采取管理措施（包括入境和境内管理），但是各成员的管理措施不能对谈判达成的具体承诺构成破坏。

视野拓展

《自然人流动服务协议》

《自然人流动服务协议》即GATS第三议定书，是WTO服务贸易理事会1995年7月21日通过谈判达成的协议，于1996年1月30日生效。

自然人可划分为两类：第一类为自我雇用在国外提供服务的外国自然人；第二类为受雇于除东道国本土公司以外的服务公司的外国雇员。对于第二类自然人，又存在两种情况：一种是外国自然人受雇于在东道国设立的外国公司，在这种情况下，自然人流动和商业存在是连在一起的；另一种是外国自然人受雇于根据合同提供服务的外国公司。

和商业存在不同，自然人流动不需要服务提供者在海外建立代表处。例如，咨询服务是电信业中的一个增长点，电信部门的重组和原有运营者的私有化正在增加对私有化专家和财务顾问等咨询专家的需求。在发展中国家，对技术和管理援助的需求也是一个重要的增长点。对公众电信运营商和设备制造商来说，这种咨询服务的提供为开拓新市场创造了一条途径。公众电信运营商们还需要向海外派人以支持其海外投资。

三、国际电信服务贸易模式的变化

一个国家的电信运营商只能开展本国政府所允许的电信服务贸易。因此，各国政府对于电信服务的经营管理体制，将直接影响其电信服务贸易。我国的电信业从国家垄断开始，经历了一步步改革，到今天已经显现出蓬勃的生机。消费者也已经从中获得了巨大收益——资费在降低、服务水平在提高、通话质量在稳定提升。竞争所带来的利益有目共睹，但是由于各国政府的利益不同，考虑问题的角度有异，因此制定的政策、法规也各不相同。如果一个国家明令禁止外国运营商在本国设立代表处或向本国电信业投资，那么商业存在这种模式就不可能存在。如果一个国家不允许本国技术人员出境，那么自然人流动这种模式也不可能发生。幸运的是，电信运营商应当为电信用户提供迅速、准确、安全、方便和价格合理的电信服务已成为很多政府的共识。

越来越多的政府开始出台政策，保护本国消费者的利益。同时，国际上通信新技术的不断涌现，也将使得国际电信服务贸易模式越来越多样化。新技术和新业务的持续发展、向竞争性市场的转变及私有化浪潮的涌现，为近年来国际电信业务市场带来了急剧的变化。其结果是普遍认为需要修改传统的国际电信业务经营规则（建立在联合提供业务的基础上）。

在当前出现的新模式中，国际电信业务被看作全球开放竞争的商贸业务。电信贸易是受一系列不同的国际条约、建议和协议支配的。其中有些具有政府间条约的性质，如国际电信联盟（ITU）的《无线电规则》。但其他许多则是简单的条款，想要经营某些业务的公司只需表示同意就可以了，传统的通过双边对应关系的运营模式正在面临巨大挑战。“国家对国家交谈”的模式正慢慢地被可能称为“个人对个人交谈”的模式取代。

国际边界越来越不适合国际通信的处理方式。这种变化主要受下列因素驱动：传统的电信业与其他通信部门的融合，使得不同形式通信之间的界限变模糊了；全球联盟的建立，推动了“通信公司的通信公司”市场的发展；随着地面线路和卫星网络容量的迅速增长，容量匮乏的因素减少了，使得业务提供者对业务提供有了充分选择。这些变化正在使双边的一对一关系变成多边的多对多关系。因电信贸易的定义和度量引起的统计上的困难只是问题的一部分。如果政府能认真对待电信贸易问题，那么国际电信的传统观念将面临挑战，特别是要反映政府从电信业的直接运营者到电信业的政策制定者和管理者的角色转变。

尽管政府对电信运营的直接影响将被削弱，但在竞争的市场环境下，政府的作用将比作为垄断业务提供者时更强。这是因为现有的市场运营者和潜在的新运营者需要一种清楚的构架来解决互连、编号、普遍服务责任、许可证条件及资费政策等问题。在垄断情况下，人们对这些问题漠不关心，但等到为竞争性市场创造了有利条件时，这些问题就变得非常敏感了。

第三节　国际电信服务贸易自由化

一、电信服务贸易的国际规则与管理

（一）电信服务贸易的国际规则

乌拉圭回合谈判结束后，电信服务贸易自由化的谈判开始紧张地进行，经过大约三年谈判，1997 年 2 月 15 日，WTO 结束了关于基础电信服务市场准入的谈判。共有 71 方政府提交了减让书，其中 69 国（地区）政府交了 55 个开放承诺减让表，最终被附在 GATS 第四议定书项下。这个以 GATS 第四议定书形式并且附有谈判各方所做具体承诺表的协议，还有两个附件，即《附件 1：参照文本》《附件 2：电信服务具体承诺表样本》。GATS 另有两个有关电信方面的附件，即《关于电信服务的附件》和《关于基础电信谈判的附件》。前者是独立于 WTO 成员就开放各自电信服务市场所做出的具体承诺；后者是关于乌拉圭回合谈判结束后，继续进行电信服务谈判的决定。

根据 GATS，可以对国际电信服务贸易的形式做出如下划分。从甲成员领土进入其他成员领土，即跨境消费服务。例如，外国某电信公司在本国本土通过国际线路向本国居民提供国际电话服务；在甲成员境内享受任何其他成员提供的服务，即跨境消费服务。又如，一国居民在家中利用他国电信网络向其居住在第三国的亲友打电话问候；甲成员的服务提供者进入其他成员境内，通过商业存在形式提供服务。再如，一国公司在国外设立电信经营机构，参与所在国电信服务市场的竞争；甲成员服务经营者，在其他成员领土内通过自然人移动。还如，一国的电信技术专家受聘于外国从事电信服务咨询及安装调试。

（二）电信服务贸易的法律管理

我国国务院颁布实施的《中华人民共和国电信条例》将电信界定为：利用有线、无线的电磁系统或者光电系统，传送、发射或者接收语音、文字、数据、图像及其他形式信息的活动。1991 年，关贸总协定谈判组对服务贸易谈判范围加以界定，并将电信服务贸易界定为传送与接收任何电磁信号的服务。

国际电信服务贸易法是国际电信服务贸易（包括基础电信与增值电信）的所有法律规范的总称。它既包括电信服务贸易方面的国际立法也包括国内立法。

从现有的国际和区域及各国相关的规范国际电信服务贸易的法律规范来看，其内容主要涉及市场构成、所有权要求、对电信设施使用的许可、价格安排、成本核算惯例、技术标准、政策透明度要求等方面。完备而透明的电信服务贸易法律规范将为国际电信服务贸易的顺利开展提供一个稳定的、可预见的操作环境。目前，各国正在加强该领域的立法工作，并谋求制定国际统一的电信法规框架。

二、全球电信市场的竞争格局

随着全球电信市场的逐步自由化，各国国内电信垄断逐渐削弱，竞争成为市场的主要特征，并涌现出大批新兴电信公司，市场结构在重大震荡变革后逐渐形成新的市场平衡，全球电信市场呈现以下竞争格局。

数量有限的寡头电信公司提供综合性一体化的全球性业务，分割国际电信市场。小公司通过专业化经营在大公司的“夹缝”中生存，成为市场补缺者，即在被大公司忽略的市场进行专业化经营以获得生存和发展空间。缺乏创新、技术落后、不思改革的电信公司在竞争中败北，逐渐淡出市场，这种情况最有可能发生在机构庞大、效率低下且又怯于开放和锐意改革的落后国家的电信公司中。

视野拓展

寡头竞争

寡头竞争是竞争和垄断的混合物，是一种不完全竞争。在垄断竞争的条件下，市场上有许多卖主，其生产和供应的产品不同。即使在寡头竞争的条件下，在一个行业中只有少数几家大公司（大卖主），它们所生产和销售的某种产品占这种产品的总产量和市场销售总量的绝大部分比重，它们之间的竞争就是寡头竞争。显然，在这种情况下，它们有能力影响和控制市场价格。在寡头竞争的条件下，各个寡头企业是相互依存、相互影响的。各个寡头企业调整价格就会马上影响其他竞争对手的定价政策，因而任何一个寡头企业在做决策时都会密切注意其他寡头企业的反应和决策。

在寡头竞争市场丰厚预期的驱动下，电信公司将源源不断地出现，新的竞争者将主要面向投资少、见效快的移动业务市场和增值业务市场，技术优势是其参与竞争最主要的资本。但在弱肉强食的竞争中，绝大多数或者破产，或者成为“大鱼吃小鱼”的牺牲品，只有极少数的公司能通过正确的市场定位，凭借具有优势和先进的经营管理，开始抢占大公司的市场份额。

传统电信公司面临巨大冲击，它们凭借着沉淀下来的发达的电话网络仍可能在一国或地区范围内的基本电话业务市场中占据主要地位，但将不断受到外国电信及移动电信业务的冲击。

三、我国电信服务业的发展趋势

（一）我国电信业面临的机遇与挑战

对我国电信设备制造业而言，由于市场早已向外商开放，加入 WTO 后，对电信设备制造业的冲击远远没有对电信服务业的冲击大，总体来说，机遇大于挑战，主要体现在以下几个方面。

在电信设备制造业方面，我国企业较早地面对了国际市场竞争。我国电信设备市场对外开放已经达到相当高的程度，且透明度很高，在引进设备和技术时，遵循了公平竞争的市场原则。

我国民族电信设备制造业蓬勃发展，取得了令人瞩目的成绩。我国民族电信设备制造企业已实现群体突破，并开始步入国际市场，对一些企业来说，加入 WTO 为它们进入国际市场扫除了一些障碍，也带来了更多的发展机遇。电信设备制造企业的生产成本会大大降低。无论是合资企业还是民族电信设备制造企业，很大一部分的零部件都依靠进口。

随着国内电信设备制造业的兴起，国外电信制造厂商在国内的垄断地位逐步削弱，电信设备的成本直线下降，同时国内的制造企业开始由仿制、代理走向自主研发，其产品不仅在国内销售，还开始在海外市场销售。

根据我国加入 WTO 议定书有关我国电信市场开放的承诺，我国电信服务的开放主要遵循几项原则：只允许合资形式，并且合资经营基础电信业务，我方国有电信企业必须绝对控股；不允许外方参与具体运行管理，以保证我方对电信设备的控制；所有国际长途业务必须通过我方电信管理当局控制的上海、广州和北京的三个国际出入关口。也就是说，

禁止外方参与国际出入关口的建设和经营管理。《中华人民共和国电信条例》明确规定，在我国境内从事国际通信业务，必须通过国务院信息产业主管部门批准设立的国际通信出入口局进行，这样我方可以保持对信息流动的管理和控制。

我国电信业开放的模式是合作与竞争并存，但是这种模式也只能在过渡期内运用，因此我国的电信服务业应尽快“强身壮体”，提高综合竞争力，以积极的姿态迎接今后国外诸强电信公司的进入与竞争。

（二）我国发展电信服务贸易的政策选择

我国电信业对 WTO 做出的两项最基本的承诺是：遵守规则、开放市场。因此，有关 GATS 的规则成为我国电信管理层及电信运营商都必须遵守的规则。遵守 WTO 基本规则首先要完善法律体系，制定适合 WTO 基本规则的政策和措施。《中华人民共和国电信条例》是我国第一部有关电信业的综合性行政法规，它的出台是我国电信立法领域的一个重大发展。《中华人民共和国电信条例》确立了我国电信行业监管的十项重要管理制度：电信业务经营许可制度、电信网间互联调解制度、电信资费管理制度、电信资源有偿使用制度、电信服务质量监督制度、电信建设管理制度、电信设备进网许可制度、电信安全保障制度、外商投资电信制度、电信违法制裁制度。

从世界各国电信法律环境来看，《中华人民共和国电信条例》显得有些不足，与 GATS 的总体要求相比还有一定差距。这就要求相关部门做到以下几点。第一，学习并利用 WTO 的相关规则。对电信行业管制者来说，要了解 WTO 与电信服务贸易有关的规则，如 GATS、《基础电信协议》等。通过对这些规则的学习，了解各国电信市场开放情况及有哪些限制或豁免措施，并学会运用 WTO 所允许的规则来对我国的电信市场进行有效管制。此外，相关部门还要学习 WTO 的争端解决机制，以便在发生电信服务贸易争端时，能够利用此机制来解决争端。第二，电信业的可持续发展需要与电信相关的法律。与电信相关的法律就是通过解决市场准入、互联互通、普遍服务、电信设备、电信资源管理等监管与被监管的关系，创设相应的基本法律制度，并对电信监管机构授以必要的权限来对电信市场进行主动管制，从而实现电信监管的目的。与电信相关的法律的立法目的在于维护电信市场竞争，促进电信业的发展，保障电信消费者的利益。第三，提高管制效率。要按照政企职责分开及精简、统一、效能的原则，转变职能，厘清关系，提高效率。具体到电信管制机构改革，就是要厘清电信管制机构与国务院其他部门的关系，合理划分职责权限，避免交叉重复，调整机构设置，精简各部门的内设机构和人员，提高行政效率。

我国电信业必须抓住时机，围绕“入世”进行自我运营机制的调整与优化，从最高决策层到各专业公司，均要制定切实可行的对策，进行区域性战略布局，加大加快体制改革，建立健全全国企业间良好的竞争环境，并充分利用“入世”所带来的机遇，提高我国电信业在国际竞争中的实力。我国发展电信服务贸易的政策选择应注意以下几个方面。

1. 提高服务水平和改善管理体制

由于长期的垄断经营和缺乏有效的监管机制，我国电信企业的服务水平普遍不高。

要想让我国电信企业继续占有较高的市场份额，继续发展壮大，就必须迅速采取行动，可以从以下三个方面入手：深化电信管理体制改革，给予企业充分的自主权，让企业成为真正的市场主体；完善各项法规政策，给企业创造一个良好的竞争环境；企业自身要不断强化市场意识、提高竞争能力，积极进行管理创新、业务创新，打造自身的核心竞争力。

2. 加强对服务人员的管理

我国电信企业应建立有效的奖惩机制，促使服务人员改善服务态度，提高业务水平，从方便用户需求的角度出发，设立更多、更全面的服务项目；充分利用各种媒体宣传企业形象，树立企业品牌。

3. 注重电信经营改革与体制创新

电信经营改革和体制创新可以从三个方面着手。第一，开拓电信相关产业并分流富余人员。我国电信企业存在富余职工较多、结构不合理的问题，因此有必要采取有效措施，扩展业务领域，分流富余人员，调整员工结构。第二，努力使开放市场与有效的产业调整体系同步完成。电信业的升级除依靠技术进步外，还需要建立一整套产业调控体系，这是我国开放电信市场后取得竞争优势的根本保证。第三，加快投融资制度改革、优化结构。要使我国的电信业具有迎接国际挑战的能力，应在国内市场已经开放的基础上，使各企业真正具备独立运作、独立发展的能力。在适当的时候，允许产业间通过业务交叉来强化竞争水平，特别是在优化结构已成为我国产业发展共识的时候。

4. 企业要“走出去”从事跨国经营

在经济全球化及电信业国际化的背景下，电信业的竞争实际上已经突破国际地理区位的界限，在国际范围内进行。我国电信运营商的国际化经营起步晚、发展慢、国际化经营的动力严重不足。但随着我国正式成为WTO的成员，企业“走出去”战略的实施及电信重组后国内电信市场格局的变化，电信运营商国际化经营的动力正在显著变化。

5. 提高企业自身的实力和知名度

要提高企业自身的实力和知名度，可以从以下两个方面入手。第一，加强技术研究。由于电信业的发展需要尖端技术，而这些尖端技术在大家面前是平等的，因此电信企业要尽快掌握各种先进技术，并基于这些先进技术提出具有自身特色和符合我国特点的解决方案，以增强自己的竞争力。第二，加大宣传力度，提高市场占有率。由于我国加入WTO有个缓冲的时间，而企业在建立电信网络时具有一次性投资的特点，因此要在这个较短的时间差内，充分把握先机，利用自己的本地优势，扩大市场宣传，并尽可能地提高自己的市场占有率。总之，有远见的电信企业应适度地立足现实，将改革与开放联系在一起；要发展就必须改革，要改革就必须开放，而开放必然会极大地促进改革和发展。

本章小结

1. 电信是一种资本和信息的传递方式或分配系统，它对广告、银行、保险、数据处理和其他服务起着决定性的作用。

2. 增值电信服务是指除基础电信服务以外的其他服务，主要是以计算机网络为主的电信服务，包括电子和语音邮件、电子商务、互联网业务和其他在线计算机服务。

3. 跨国提供是指一国的电信运营商从一国领土向他国提供电信服务。

4. 跨国提供项目按照范围分为区域性和全球性两类，并且总有来自各国的众多合伙人参与。

5. 国外消费是指向到国外旅行的人或在国外临时居住者提供电信服务，并在国内付费。

6. 呼叫电话卡是由电话公司发行，允许持卡人在国外打电话而在国内付费的实体卡或虚拟卡。

7. 移动通信是另一种为在国外旅行的用户提供电信服务的方式。

8. 更换呼叫程序业务不同于传统观念中的共同提供的国际电信业务。

9. 国际电信服务贸易法是国际电信服务贸易（包括基础电信与增值电信）的所有法律规范的总称。它既包括电信服务贸易方面的国际立法也包括国内立法。

复习思考题

1. 什么是增值电信服务?
2. 电信服务贸易具有哪些特征?
3. 什么是《基础电信协议》?
4. 什么是自然人流动?
5. 电信服务贸易的国际规则有哪些?
6. 电信服务贸易的法律管理包括哪些方面?

第九章

国际文化服务贸易

知识框架图

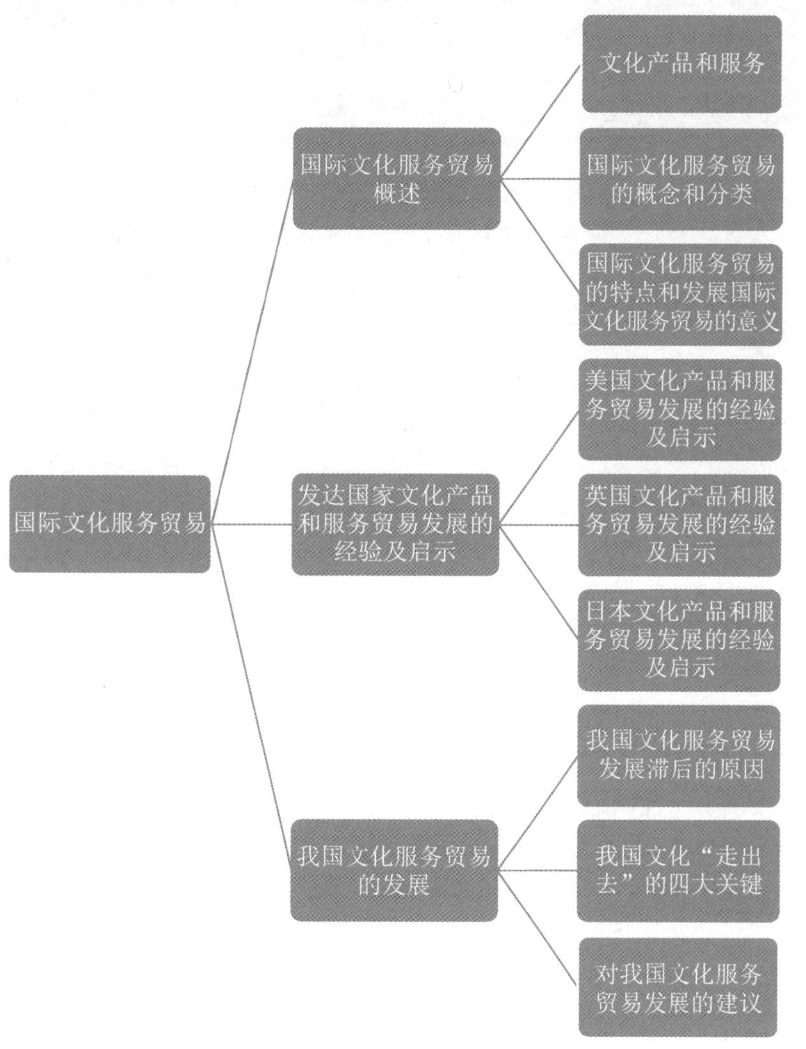

学习目标

- 了解国际文化服务贸易的概念和分类
- 理解国际文化服务贸易的特点和发展国际文化服务贸易的意义
- 了解美国文化产品和服务贸易发展的经验及启示
- 了解英国文化产品和服务贸易发展的经验及启示
- 了解日本文化产品和服务贸易发展的经验及启示
- 了解我国文化服务贸易发展滞后的原因
- 掌握我国文化“走出去”的四大关键

第一节　国际文化服务贸易概述

全球化进程使人们的物质生活和文化生活日益国际化，直接影响了人们的生活方式和生活习惯，为人们营造了一个国际化的文化空间。经济与文化一体化趋势的加强，加速了经济、文化和商业的融合，国际文化服务贸易是文化产业国际化的必然产物。要想更好地理解国际文化服务贸易应先了解文化产品、文化服务及文化服务贸易的内涵。

一、文化产品和服务

国际上通行的文化产品贸易统计标准是联合国教育、科学及文化组织（United Nations Educational，Scientific and Cultural Organization，UNESCO）的“文化统计框架”（Framework for Cultural Statistics，FCS）。FCS 将当前国际流通中的文化产品和服务划分为十大类，分别为文化遗产、印刷品及文学作品、音乐、表演艺术、视觉艺术、电影和摄影、广播电视、社会文化活动、体育及游戏、环境和自然。UNESCO 有关研究机构发布的文化产品贸易数据就是在 FCS 的基础上从联合国商品贸易统计数据库中统计得到的。

然而，随着国际贸易统计标准的不断修订及数据可得性的局限，不同时期的文化产品贸易内涵存在较大差异。“核心文化产品”更多地产生于一些传统文化产业，具有有形的组成部分，并且具有文化的内容；而“相关文化产品”更多地与创意产业相关，往往指服务，以及支撑创意、生产、配送“核心文化产品”的活动、设备和支持要素，软件、广告、建筑和企业智力服务等都属于此类。比如，一张刻上了音乐的 CD 及与之相关的知识产权被定义为“核心文化产品”，而一张空 CD 或 CD 播放机被定义为“相关文化产品”。

UNESCO 还提出，文化产业一般包括印刷、出版和多媒体、音像唱片和电影生产，以及手工艺和设计，甚至还可以涵盖建筑、视觉和表演艺术、体育、乐器制作、广告和文化旅游。塔尼亚 • 芙恩据此得出，凡与上述文化产业有关的产品均为“文化产品”，主要包括电影、录像、广播、电视、录音、图书、杂志、期刊及有关的服务。

按照 UNESCO 对文化产品和文化服务的界定，文化产品一般是指传播思想、符号和生活方式的消费品，它通常是由文本内容和载体（介质或传播渠道）构成的。文本内容指的是文化作品所要表达的思想、观点和主要内容等，具有抽象性和无形性，其本质体现为信息；载体是信息传播所必需的固定介质或传播渠道。同一文化产品可以有多种载体，如科技期刊的载体既可以是纸介质也可以是电子介质。文化产品的文本内容需要固定在一定的载体上传递给受众才能体现其使用价值，并最终实现其价值。文化产品可以为受众提供信息并给他们带来快乐，更为重要的是，它能够形成群体特性来影响文化行为。通常意义上的文化服务是指满足人们文化兴趣和需要的行为，它不是以货物形式出现的，主要包含政府、私人机构和半公共机构等为社会文化实践所提供的文化支持。

UNCTAD 在《创意经济报告》中曾提到文化产品和服务的概念和特征，其认为诸如艺术品、音乐表演、文学作品、影视节目和视频游戏等文化产品都具有三个方面的共同特征：其一，文化产品和服务的生产需要投入大量的人类创作力；其二，对文化产品和服务的消费者而言，它们是象征性的信息工具；其三，文化产品和服务至少潜在地包含一些归因于个体或群体生产商品或服务的知识产权。

文化产品和服务的概念也可以从其体现或创造的价值类型来定义，除拥有一般产品和服务的商业价值之外，文化产品和服务还具有文化价值，而且这种文化价值是不能用金钱来充分度量的。

虽然目前对于文化服务的内涵和外延的阐释还缺乏定论，但 UNESCO 对文化服务的分类具有一定的代表性，其认为文化服务包括表演（剧院交响乐团、杂技团）、出版、发行、新闻、通信和建筑服务，同时包括视听、图书馆、档案馆、博物馆及其他服务。当然，WTO《国际服务贸易分类表》中也提到了文化服务，如商业服务中的广告服务、摄影服务、印刷和出版服务；通信服务中的视听服务，而视听服务又包括电影和录像的制作和发行服务、电影发映服务、广播和电视服务、录音服务；除视听服务之外还有娱乐服务、新闻机构服务、图书馆、档案馆、博物馆和其他文化服务，以及体育和其他娱乐服务等。显而易见，随着科技的进步，特别是电子商务的出现带来的新型商业和服务模式，不管是 WTO 还是 UNESCO 对文化服务的界定和分类也在随时变化。

二、国际文化服务贸易的概念和分类

作为国际服务贸易的一个重要组成部分，国际文化服务贸易已经成为当今全球服务贸易竞争的重点领域之一。而对提供文化服务贸易的文化产业来说，其在发达国家国民经济产值中占有很大比重，正成为发达国家出口支柱产业之一。

（一）国际文化服务贸易的概念

国际文化服务贸易是服务贸易与文化产业的交叉学科。一方面，国际文化服务贸易是国际服务贸易中的一个重要领域；另一方面，国际文化服务贸易是文化产业链条的终端环节。因为文化产业可分为前期策划、中期制作和后期营销三大环节，后期营销又分为国内市场营销和国际市场营销。国际文化服务贸易就是后期营销环节中的国际市场内容。

国际文化服务贸易是与知识产权有关的文化产品和文化服务的贸易活动，是国际间文化产品和服务的输入与输出的贸易方式，是国际服务贸易的重要组成部分。贸易一方向另一方提供文化产品和服务并获得收入的过程，表现为文化产品和服务的出口或文化产品和服务的输出；购买外方文化产品和服务的过程，表现为文化产品和服务的进口或文化产品和服务的输入。国际文化服务贸易涵盖电影、电视、演出、会展、图书、版权等具体行业的国际公司、贸易环境、贸易历史和文化政策等相关内容。

（二）国际文化服务贸易的分类

1. 以文化产品和文化服务为划分标准

在《国际服务贸易分类表》中，对文化服务做了如下划分：在商业服务中，有法律服务、软件服务、数据处理和数据库服务、广告服务、摄影服务、包装服务、印刷和出版服务；在视听服务中，有电影和录像的制作和发行服务、电影放映服务、广播和电视服务、录音服务；在娱乐、文化和体育服务（除视听服务外）中，有娱乐服务、新闻机构服务、图书馆、档案馆、博物馆和其他文化服务，以及体育和其他娱乐服务等。此外，文化会展服务、文化中介服务、文化咨询服务等服务及相关的文化产品，也属于文化服务的范畴。

在国际货币基金组织颁布的《国际收支手册》中也有对文化服务的定义。居民与非居民之间，有关个人、文化和娱乐服务细分为下面两类：一是声像和有关服务，二是其他文化和娱乐服务。第一类包括（影片或录像带形式的）电影、收音机、电视节目（实况或提前录制的）和音乐录制品。这里还包括租用费用的支出和收入；演员、导演、制片人等从作品在国外播放而得到的报酬；卖给传播媒介，在指定地点上映次数有限的播映权费。第二类包括其他个人、文化和娱乐活动，如同图书馆、档案馆、博物馆等其他文化、体育和娱乐有关的活动。这里还包括国外教师或医生提供的函授课程的费用。

《商品名称及编码协调制度的国际公约》的分类法主要依据商品的物理性质和被加工的程度，而不是依据商品的用途进行分类。因此，在《商品名称及编码协调制度的国际公约》中没有一个分类是“文化产品”，属于这一分类的产品只是散落在这个分类的分类系统的其中几类。

文化服务在联合专利分类中由两大部分组成。作为信息服务的一个分支的视听服务，又被分为几个小分类，现场表演被包括在“文化、娱乐和体育服务”分类里。其中一些服务的分类和对于文化服务的分类是一致的，如图书馆、档案馆和博物馆服务包括在内；新闻服务等则没有包括在内；体育服务等还有待商榷。此外，出现在联合专利分类中的其他服务也可以被定义为文化服务。

2. 以文化硬件和文化软件为划分标准

以文化硬件和文化软件为划分标准，国际文化服务贸易可以分为文化软件服务贸易和文化硬件服务贸易。一般来说，文化软件服务贸易是指包括文化内容的产品和文化服务的贸易，主要包括广播电视节目、电影和电视剧、印刷品、出版物、视听艺术、表演艺术，载有文化艺术内容的光盘和多媒体及娱乐、会展等进行的贸易；文化硬件服务贸易则是指用来生产、储存和传播文化内容的器物、工具和物态载体，如摄影器材、视听设备、舞美设备、游戏和娱乐器材、艺术创造和表达的工具等进行的贸易。

三、国际文化服务贸易的特点和发展国际文化服务贸易的意义

（一）国际文化服务贸易的特点

作为一种特殊的服务贸易，国际文化服务贸易既涉及文化产品又涉及文化服务。这使得国际文化服务贸易既具有国际货物贸易和国际服务贸易的共性，又具有新的特点。

1. 贸易市场高度垄断性

国际文化服务贸易在发达国家和发展中国家表现出严重的不平衡性，这与文化市场的文化产品受各国历史特点、区域位置及文化背景等多种因素的影响密不可分。因此，国际文化服务贸易市场的垄断性较强，表现为少数发达国家对国际文化服务贸易的垄断优势与发展中国家的相对劣势。

2. 贸易保护方式具有隐蔽性

由于文化服务贸易标的物的特点，各国无法通过统一的国际标准或关税对其进行限制，而更多地采用各自国内的政策、法令对其进行限制，如市场准入制度、非国民待遇等非关税壁垒形式。

3. 贸易自由化的例外性

由于图书出版、演出服务、广播影视、网络服务及教育等文化产业直接关系到国家主权、国家安全和意识形态等敏感领域，因此各国在文化服务贸易的开发程度上都十分谨慎，各国政府对文化服务贸易的各种限制和保护远远超过货物贸易，这在很大程度上阻碍了国际文化服务贸易的自由化进程。

4. 贸易约束的相对灵活性

WTO 一直致力于寻求国际贸易的自由化，但从文化服务贸易概念出现之日起，“文化例外”就成为一种不成文的主张，并且为 WTO 各成员所接受且广泛运用于文化服务贸易政策中。因此，WTO 对于文化服务贸易的约束具有相对灵活性。

5. 与其他产业的强烈交融性

丰富的文化内涵和不同的文化服务融入大部分产业和贸易领域，品饮文化、居住文化、服饰文化等，在不同的文化背景下都反映出多样的文化价值取向。尤其是文化产品和文化服务与信息技术的结合，更加速了文化的传播速度，扩展了传播范围，因而更增强了文化产品和文化服务的可贸易性。

（二）发展国际文化服务贸易的意义

1. 有助于实现文化产业价值链的对外经济效益且加快积累国民财富

文化服务贸易所带来的直接利润来源于文化服务贸易自身，随着知识经济浪潮滚滚而来，人类对于文化产品和文化服务的需求越来越广泛，文化服务贸易市场前景也越来越广阔。国际文化市场包括文化产品市场、文化服务市场、文化要素市场、文化附加值市场等，这些都已成为各国企业和政府共同关注的重要战略领地。更重要的是，文化产业具有高附加值、高回报的特点，其所衍生的其他相关产业的利润（如旅游、玩具、游戏、主题公园等）比直接利润要高很多。因此，大力发展对外文化服务贸易，有助于完善文化产业价值链，并且有助于加快积累国民财富。

2. 有助于传播文化理念，促进了解并树立良好的国际形象

文化产品和文化服务具有一般商品和文化特殊商品的双重属性。一个国家的对外文化服务贸易，不但具有经济价值，而且具有外交和宣传功能，能在获取经济利益的同时，传播国家的意识形态和价值观念。通过大力发展对外文化服务贸易，能够帮助一个国家树立良好的国际形象，吸引更多的贸易伙伴和国际朋友。

3. 有助于提升其他产业的附加值并扩大外贸出口

从生产特点、生产内容和作用的方式与范围来看，文化服务贸易可以带动科教、休闲、传媒、体育等庞大的贸易群体蓬勃发展。不仅如此，文化产业为其扩展所形成的“亚文化产业”，或者说是文化产业与其他产业融合后产生的混合型产业，既包括传统制造业、种植业、养殖业和服务业的基本形态，又包括具有高文化含量的会展业、咨询业、旅游业和职业培训业等，提升了这些产业的附加值，并且为其他产业的外贸出口打开了广阔的道路。

4. 有助于实现国民经济的可持续发展，改善出口商品结构

从我国对外文化服务贸易本身的情况来看，我国对外文化服务贸易存在着严重的贸易逆差现象。无论是从文化资源的角度来讲，还是从综合国力的角度来讲，这种严重的文化贸易逆差都是不应该存在的。因此，从体制改革和机制创新的高度，大力发展对外文化服务贸易，已经成为我国发展文化事业、增强文化实力、提高国际竞争力的一个新的战略突破口和历史性机遇。同时，在改善贸易结构方面，具有高附加值、整体效应特定的文化服务贸易无疑具有重要的作用和意义。

第二节　发达国家文化产品和服务贸易发展的经验及启示

文化产业发达国家经过多年的努力，在文化产品和服务贸易方面积累了许多值得我国

借鉴的经验。通过对美国、英国、日本等国际文化服务贸易发达国家的经验进行归纳总结，能够对我国文化产业“走出去”的战略举措提供参考。

一、美国文化产品和服务贸易发展的经验及启示

（一）服务业基础雄厚

强有力的贸易地位一般是建立在发达的产业基础之上的。美国拥有高度发达的服务业，包括旅游、运输、金融、教育、商业服务、通信、设备安装和维修、娱乐、信息和医疗保健，这些服务业吸引着成千上万的外国旅游者。美国的航空运输业十分有效率，其运输服务的增长主要来自民运，特别是航空民运，美国通常把包括客运和货运在内的协议谈判作为换取权利的筹码。良好的服务业发展基础是美国服务贸易获得龙头地位的重要原因。

医疗保健

医疗保健是指为保护和增进人体健康、防治疾病，医疗机构所采取的综合性措施。一般认为，医疗保健制度有狭义和广义之分。狭义的医疗保健制度是指医疗保健费用的负担方式，以及共同遵守的、按一定程序办事的规程；广义的医疗保健制度是指一个国家和政府采用什么形式向居民提供防病、治病的医疗保健服务，以及在提供医疗保健服务过程中，如何筹集、分配和使用医疗保健经费，包括医疗保健服务的供应方式、费用的筹集和支付方式等内容。

（二）采取行之有效的服务贸易促进战略

首先，美国通过宣传、立法、设立专门机构等手段，建立了比较完善的服务贸易法律、法规体系和管理机制，为服务贸易迅速发展创造了良好的内部市场环境；其次，实施“服务优先”出口发展战略，为其服务出口提供了有力的保障和动力，美国服务出口的扩大促进了其国内服务业的发展，国内服务业的发展反过来又进一步促进了服务出口的扩大，二者之间形成了良性的互动与促进关系；再次，通过双边及多边谈判为服务贸易的发展创造了良好的外部环境，其要求外国取消“不公平”“不合理”和歧视性的贸易措施；最后，美国政府及民间团体还设立专门的咨询机构，为服务业进入他国市场提供了多种帮助。

（三）实施自由化与保护相结合的服务贸易对外政策

GATS 的签订和实施，为美国创造了服务贸易逐步自由化的良好国际环境。虽然美国承诺实施自由化，并开放多个服务业市场，但在美国同样具有较大比较优势的研究与开发、租赁、市场研究、广告、管理咨询、电子邮件和电子数据交换、分销、工程设计、环保服务等领域，作为美国服务出口主要市场的欧盟、加拿大、日本等发达国家和地区几乎全部承诺对外开放，即使发展中国家和地区，也有部分国家和地区承诺开放保险、银行和其他

金融服务市场，以及计算机等相关服务市场。这些市场的开放无疑使美国以局部的自由化换取了更大的发展空间。当然，在自由化的同时，美国对自身不具有竞争优势的服务行业和敏感性服务行业的市场准入仍设置种种障碍，对其予以保护。

视野拓展

工程设计

工程设计是指根据建设工程的要求，对可行性研究的深入和继续，对建设工程所需的技术、经济、资源、环境等条件进行更加深入、细致的分析，编制建设设计文件和绘制施工图的工作。工程设计是在可行性研究确定可行的条件下解决怎样进行建设的具体工程技术和经济问题。

按我国习惯，一般工程设计分为“初步设计”和“施工图设计”两个阶段。

（1）初步设计：一般情况下，初步设计就是项目的宏观设计，包括项目的总体设计、布局设计、主要的工艺流程、设备的选型和安装设计、工程概算等。初步设计必须满足编制施工招标文件、主要设备材料订货和编制施工图设计文件的需要，是下一阶段，即施工图设计的基础。

（2）施工图设计：根据批准的初步设计，绘制正确、完整和尽可能详细的建筑、安装图纸，包括建设项目部分工程的详图、零部件结构明细表、验收标准和方法、施工图预算等。施工图设计应当满足设备材料采购、非标准设备制作和施工的需要，并注明建筑工程合理使用年限。

大型工程或技术高难的工程分为“技术设计”“初步设计”“施工图设计”三个阶段，设计文件必须符合国家规定的设计深度要求和其他规定，并注明建筑工程合理使用年限。

二、英国文化产品和服务贸易发展的经验及启示

在英国，一般不使用文化产业概念，而是用“创意产业”取而代之。“创意产业”是一个覆盖面非常广的产业概念，凡是涉及人类脑力创造的思维成果都属于创意。创意产业不但包括文化产业的创造性实质，而且涉及其他产业的发展。创意产业概念在英国的提出，促进了英国文化产业的整合与重组，从而使英国一举成为欧洲规模最大的创意产业中心。因此，研究英国创意产业及其贸易发展，对于我国文化产业创新发展具有重要的作用。

英国具有优势的服务贸易领域主要包括金融服务、商业服务、专业服务、旅游服务等。英国健全的金融服务体系对英国服务贸易的发展做出了巨大贡献，伦敦是世界三大金融中心之一，也是欧洲十分重要的金融中心，主要的金融机构包括英格兰银行、伦敦股票交易所及劳合社等。英国服务贸易发展值得我国借鉴的经验主要有两个方面。

（一）健全的服务贸易管理体制

英国每个服务行业都有不同的管理及监管机构负责贸易促进相关事宜。英国贸易与工业部负责对服务贸易的管理，参与制定酒店及餐饮服务行业标准，但不直接参与企业的经营管理；英国文化、媒体和体育部及项下的机构负责制定旅游政策，向政府通告该行业所关注的事宜，同时研究、发布旅游业的相关数据等；英国金融服务监管局负责管理英国金融服务业。此外，还有行业组织对服务贸易进行管理。英国政府资助的机构或者行业组织对服务贸易的协调与管理也很重要。主要的机构和组织包括国家消费者委员会，其代表消费者的利益，与英国及欧盟的政策制定者、管理者和服务提供者进行联系；各行业协会、市场研究协会、管理咨询协会等，负责提供相关领域的专业服务。英国的服务贸易管理包含大部分领域、环节，使得整个服务贸易发展形成了一个健全、有序的管理链。

（二）较为完善的服务贸易税收制度

英国服务贸易税收的宗旨是减少税收扭曲，避免税收因素左右企业的经营决策；提高劳动生产率及企业竞争力；使企业的纳税份额与其商业利润相当，确保其在公平环境中竞争；坚持低税率、宽税基的原则，取消过时、低效的税收条款。例如，英国对跨境交付服务具有许多明确的政策规定，包括税收规定、服务提供形式及服务提供地的规定等。英国对服务贸易征收增值税，也实行部分服务的出口“零”税率，具体领域包括保险、邮政、金融及保健服务等。

增值税

增值税是以商品（含应税劳务）在流转过程中产生的增值额为计税依据而征收的一种流转税。从计税原理上说，增值税是对商品生产、流通、劳务服务中多个环节的新增价值或商品的附加值征收的一种流转税。

三、日本文化产品和服务贸易发展的经验及启示

日本的文化产业由从事销售、出版、发行、播放、信息传输等流通业务的传媒企业及负责制作创意内容的制作公司、创作者组成。下面具体从政策层面、产品层面、人才层面和资本层面依次探讨日本在文化产业发展和文化服务贸易方面的经验。

（一）重视文化产业政策，加强文化产业管理

在政策层面，日本非常重视文化产业政策，以加强文化产业管理，这可能与日本历来就很重视产业政策在其经济发展中作用的传统有关。日本主管文化产业的部门主要有经济产业省、总务省、文部科学省、内阁官房、文化情报关联产业课等，它们通过制定有关法律法规，对文化产业进行管理和强化。同时，日本的一些经济组织和社会团体，如经济团

体联合会（经团联）、日本动画协会等也参与文化产业管理，它们根据各业界的意见对文化产业政策提出建议。从电影、电视节目、动漫、音乐、游戏等文化内容来看，日本都有相关的行业组织机构来进行监督和管理。可见，日本对文化产业发展非常重视，而且相关的组织治理结构相当完善。

（二）完善配套服务，促进文化服务贸易

日本非常重视文化产品和服务的海外市场开拓，并通过举办各种评奖、展览活动，利用各种中介服务机构，积极开拓国际文化市场，以不断增强自身文化产业的国际竞争力。日本文化产业之所以能够取得巨大成功，既离不开其国内文化市场的繁荣，又离不开其对国际文化市场的大力开拓。开拓国际市场，增强文化产业在国际市场的整体竞争力，是日本发展文化产业的重要战略目标。在文化服务贸易具体开展时，日本并不是一味地考虑国际市场，而是非常重视培育有利于自身文化产业发展的国际社会基础。为了使文化产品进入国际市场，并且为广大海外民众所接受，日本认识到首先要使他们了解并喜欢日本文化，感受日本的魅力。为此，在推销文化产品和服务的同时，日本始终没有忘记对其文化进行宣传。

日本在重视本国传统文化的继承和发扬的同时，也具有很强的吸收外来文化的意识和能力，其非常重视吸收和引进外国先进的文化理念、文化设备和项目。日本在引进外国文化项目时，注重选题的新颖、设备的先进，并且注重与本国文化市场相结合，以使引进的文化项目能够持续发展。这也是日本文化产业始终充满活力的一个原因。

另外，科技含量高也是日本在文化产品和服务供给中非常看重的，其先进的创意和新颖的设计理念因先进科技的支持而转化为新颖的、具有竞争力的文化产品和服务。这些因素共同造就了其文化产业在国际文化市场上的强大核心竞争力，日本在文化产品和服务的海外贸易中占据着与其国民经济发展相当的地位。

（三）人才培育与人才引进并行

日本文化产业的繁荣昌盛离不开人才，注重对文化产业人才的培育和引进是日本文化产业和文化贸易“长盛不衰”的重要原因之一。

为了培养专门的文化产品创造和制作人才，日本制订了专门的方案和计划，由国内的教育机构（主要是国内的大学和专门机构）负责培养。日本还通过海外教育机构派遣公民出国留学，并对在培养文化人才方面做出重大贡献的机构和个人给予表彰。日本政府还积极举办各种评奖活动，奖励和表彰文化产业的制作者，这些措施极大地推动了文化产业人才的成长。

人才培养和高科技是文化产业发展的重要推动力量。日本的很多高校和职业技术院校专门开设了相关的文化产业专业，如动漫制作、游戏设计、数码艺术、媒体、艺术学科等，这些文化产业学科为日本文化产业的可持续发展提供了人才保障。日本在文化产业人才培育方面还非常注重“产、官、学”相结合，在政府提供相关法律保障和政策支持的条件下，企业通过与政府及学术研究机构合作，共同寻求文化产业的大发展，这也与日本经济实现

高速增长中所实行的“产、官、学”相结合的模式具有一致性。

（四）政府扶持与外来投资并重

日本文化产业的投融资渠道非常多，各类企业是日本文化产业发展壮大的主要投融资来源。一些大型企业把赞助文化活动作为改善企业形象、获取更多收益的重要举措。日本政府也通过预算拨款、提供补助、设立文化专项基金等形式，不断加大对文化产业的投入。

总体来说，日本在扶持文化产业发展方面已经形成以企业和民间为主、中央和地方政府为辅的多元化投融资机制。大力扶持“创新产业”是日本“行政指导”的具体举措。长期以来，日本实行的是政府主导型经济，政府的“行政指导”通过制定良好的产业政策和实施优惠措施来逐步引导企业发展。

近年来，日本政府审时度势，在技术开发的“行政指导”方面，对创新企业实行较多的政策倾斜和材料扶持，即政府通过信贷、财政补贴、税收优惠等经济手段，促进创新企业的建立和发展。政府在促进文化产业创业投资方面，积极鼓励文化投资同 IT 产业投资深度结合。例如，紧紧跟随计算机、互联网及手机等数字化产品的发展，日本的文化产业很快实现了数字化，数字内容产业成为日本文化产业的战略重点，在政府和民间的大力支持下迅速发展。

日本的文化产业反映了相关科学技术进步的历程，而其发展数字内容产业更是一次高科技化产业的革命。数字化拓展了邮件、网站、移动互联网、手机信息、视频邮件等领域，创造出新的生活方式、文化、风俗、商业。对日本文化产业市场的考察表明，与新媒介、新载体相关的内容产业增长较快，现在日本各大游戏公司已经纷纷将开发重点转向了网络游戏。

文化产业在向海外拓展的过程中，存在技术风险、市场风险及财务与管理风险等多方面风险因素。为此，以商业银行为代表的传统金融机构往往望而却步。而由于文化产业高风险的背后伴随着潜在的高收益，通过有效地控制风险并分享收益，风险投资领域就不再让人望而却步。日本的风险投资深入到文化产业发展的各个层次，在创业初始投资研发的过程中起到了巨大的作用，也成为日本文化产业拓展国际市场的巨大推动力。

第三节　我国文化服务贸易的发展

近年来，我国文化产业驶入了经济增长的快车道，虽然增速惊人，但喜中有忧。文化产业发达国家的经验表明，除文化供给和文化需求矛盾要合理解决之外，还需要进行文化制度的创新。虽然我国文化产业发展潜力巨大，但要真正将这些潜力发挥出来，还需要利用各方面力量，从不同层面发挥其作用。

一、我国文化服务贸易发展滞后的原因

我国有着五千多年的文明，丰富的文化资源虽然提供了文化发展的土壤，但我国没能在国际文化服务贸易，尤其是国际软文化服务贸易中处于优势地位，究其原因主要在于以下几个方面。

（一）商品观念错位

长期以来，文化在我国并没有被看作可以出口的重要商品，这种商品观念上的错位导致我国缺乏对文化服务贸易的重视，缺少对文化资源的市场化开发，没有在国际市场上树立能够得到广泛认可的文化产品和服务品牌，使得我国文化产品在竞争激烈的国际市场上缺乏核心竞争力，文化服务贸易不可避免地受到制约和影响。

（二）创新主体缺乏

国际化企业及其打造的产品，尤其是名牌产品是开展国际文化服务贸易的主体。没有一批有能力进行跨国文化生产和经营的文化企业，就不能全方位地利用国内外两种资源和两个市场，就不能充分利用世界贸易的规则在全球范围内合理地配置文化资源，使我国的文化产品在全球市场上获得应该具有的竞争力。

（三）促进政策缺位

在我国长期的国际文化服务贸易中，政府间的文化交流一直居于主导地位，而忽略了从市场角度去考虑我国文化产品走向世界市场的问题，从而导致我国缺少一整套经常调整的、重在推动本国文化服务贸易国际化的法律和政策。这些法律和政策包括文化服务贸易的外汇管理、项目审批、商品结构、区位重点和税收优惠政策等，我国急需研究制定文化服务贸易的法律和政策框架。

（四）扶持资金不足

首先，国家在文化产业投资上力度明显不够。近几年，虽然开始实行文化企业和金融机构的合作，但大部分文化企业还是很难得到资金扶持；其次，外资难以进入，一些文化企业不能利用外资解决资金瓶颈问题。

因此，我国的国际文化服务贸易要想得到发展，要积极实施“走出去”战略，并把实施“走出去”战略与文化产业结构的战略性调整结合起来，把文化产业“走出去”战略与经济发展“走出去”战略结合起来，在实施文化产业经济结构战略性调整的同时，调整我国文化服务贸易的产品结构和产业结构，树立国际文化贸易的观念。

二、我国文化“走出去”的四大关键

（一）保护知识产权

保护知识产权能为国际文化市场提供具有自主知识产权的优秀产品。从知识产权与文化服务贸易的关系可以看出，要发展我国的文化服务贸易，必须对知识产权有足够的认识，一方面可以很好地利用知识产权避免贸易纠纷，另一方面可以维护我国文化企业的权利。世界上任何一个高知识、高创意的产业发展都离不开知识产权的保护，因为只有保护知识产权，才能更好地鼓励创新。而我国还存在着损害知识产权的现象，尽管政府做了各种努力，但由于盗版的隐蔽性和集团化等，这一现象一直没有得到彻底消除。因此，政府应加强打击盗版力度，同时应注重培养消费者抵制盗版的消费习惯，为文化产业的发展提供良好的市场环境。

目前，我国迫切需要向世界传播我国文化，实现更多的国际文化合作。我国五千多年的文化脉络，从兵马俑、紫禁城到孔雀舞，从大唐歌舞到海派文化，中华民族的文化积累极为深厚，获得了世界的尊重。但是，我国的大部分文化资源还不能直接变成国际市场上有竞争力的产品，我国的许多文化遗产，也没能被更多的人了解。我国的文化工作者还需要根据国际主流文化市场的要求，在深入发掘文化的基础上进行再创造。

自主知识产权

自主知识产权又称自有知识产权，一般指与非自主知识产权相对应的，在一国疆域范围内由本国公民、企业法人或非法人机构作为知识产权权利主体，对其自主研制、开发、生产的“知识产品”（如计算机软硬件、网络信息产品等），以及获得许可购买他国或他人专利、专有技术、商标、软件等所享有的一种专有权利。从其权利特性来看，自主知识产权具有主体本土化、权属域内化、权利集成化、私权公权化的特点。根据世界知识产权组织的分类，自主知识产权分为创造类自主知识产权、标示类知识产权及反不正当竞争权。在建设创新型国家的过程中，自主知识产权是“自主创新”的核心支撑和重要前提条件，是产品和产业自主的基础和关键，也是创新自主和技术标准自主的基础和关键。

（二）发展具有中国特色的多元文化产品和服务体系

我国文化企业应努力开发科技含量高、文化含量高、服务质量高的“三高”产品。目前，一些文化企业致力于向国外市场推广大制作、大成本且融入某些中国元素的文化产品，但国外的消费者更期待原生态、真实的、能体现我国文化真谛的多元化文化产品。任何企业都应立足于真实、有效的消费需求，提供符合消费者偏好的文化产品和服务。

随着人类社会进入信息化时代，以计算机、通信和网络技术为代表的现代信息技术本身就是一种新的生产力，也是一种知识经济时代的生产关系。它深刻地改变了人类的生产方式和生活方式，它的参与者越多，服务越方便，信息交换的量越大，信息产品的价格就越便宜，创造的社会财富也越多。因此，我国的对外文化服务贸易必须抓住这个技术平台，

将我国的文化资源转化为信息化产品，这样才能最大限度地获得传播，从而成为人类共享的财富，进而使得我国古老的文化资源在与现代科技结合后，可以获得新的表现形式和传播方式，最终在21世纪国际文化市场上绽放光芒。

（三）完善对外文化服务贸易的法律和政策

我国应以体制创新来积累竞争优势。文化贸易大国（如美国、英国、日本等）都具有一整套经常调整的、重在促进文化服务贸易发展的法律和政策，包括文化服务贸易的外汇管理、项目审批、税收优惠政策等。例如，作为世界电影产业第一大国的美国，为了通过竞争提升产业活力，美国政府严格限制国内电影产业的垄断，以免扼杀国内电影产业的竞争活力，但其大力支持和鼓励国内电影企业向国际市场扩张。

税收优惠

税收优惠是国家在税收方面给予纳税人和征税对象的各种优待的总称，是政府通过税收制度，按照预定目的，减除或减轻纳税义务人税收负担的一种形式。

税收优惠作为税收制度和财政政策不可缺少的重要组成部分，尽管早已渗透到社会经济生活的方方面面，但人们对税收优惠的认识并不完全一致。有人认为，税收优惠是指减税、免税；也有人认为，税收优惠是指减税、免税、出口退税和优惠税率；还有人认为，税收优惠不仅包括上述几种主要形式，还应当包括先征后返、税额抵扣、税收抵免、税收饶让、加速折旧、税项扣除、投资抵免、亏损弥补等其他实际减除或减轻纳税人和征税对象税收负担的鼓励性和照顾性规定。

目前，我国缺乏完整的文化服务贸易法律和政策框架。例如，由于境内外音像制品的原创和制作水平存在差异，我国许多音像制品的发行销售商，对引进境外热门音像制品的版权热情很高，经济效益也很显著，但是对于版权出口因缺乏经验、人才和出口渠道而害怕风险，步履维艰。因此，我国应该尽快把鼓励版权出口与调整进口配额结合起来，给予出口版权成绩显著的企业适当的进口版权配额，让文化企业在努力开拓海外市场的同时，有条件引进海外的热门影视、出版物、音像制品，从而提升企业的生存能力和抗风险能力。我国的印刷企业近年来获得了巨大的发展，在成本、印刷技术、品牌效应和服务质量等方面逐渐形成了国际竞争的优势。然而，由于印刷业务受到政策限制，难以大规模地开展加工出口业务，扩大在国际印刷市场的占有率。这些问题，都亟待有关部门进行体制改革，开展机制创新。

（四）强化政府的引导性角色

政府应扶持一批重点文化产品和文化企业，完善配套设施，拓宽文化企业投融资渠道。

由于文化产业属于知识创意型产业，与其他传统产业相比，其对创造力和想象力要求更高，这就要求社会和政府更具包容力和忍耐力，为文化产业提供自由创作的“土壤”。对政府而言，更多强调的是引导文化产业发展和确定文化产业发展方向的功能，保证文化产业的发展方向不偏离。也就是说，在文化市场失灵时，应动用政府“这只有形的手”对其进行干涉、纠正。

随着经济全球化的发展，我国的文化企业也走上了良性发展的道路，然而与国际上知名文化企业相比，仍存在很大的差距，主要体现为缺乏核心品牌、企业规模较小、创新性不足等。因此，政府可以根据企业所在区域自身特点、原有的优势等有选择性地扶持一批龙头企业和“明星”产品，生产和提供具有较高国际知名度的文化产品和服务，产生示范效应，形成完美的产业链，实现上下游产业链中的产品相互促进发展。毫无疑问，企业规模的扩大必然带来成本的降低，实现规模经济；同时文化企业多元化的衍生品可以分摊高额的创意成本，实现范围经济。

我国应完善文化企业所需的配套设施，为其发展提供必需的硬件设施，为文化企业的集群创造条件；增加对文化企业的投资，积极鼓励民间资本、外资等各种形式的资本以各种方式投资于文化企业，鼓励文化企业之间的兼并、收购等，以优化企业资源；引进创业风险投资机制，降低文化企业进行债务融资的门槛；形成以政府资本为引导，以企业内源融资、债务融资和股票融资为主要渠道，以风险基金、个人投资和境外投资为补充的多元化文化产业投融资体系。

三、对我国文化服务贸易发展的建议

我国文化服务贸易的发展既有机遇又有挑战。发展文化服务贸易既是适应世界潮流的迫切需要，又是增强文化竞争力的必然要求；既要立足民族文化资源和国内文化市场，又要充分利用国外优秀文化资源，并积极参与国际文化市场竞争。要发展我国的文化服务贸易，使我国真正成为文化服务贸易强国，可以从以下几个方面着手。

（一）转变政府职能并积极拓展对外文化服务贸易传播渠道

相对一般的商品贸易而言，文化服务贸易更能够体现国家的意志和行为，文化服务贸易竞争优势的构建虽然主要由一个国家或地区的文化企业来实现，但政府及其相关作用的发挥也是必不可少的。由于文化产业不同于一般的产业，除具有一般产业的共性之外，文化产业及其文化产品还具有商品和公共物品双重属性、高知识密集性和意识形态性。因此，在文化产业的外向型发展及拓展对外文化服务贸易渠道中，我们更需要发挥政府部门的作用，以便积极拓展对外文化服务贸易的传播渠道，推动文化产业的发展。

在文化产业的外向型发展中，要真正发挥政府部门的作用，关键在于政府职能的转变。在转变政府职能的过程中，要杜绝“越位”“缺位”“错位”的现象，改变传统计划经济体制下形成的管理理念、管理体制机制、管理方式方法和管理手段，形成符合科学

执政、民主执政、依法执政要求的新的管理理念、管理体制机制、管理方式方法和管理手段。

（二）注重技术创新并不断提高文化产品和服务的科技含量水平

技术创新是提升国际文化服务贸易核心竞争力的关键因素，利用高新技术创造文化产品或改进文化服务是当前国际文化产业市场转型升级的战略选择。高新技术可以改造传统文化产业，推动产业布局和结构调整，合理、有效地配置、整合资源，提升文化产业的增加值。文化与技术的融合必将形成强大的经济竞争力。然而，当前我国文化竞争力并不是很强，文化贸易逆差严重，形成贸易逆差的主要原因之一就是科技在文化产业中的运用程度不高。因此，应该高度重视技术创新对于提升我国文化竞争力的作用，并采取行之有效的措施来加强文化产业领域内的技术创新和技术应用力度，不断改造和提升传统文化产业，努力推动文化产业结构的优化升级。

首先，作为技术创新重要主体的文化企业，应通过不断提升自身文化产品和文化服务的科技含量来开发、引导和转变市场消费热点，并结合自身或区域文化资源优势，想方设法增强自身市场竞争力和品牌影响力。例如，我国可以加大对信息网络文化产业的投入，积极探索网络信息国际合作的新途径，以提高自身信息资源的开发能力、弘扬民族文化为目标，增强文化产业的整体实力。

其次，文化企业应重视内容和形式的创新。可以说，内容创新对任何国家而言都是提高文化服务贸易竞争力的重中之重，形式创新则是提升文化服务贸易竞争力的重要手段。文化企业应利用先进的技术手段再现传统文化的精华，敢于对我国传统文化资源用新的技术手段和形式加以包装和演绎，尽快实现科技成果在文化产业的转化，提高科技水平和文化科技含量，以达到全面提升文化产业竞争力的目的。在这方面，美国的经验值得借鉴。例如，美国很好地把高科技和娱乐业相结合，利用现代科技制作三维空间梦幻游戏，并通过计算机和巨型荧幕创造出令人神往的意境。

最后，作为文化产业技术创新重要推动者的政府，应从宏观大局上思考、引导文化产业技术创新和文化服务贸易发展。在顺应当前全球文化产业大发展的趋势下，积极引导国内软件开发商、网络运营商、内容供应商等各类文化企业开发具有全球领先水平、拥有自主知识产权且能够体现民族特色的高科技文化产品和服务。

（三）实施品牌和营销战略并努力开拓国际文化市场

品牌是一国的企业及其相关产品和服务跻身国际市场的根本保障。在想到某个国家和企业时，首先浮入人们脑海的是那个国家或企业的品牌。现在品牌的意义已经超越单纯的商标和标志，它不仅是企业，也是一个国家竞争力的源泉。对文化产品和服务而言，品牌的战略意义更为明显。传统经济学原理告诉我们，知名品牌不但能够降低消费者搜寻需求产品的成本，而且可以降低企业交易成本，极大地提高企业的经济效益。

当前各国都非常重视发挥文化产业和文化服务贸易在抗金融危机中的作用，积极出台战略措施支持文化产业“走出去”，由此导致文化产品和服务的竞争越来越激烈，并迅速上升为文化品牌的竞争，文化消费在某种意义上就是品牌消费。“好莱坞”强势的品牌使得美国电影主导国际电影市场，日本的动漫品牌使得日本占据世界动漫市场的份额很高。因此，我国应积极开拓国际文化市场，努力推动文化产品和服务的对外贸易，实施市场营销和品牌战略，努力打造具有中国特色的文化产品和服务品牌。

首先，应提供具有高附加值的营销服务，生产一批知识含量多、科技含量高、信息含量大、原创性强的文化产品和服务，形成精品聚集经济优势。在对外营销服务中，要注意淡化文化服务贸易中的意识形态问题。

其次，实施品牌战略，打造世界知名文化企业集团。企业是文化产品的供给者，是跨国经营的承担者，是文化服务贸易的主体。培育知名文化企业是我国文化“走出去”的重要战略之一，我国应努力培育一批知名的文化企业，并积极参与文化产业的国际竞争。

最后，按照国际文化市场的需求对文化产品和服务进行深加工，引进国外先进的营销手段和营销方式。我国文化产品和服务的运作要引进国际化的市场策略，在融资方式、发行渠道和消费方式等方面应与国际市场接轨，重视我国文化产品与世界文化市场的趋同性和可沟通性，提升我国文化产品在国际市场上的竞争力；用国际化的手段把我国的文化产品和服务包装好、宣传好，扩大文化产品的外源融资渠道，我国的文化产品才能更快地融入世界主流文化市场。

（四）重视全球行业规则并推行 WTO 协定

在当前经济全球化的市场经济条件下，国际文化服务贸易的开展离不开市场机制对社会文化资源的优化配置作用。但在现今发达国家与发展中国家文化产业差距比较大的背景下，各个国家对各自文化市场的调控和干预具有客观必要性。与其他产业和贸易政策不同的是，文化产业和文化服务贸易需要考虑的应该是国家文化安全问题。对我国文化产业和文化服务贸易发展而言，我们既要遵守和重视全球相关的行业规则，推行现行 WTO 协定对文化产品和文化服务贸易的做法，又要从我国文化产业发展的实际出发，采取有针对性的措施对文化服务贸易进行保护和扶持。

（五）重视文化服务贸易政策并实施开放型适度保护贸易政策

开放型适度保护贸易政策的基本着力点是要开放，要保护，保护要有“度”。我国要实施文化产业“走出去”的策略，一方面要采取促进文化产业外向型发展的竞争策略，以形成文化产业领域内开放、竞争、有序的统一格局；另一方面，应采取适当干预的保护策略，如可以通过加强进口监管、改善文化产品和服务贸易的进出口结构、充分利用各种国际规则构建非关税保护壁垒等。

（六）重视文化服务贸易人才并加强国际文化服务贸易专业人才的培养

文化产业的重要特征是知识密集、人才密集、技术密集，但我国文化产业和文化服务贸易的发展十分缺乏高端文化产业人才和文化服务贸易专业人才。文化服务贸易专业人才缺乏已经成为制约我国文化产业“走出去”的瓶颈之一。因此，在培养相关专业人才方面，我们应该做好以下几个方面。

一是要突破传统文化产业领域内的用人观念，深化人事体制改革，真正做到人尽其才。我国文化产业发展中人才利用上存在严重的论资排辈现象，这严重制约了文化产业和文化服务贸易的发展。其直接后果是，一方面很多人才没有得到充分挖掘和利用；另一方面文化产业中创作、企划、市场开发、对外贸易等方面的人才短缺。因此，我国要深化人事体制改革，拓宽人才来源渠道，真正做到人尽其才。

视野拓展

> **市场开发战略**
>
> 市场开发战略是由现有产品和新市场组合而成的战略。它是发展现有产品的新客户群，扩大产品销售量的战略。市场发展可以分为区域性发展、国内市场发展和国际市场发展等。日本松下公司曾将国内已饱和的黑白电视机和老型号彩色电视机推向国外市场，维持其增长速度，这就是市场开发战略的一例。

二是在高校设立文化产业管理专业及国际文化服务贸易等专业，建立健全本科层次、研究生层次人才培养体系。培养国际文化服务贸易人才，应该充分利用高校资源，对文化、艺术、经贸专业进行有效整合，设立相关专业，加强文化产业管理和专业教师队伍的建设，重点培养文化产业方面的经营、管理和贸易人才。

三是加大文化产业和文化服务贸易的人才引进力度，吸引海内外更多的优秀文化产业人才，完善相关奖励制度，建立人才激励机制，设立突出贡献奖励基金，充分调动文化产业人才的积极性。我国要想真正创造出高层次的文化产品和服务，跻身国际文化市场，并奠定文化产业强国地位，就必须培育和引进一大批高水平的编导、演艺及专业制作人才和高素质的经营、管理和贸易人才；要想创作出一流的文化创意产品，就很有必要打破行业和地区垄断，遵循文化产品和服务的生产运作规律，实行人才资源和人力资本的优化配置，实现人才资源管理的社会化和人才供求的市场化，并在此基础上构建平等的、能够作为市场主体的营业性文化产业或企业集团，形成文化产业的规模经济优势，真正将人才优势转变为经济优势，提升我国文化产业和文化服务贸易的国际竞争力。

本章小结

1. 经济与文化一体化趋势的加强，加速了经济、文化和商业的融合，国际文化服务贸易是文化产业国际化的必然产物。

2. 文化产业一般包括印刷、出版和多媒体、音像唱片和电影生产，以及手工艺和设计，甚至还可以涵盖建筑、视觉和表演艺术、体育、乐器制作、广告和文化旅游。

3. 国际文化服务贸易是与知识产权有关的文化产品和文化服务的贸易活动，是国际间文化产品和服务的输入与输出的贸易方式，是国际服务贸易的重要组成部分。

4.《商品名称及编码协调制度的国际公约》的分类法主要依据商品的物理性质和被加工的程度，而不是依据商品的用途进行分类。

5. 美国通过宣传、立法、设立专门机构等手段，建立了比较完善的服务贸易法律、法规体系和管理机制，为服务贸易迅速发展创造了良好的内部市场环境。

6. GATS 的签订和实施，为美国创造了服务贸易逐步自由化的良好国际环境。

7. 日本的文化产业由从事销售、出版、发行、播放、信息传输等流通业务的传媒企业及负责制作创意内容的制作公司、创作者组成。

8. 日本的很多高校和职业技术院校专门开设了相关的文化产业专业，如动漫制作、游戏设计、数码艺术、媒体、艺术学科等，这些文化产业学科为日本文化产业的可持续发展提供了人才保障。

9. 国际化企业及其打造的产品，尤其是名牌产品是开展国际文化服务贸易的主体。

10. 保护知识产权能为国际文化市场提供具有自主知识产权的优秀产品。

复习思考题

1. 国际文化服务贸易具有哪些特点？
2. 发展国际文化服务贸易具有什么意义？
3. 简述美国文化产品和服务贸易发展的经验及启示。
4. 简述英国文化产品和服务贸易发展的经验及启示。
5. 我国文化服务贸易发展滞后的原因是什么？
6. 我国文化“走出去”的四大关键是什么？

参考文献

[1] 蓝天，王绍媛．国际服务贸易[M]．3 版．大连：东北财经大学出版社，2018．

[2] 竺杏月，狄昌娅．国际服务贸易与案例[M]．南京：东南大学出版社，2018．

[3] 罗吉文．国际服务贸易新编[M]．徐州：中国矿业大学出版社，2011．

[4] 冯宗宪，郭根龙．国际服务贸易[M]．2 版．西安：西安交通大学出版社，2013．

[5] 刘东升，蒋先玲．国际服务贸易：原理、政策与产业[M]．北京：对外经济贸易大学出版社，2012．

[6] 张米良，郭强．国际金融学[M]．哈尔滨：哈尔滨工业大学出版社，2018．

[7] 冯宗宪，郭根龙．国际金融服务贸易自由化与中国金融业[M]．北京：中国金融出版社，2001．

[8] 余慧倩．国际服务贸易[M]．杭州：浙江大学出版社，2018．

[9] 张宗英，冷静．国际金融实务[M]．北京：对外经济贸易大学出版社，2010．

[10] 李天德．国际金融学[M]．成都：四川大学出版社，2008．

[11] 郑庆寰．金融市场学[M]．上海：华东理工大学出版社，2011．

[12] 邓晓虹．中国金融服务贸易国际竞争力研究[M]．北京：对外经济贸易大学出版社，2014．

[13] 郭党怀．国际贸易金融服务全程通[M]．2 版．北京：中国海关出版社，2012．

[14] 张锡嘏．国际贸易[M]．6 版．北京：对外经济贸易大学出版社，2017．

[15] 毛凤霞．国际电子贸易[M]．北京：北京理工大学出版社，2017．

[16] 章迪诚，陈英．金融学教程[M]．杭州：浙江大学出版社，2018．

[17] 周琢，徐建炜，傅钧文．国际经济学国际理论前沿：全球价值链与失衡[M]．上海：上海社会科学院出版社，2017．

[18] 蒲杰．中国自由贸易试验区法律保障制度研究[M]．成都：电子科技大学出版社，2017．

[19] 乔桂明．国际金融学[M]．3 版．苏州：苏州大学出版社，2017．

[20] 郑甘澍，刘莉．国际经济学[M]．2 版．上海：上海财经大学出版社，2018．